"思想道德与法治"课

案例教学设计与实践

王　菁／主编

四川大学出版社
SICHUAN UNIVERSITY PRESS

图书在版编目（CIP）数据

"思想道德与法治"课案例教学设计与实践 ／ 王菁
主编 ． -- 成都：四川大学出版社，2025. 1. -- ISBN
978-7-5690-7615-8

Ⅰ．G641；D920.4

中国国家版本馆 CIP 数据核字第 2025LJ5396 号

书　　名："思想道德与法治"课案例教学设计与实践
　　　　　"Sixiang Daode yu Fazhi" Ke Anli Jiaoxue Sheji yu Shijian
主　　编：王　菁

选题策划：侯宏虹　敬铃凌
责任编辑：敬铃凌
责任校对：于　俊
装帧设计：墨创文化
责任印制：李金兰

出版发行：四川大学出版社有限责任公司
　　　　　地址：成都市一环路南一段 24 号（610065）
　　　　　电话：（028）85408311（发行部）、85400276（总编室）
　　　　　电子邮箱：scupress@vip.163.com
　　　　　网址：https://press.scu.edu.cn
印前制作：成都墨之创文化传播有限公司
印刷装订：四川省平轩印务有限公司

成品尺寸：185 mm×260 mm
印　　张：15
插　　页：6
字　　数：322 千字

版　　次：2025 年 4 月　第 1 版
印　　次：2025 年 4 月　第 1 次印刷
定　　价：78.00 元

扫码获取数字资源

四川大学出版社
微信公众号

■ 镜湖

■ 镜湖石碑

■ 犀浦校区南大门

■ 詹天佑体育馆及詹天佑纪念雕塑

■ 张维纪念雕塑

■ 陈能宽浮雕像

■ 陈能宽纪念像

茅以升

(1896~1989)

江苏镇江人 一九一六年毕业于西南交通大学。
先后四次担任学校校长 一九五五年当选中国科
学院学部委员（院士） 一九八二年当选美国国
家工程院外籍院士 中国著名的桥梁专家、科学
家、教育家和社会活动家。

■ 茅以升浮雕像

■ 茅以升纪念雕塑

严恺
(1912—2006)

福建闽侯人，一九三三年毕业于唐山交通大学，一九五五年当选中国科学院学部委员（院士），一九九五年当选中国工程院院士。水利海岸工程学家，开创了中国波浪、泥沙、海岸研究工作，创建了海岸动力学和海岸动力地貌学。

■ 严恺浮雕像

严恺先生纪念像
1912—2006

■ 严恺纪念像

■ 庄育智浮雕像　　　　　■ 曹建猷纪念像

佘峻南
(1916-1998)

广东开平人。一九四一年毕业于西南交通大学。一九八九年被授予中国建筑设计大师称号。一九九七年当选中国工程院院士。建筑学家。在建筑创作和艺术上形成了既有中国南方特色又具现代色彩的建筑设计风格，为中国建筑艺术所的发展作出了重要贡献。

李俨
(1892-1963)

福建闽侯人。一九一二年入读西南交通学校。一九五五年当选中国科学院学部委员。历史学家。中国科学史事业的开拓者。

■ 佘峻南浮雕像　　　　　　　　■ 李俨浮雕像

竺可桢

（1890—1974）

浙江绍兴人。一九零九年入读西南交通大学，一九五五年当选中国科学院学部委员，气象学家、地理学家、教育家，中国近代气象学和地理学的奠基者。

■ 竺可桢浮雕像

肖纪美

（1920—2014）

湖南凤凰人。一九四三年毕业于西南交通大学，一九八零年当选中国科学院学部委员（院士），材料科学家，金属学专家和冶金教育家，为中国冶金科技事业和冶金教育事业的发展作出了重要贡献。

■ 肖纪美浮雕像

丛书前言

2024年5月11日，习近平总书记对学校思政课建设作出重要指示："始终坚持马克思主义指导地位，以中国特色社会主义取得的举世瞩目成就为内容支撑，以中华优秀传统文化、革命文化和社会主义先进文化为力量根基，把道理讲深讲透讲活，守正创新推动思政课建设内涵式发展，不断提高思政课的针对性和吸引力。"这一重要指示，把思政课建设作为党领导教育工作的重中之重，为新时代不断推动思政课改革创新提供了重要遵循。

西南交通大学党委深入学习贯彻习近平总书记关于学校思政课建设的重要指示精神，将思政课建设作为一项战略工程、固本工程、铸魂工程，切实增强办好思政课的责任感和使命感，以党的创新理论为引领，深刻把握思政课守正创新的核心要求、思路举措、关键任务和科学方法，将学校兴学强国的办学传统和践行交通报国的使命担当融入思政课教学，进一步丰富思政课课程内容供给，引领带动全校思政课提质增效。

西南交通大学诞生于国运衰微、民族危难之际，成长发展于国家和民族奋进之中，砥砺进取于强国建设、民族复兴之时，在一百二十余年的办学历程中，从战火纷飞的革命斗争到艰苦卓绝的抗美援朝，从"两弹一星"研制到"三线建设"迁校建校，从支撑国家铁路事业跨越发展，到自主创新锻造"中国高铁"国家名片，再到支撑"高铁技术竖起国际标杆"，形成了光荣的爱国主义传统，积淀了鲜明的红色基因，塑造了立体可感的交大先贤群像，构建起了深厚的精神文化谱系，折射出真理的力量、实践的力量和创新的力量，为学校讲好思政课提供了丰富的素材和鲜活的案例，在立德树人、铸魂育人教育实践过程中具有独特的价值，是学校办好思政课的信心与底气所在，不仅能够丰富思政课的教学内容，提升思政课的亲和力、吸引力和感染力，也有助于增强学生对思政课的兴趣，激发学生砥砺担当的使命意识。

基于此，西南交通大学组织编写了"高校思想政治理论课案例教学设计丛书"。这套丛书分别为：《"中国近现代史纲要"课案例教学设计与实践》《"思想道德与法治"课案例教学设计与实践》《"马克思主义基本原理"课案例教学设计与实践》《"毛泽东思想和中国特色社会主义理论体系概论"课案例教学设计与实践》《21世纪马克思主义教学案例设计与实践》《研究生思想政治理论课案例教学设计与实践》。

本丛书紧紧围绕"培养什么人、怎样培养人、为谁培养人"这一教育的根本问题，充分挖掘和利用西南交通大学百年办学历史中积累的文化资源，结合服务国家交通强国建设蕴含的思政元素，着力打造具有鲜明交通特色的思政课教学资源库。丛书通过系统集成的设计理念与交通特色的融入，有力拓展了思政课的教学广度和深度，创新性地探索了以实践性、针对性为主导的教学方式，以期为学生带来更具亲和力、感染力和吸引力的课堂体验，进一步深化学生对交通强国战略的理解与认同，自觉为中国式现代化挺膺担当。同时，作为国内高校思政课教育创新的尝试，这套丛书的出版也是西南交通大学主动服务国家战略部署，立足交通强国建设目标，全力提升人才自主培养质量的实际行动，体现了高校在助力中华民族伟大复兴进程中的责任与担当。

我们期望，本丛书能够有助于提升西南交通大学思政课教学的实效性，也能对全国高校思政课教师教学创新带来些许有益启示。我们诚愿与各兄弟高校老师一道，共探育人之道，携手砥砺前行，源源不断培养更多让党放心、爱国奉献、担当民族复兴重任的时代新人。

西南交通大学党委书记　余敏明

2024年11月

前　言

2019年3月18日，习近平总书记在学校思想政治理论课教师座谈会上明确指出，"推动思想政治理论课改革创新，要不断增强思政课的思想性、理论性和亲和力、针对性"。2019年8月印发实施的《关于深化新时代学校思想政治理论课改革创新的若干意见》明确提出，高校思政课要"不断增强针对性、提高有效性"。2023年5月29日，在二十届中央政治局第五次集体学习时，习近平总书记发表题为《扎实推动教育强国建设》的重要讲话，再次强调要坚持思想政治理论课的改革创新，"提高思政课的针对性和吸引力"。2024年5月11日，习近平总书记对学校思政课建设做出重要指示，指出党的十八大以来，党中央始终坚持把学校思政课建设放在教育工作的重要位置，党对思政课建设的领导全面加强，思政课发展环境和整体生态发生全局性、根本性转变。构建以习近平新时代中国特色社会主义思想为核心内容的课程教材体系，一方面有助于将理论道理讲得更加深刻、透彻、生动，推动思政课建设内涵式发展，另一方面还能"不断提高思政课的针对性和吸引力"，增强学生对国家发展的信心和认同感。

在纪念习近平总书记"3·18"重要讲话五周年之际，迎来了总书记"5·11"重要指示精神的发布，这为思政课未来的发展建设指明了方向。西南交通大学马克思主义学院思想道德与法治教研室以习近平新时代中国特色社会主义思想为指引，认真学习贯彻习近平总书记关于教育的重要论述，共同研讨思想政治理论课改革创新方案并付诸教学实践。为提升思政课亲和力、针对性、吸引力，推进"思想道德与法治"课与本校文化融合，我们在全国统编教材《思想道德与法治》（2023年版）的基础上，结合西南交通大学百年校史资源及优秀校友事迹，编撰了这本《"思想道德与法治"课案例教学设计与实践》教材，供广大师生结合统编教材配套使用。本教材贯彻以习近平新时代中国特色社会主义思想铸魂育人的理念，深耕校本，精心筛选教学内容，巧妙设计实践教学环节，以春风化雨的方式让"课程"与"校史"实现紧密融合。

西南交通大学创建于1896年，走过百年春秋，逐渐形成了"竢实扬华、自强不息"的交大精神，"严谨治学、严格要求"的"双严"传统和"精勤求学、敦笃励志、果毅力行、忠恕任事"的校训。学校在中国交通运输及相关工程领域拥有卓越的学术地位和广泛的影响力，培养造就了如"现代桥梁之父"茅以升、"中国铁路之父"詹天佑、"中国气象学之父"竺可桢等一大批对国家发展和社会进步做出重要贡献的杰出人才。他们的成就不仅是西南交通大学的骄傲，也成为学生们在追求个人理想和价值过程中的榜样。学校悠久的文化历史沉淀为深厚的文化宝库，作为新时代的思政工作者，应当充分利用这座时间积淀下来的巨大宝库，挖掘西南交通大学史上的成长成才案例，利用交大治学育才的宝贵经验，融入当下的思想政治理论课程教学，既是传承，也是创新。

全书以全国统编教材《思想道德与法治》（2023年版）为蓝本，以章节为单位，每个章节精选五到六个西南交通大学建校以来的优秀校友成长案例，力求结合每个章节的教学重点和难点进行针对性阐释。在绪论中，我们围绕"担当复兴大任 成就时代新人"的主题，结合西南交通大学办学特色，选取了铁路、桥梁、水利方面的专家案例；从第一章到第六章，围绕"立大志，明大德，成大才，担大任"的主题，结合优秀校友案例，从人生观、价值观、道德观、法治观几个方面进行案例分析讲解；尤其在第三章"继承优良传统 弘扬中国精神"部分，专门选取了数名西南交通大学的"科学家"，围绕"科学家精神"进行了翔实的案例分析。本书结合各章特点，选取了诸多鲜活生动、口口相传、代代相因的案例，皆取自交大杰出人才亲身经历，为广大师生提供一个与榜样近距离交流的机会，浸入式了解他们的成长经历、价值选择，从而使得教学内容更加鲜活，针对性、可读性、实效性全面增强。

习近平总书记"3·18"重要讲话中强调"要坚持理论性和实践性相统一，用科学理论培养人，重视思政课的实践性，把思政小课堂同社会大课堂结合起来，教育引导学生立鸿鹄志，做奋斗者"。实践教学是理论教学的延伸和拓展，是思政课教学体系中不可或缺的重要环节。因此，本书在编写过程中，针对每个章节的不同要求，系统设计了相应的实践活动，做到理论性与实践性相统一，将思想政治教育有机融入社会实践、志愿服务、实习实训等活动，切实提高实践教学实效，探索实践育人的长效机制。

全书的编写分工如下：王菁负责搭建全书框架并拟定写作大纲，然后交由全体作者讨论，再由王菁将写作大纲修改稿及样章提交全体作者审定；何洪涛、王瑞负责绪论，刘锋、习洁负责第一章，韩锋、胡云霞负责第二章，张利民、杨子均负责第三章，唐登然、刘畅负责第四章，王菁、杨丽姣负责第五章，张忠平、饶世权负责第六章；王菁、闫苗承担统稿工作，根据初稿提出意见并修改完善。

囿于时间、条件和水平，疏漏难免。恳请各位领导、专家学者和广大思政课教师，多多向我们提出宝贵的意见和建议。同时，我们也期待得到各位读者的使用反馈，以帮助我们在今后的教学实践中加以改进。

在本书付梓之际，特别感谢本书编写组成员，感谢西南交通大学的校史研究者们。感谢所有提供教学案例的校友，感谢参与指导案例编写的西南交通大学马克思主义学院全体工作人员，感谢大力支持思想政治理论课程建设工作的各高校和评审专家，本案例集的成功出版离不开大家的通力合作。在此，谨致谢忱。

王菁

2024年12月

目 录

绪论　担当复兴大任　成就时代新人

‖ 导　言 ‖

　　绪论部分的主要内容有三项。一是从理论上阐明中国特色社会主义进入新时代。在此时代背景下，新时代的大学生应如何成为堪当民族复兴大任的时代新人就成了本部分的第二项内容。而要承担这样的历史重任，大学生必须不断提升思想道德素质与法治素养，这构成了本部分的第三项内容。通过对这三项内容的学习，让学生理解中国特色社会主义新时代的发生背景与内涵要义，激励学生不断提升自身思想道德素质与法治素养，以民族复兴为己任，成为中国特色社会主义事业的建设者与接班人。

一、教学分析

教学目的

　　通过对绪论部分的学习，同学们应深刻理解我们正处于中国特色社会主义新时代，进入新时代，我们必须担负新使命、开启新征程，需要确立新目标、取得新成就、到达新境界、塑造新形象。就本课学习而言，需要正确认识本课程的性质和目的，掌握学习方法，提高学习的积极性和自觉性，全面提高自身素质，促进自己全面发展，为做"有理想、有本领、有担当"的时代新人而努力奋斗。

教学重点、难点

1. 中国特色社会主义进入新时代的内涵。（重点）

2. 中华民族伟大复兴的中国梦的内涵。（重点）

3. 新时代何以呼唤民族复兴的时代新人。（重点）

4. 大学生如何提升思想道德素质与法治素养。（难点）

5. 如何认识中国特色社会主义新时代。（难点）

二、教学案例精选与设计

案例1　铁路选线专家郭彝①

案例呈现

　　1907年，郭彝在成都考入官费预备学堂，随后于1908年进入四川铁路学堂学习。1911年辛亥革命前夕，四川爆发了震惊中外的保路运动，年轻的郭彝积极参加成都保路运动，接受了资产阶级革命的洗礼。1912年，郭彝从铁道学堂毕业，他立志要进一步深造，随即便考入了培养铁道人才的著名学府——唐山路矿学堂（今西南交通大学），专攻土木工程。历经五年寒窗苦读，他于1917年毕业于唐山工业专门学校。同年，郭彝被北洋政府交通部派往京汉铁路实习，并在实习结束后担任工务员。自此，郭彝将毕生精力都贡献给了祖国的铁路建设事业。1920年代，他曾短期参与山东省公路建设、扬子江水利测量工作，除此之外，新中国成立前的32年都在参与京汉、陇海、浙赣、湘黔、湘桂、黔桂等十几条铁路干线的勘测设计施工建设工作。

　　1925年，陇海铁路西段灵宝穿函谷关至潼关段开工，这个工程项目的资金源于比利时退还庚款及欧洲财团贷款，筑路大权掌握在外籍人员手中。这段铁路沿黄河南岸向西延伸，途中包括多座高桥及隧道，是陇海铁路西段的难点工程。郭彝以副技师的身份兼任分段长，负责函谷关一段隧道的施工任务，开始崭露头角。1930年至1936年，郭彝参与浙赣铁路的建设，历任副总工程师、测量队长、总段长等职，在江西上饶等地进行选线、测量施工工作。1937年，"七七事变"爆发，为确保大后方交通畅通，郭彝被调至湘桂铁路负责抢修工作，担任正工程司、勘测队长兼总段长。在此期间，他多次提出改进线路方案，缩短线路4千米，少修3座大桥、3座木便桥，节约了1250米钢梁，为一年内完成铁路抢修任务、保证通车支援抗战做出了重要贡献，因而受到国民政府交通部的明令嘉奖，并被授予一等三级奖章。全面抗战爆发不久，为解决后方交通及军事运输的需求，郭彝转调到黔桂线，担任正工程司、踏勘队队长、测量队队长兼办事处主任、总段长，负责该线在黔桂交界处最困难地段的勘测设计与施工工作，随后又晋升为副总工程司，担负起全线的设计施工任务。抗日战争胜利后，郭彝出任浙赣铁路副总工程司。

　　中华人民共和国成立后，郭彝历任西南铁路局高级工程师，参与新中国第一条铁路干线——成渝铁路的修建。根据他的建议进行的改线使得线路长度缩短了2千

---

① 案例说明：本书所选案例均基于相关文献和资料进行了适当的修改与重构。所有案例内容经过分析和整理，旨在更好地服务于本书的主题和目的，而非对原文的逐字照搬。部分内容与原文有出入，旨在提升可读性、逻辑性与实用性。

米，挡土墙减少了74座，减少了1座隧道，土石方工作量减少了一半以上，节省了约300亿元旧人民币的投资。为了有效开展天成铁路的前期工作，郭彝被任命为"天成铁路南段选线委员会"的五名委员之一。郭彝和蓝田两名委员到现场踏勘后，推荐了宝成铁路南段线路新方案，与1950年的方案相比，新方案减少了7座高达60米的大桥，减少了3600米的山谷高架桥，降低了离开地面高达90米的悬崖路线90余千米，减少了580万立方米的土石方，避开了2座超过1千米的长隧道，减少了92.5立方米的挡土墙，线路总长度缩短了31千米，从而为国家节省工程建设费用1亿多元。1952年底，郭彝担负起成昆铁路选线工作，先后勘测了中线（金沙江）、西线（现成昆线）、东线（内昆），最终采用了其极力推荐的西线方案。1954年，郭彝调至铁道部，先后服务于基建总局、设计总局、设计预算鉴定委员会、参事室工作，主要负责线路方案审查、全国路网规划研究等工作。他所建议与推荐的新线方案如包白、川黔、贵昆、焦枝、枝柳、阳安、襄渝、皖赣等铁路均列入规划，并先后建成。晚年，由他建议规划并实施的新川汉线，其方案改走汉江流域，西出武汉，经随县、襄樊、安康、达县、重庆至成都，坡度平缓、线路标准高、工程节省。1986年2月，郭彝病逝于北京，享年93岁。

资料来源：何云庵、鲜于浩主编，《西南交通大学史》（第一卷1896—1920），成都：西南交通大学出版社，2016年，第227-229页。

案例分析

郭彝先生是一位杰出的铁路选线专家，为我国铁路建设做出了重大贡献。他的职业生涯涵盖了多个铁路项目，包括京汉铁路、陇西铁路、浙赣铁路、湘黔铁路、湘桂铁路等。他的勘测设计和改进方案为这些铁路的修建提供了重要支持，为国家节省了大量的工程建设费用。郭彝先生的贡献将永载中国铁路建设史。

教学设计建议

1. **案例导入**：这个案例可以用于教材绪论第一节"我们处在中国特色社会主义新时代"的教学，正是"郭彝们"前期的努力和贡献，奠定了我们走进新时代的坚实基础，引导学生思考在中国特色社会主义的新时代，应该如何为时代的发展贡献自己的力量。

2. **讲授方法和途径**：在讲授环节中，通过对郭彝事例的讲解，引导学生思考作为当代的大学生，应该如何为中国特色社会主义新时代的发展贡献自己的力量，最终实现中华民族伟大复兴。

3. **组织学生分组讨论**：让学生分享自己在日常生活中努力奋进的实践和体验。在讨论环节中，可以将学生分成若干小组，每组进行讨论，分享各自在日常生活中努力奋进的实践和体验。每组选派一名代表，向全班分享本组的讨论成果和心得体会。教师对学生的分享进行点评，肯定他们的努力和成果，同时指出需要改进的地方。

总结提升建议

1. **深化实践机会**：学校可与相关行业合作，提供更多实习机会，让学生在实践中更好地发挥他们的作用。

2. **建立导师制度**：学校可以建立导师制度，邀请行业专家来指导学生。

3. **设立奖励机制**：设立奖励机制，对在校内外展现出色能力的学生给予表彰奖励，激励更多学生投身社会主义实践。

案例2　为列车设计中国"芯"的新时代领军人物丁荣军

案例呈现

　　当提到轨道交通的交流传动和网络控制技术时，人们往往会联想到中国南车的南车株洲电力机车研究所（简称"株洲所"）。而谈到株洲所，不得不提的是一位与该所共同成长的关键人物，他就是中国工程院院士丁荣军，现任株洲所总经理、总工程师。

　　20多年来，丁荣军先后主持、参与了30多项国家级、省部级重大科研项目，是国务院政府特殊津贴获得者，"新世纪百千万人才工程"国家级入选者，曾获国家科学技术进步二等奖1项，国家"八五"科技攻关重大科技成果奖1项，铁道部科技成果一等奖1项、二等奖1项，湖南省、株洲市科技进步奖多项以及全国劳动模范、铁道部火车头奖章、茅以升科技奖、詹天佑成就奖和湖南省光召科技奖等多项荣誉。

深耕细作，全力推进核心技术国产化

　　1984年，丁荣军从西南交通大学电力机车专业毕业，一位老师建议："若想做一番事业，就去株洲所吧！"深受启发的他，放弃了全系唯一一个前往北京工作的机会，毅然选择了较为偏僻的株洲市。

　　在20世纪80年代，发达国家如法国、德国和日本已经成功地将交流传动技术应用于铁路机车车辆。这种技术成为高速和重载机车系统的必然选择。丁荣军进入株洲所时，正值中国轨道交通从直流传动向交流传动过渡的关键时期。尽管丁荣军并未系统学习过控制理论，但他为了更加深入地掌握好基础理论，就去了当时中国唯一的一条电气化铁路上"跑车"。希望通过"跑车"快速掌握这门核心技术，通过实践来提高现场解决问题的能力。

丁荣军的这段实践历程持续了四年。虽然回想起来这四年似乎转瞬即逝，但在当时那种艰苦的环境中，却需要极大的毅力。年轻的丁荣军在这期间没有任何怨言，白天随机车司机在崇山峻岭间的蜿蜒铁路上颠簸行驶，晚上则在寒冷饥饿中回到机务段招待所，通宵达旦地钻研交流传动技术的相关知识。

科学探索无捷径，只有那些不畏艰辛的人才能攀登科学的高峰。天道酬勤，通过四年的"跑车"实操和坚持不懈地学习，丁荣军从一名初出茅庐的大学生迅速成长为株洲所的年轻科技骨干。

创新引领，推动中国"机芯"现代化

在20世纪90年代初，株洲所响应铁道部的号召，开展了"电力机车三相交流传动800千瓦–1000千瓦机组地面试验"的研究。丁荣军作为技术骨干，加入了课题组。面对发达国家的技术封锁、参考资料缺乏和技术挑战，丁荣军与团队迎难而上，只用了两年时间就成功完成了系统试验，并在1993年荣获铁道部科技成果二等奖。

继此成就后，丁荣军参与主持了多个关键项目，包括"4000千瓦交—直—交电力机车1000千瓦变流装置"和国家"八五"重点攻关项目，如"高速试验列车交—直—交传动系统的前期研究"等。这些项目的成功推动了适合中国国情的牵引电传动系统的技术标准和模式的发展，使中国成为全球少数掌握该核心技术的国家之一。

2004年起，铁道部启动了技术引进、消化、吸收再创新的大规模工程。丁荣军作为主力，带领团队三年内完成了1374份技术文件和50套制造图纸的引进和消化，实现了116种材料的国产化，其中63种用于时速200公里的动车组。京津、武广、郑西等高速铁路均采用了这些先进技术。

丁荣军的影响还扩展到了城市轨道交通和电动汽车等新领域。他主持的项目包括上海、北京、广州的地铁车辆电气系统的国产化，以及多个国防和国家重大科技项目。他的工作不仅打破了国外技术垄断，还大大推动了国内相关产业的发展。丁荣军的工作展现了过人的专业技术和持续的创新动力，不仅推动了中国"机芯"技术的快速发展，也将这些技术创新性地应用于多个领域，如大功率电力机车、内燃机车和国防科技等，极大地促进了产业化进程和社会经济效益的提升，为中国高速铁路技术体系的建立立下了汗马功劳。

迎难而上，打造自主"机芯"国际化

2006年12月20日，由株洲所作为主发起人设立并控股的"南车时代电气"在香港联交所成功上市，成为国内首家海外上市的中国轨道交通装备概念股，募集资金

达21.98亿港元。紧接着，2007年4月18日，中国铁路进行了第六次大提速，宣告中国铁路高速时代到来。在首批投入运营的52列国产化高速动车组的动力和控制系统中，70%的核心部件出自株洲所，涵盖6大类约20个品种。

2008年10月31日，株洲所旗下的"南车时代电气"成功收购了丹尼克斯75%的股权，标志着株洲所在IGBT模块国产化方面迈出了重要一步。丁荣军在谈到并购的发展前景时表示："完成并购后，经过双方的进一步整合和发展，公司将具备完整的产品结构，可为国内外电力电子装置制造企业提供大功率半导体器件的全套解决方案，成为技术领先、服务全球的国际大功率半导体器件供应商。"

2009年，尽管全球金融危机影响了多数企业，株洲所却因铁道部的大规模铁路投资计划而逆势飞扬。同年，株洲所研制的世界功率最大的六轴7200千瓦电力机车成功下线，成为国内自主化程度最高的主型电力机车，将我国大功率交流传动电力机车的国产化率提高到90%以上。此外，装载有株洲所关键技术产品的CRH380A新一代高速动车组达到了时速486.1公里的世界铁路运营试验最高速，展示了其创新能力和领跑优势。

2010年，株洲所在"经济寒冬"中独树一帜，年销售收入从2008年的38亿跃升至逾100亿元，并豪情满怀地迈出了冲刺2015年300亿销售规模的战略步伐。这一系列成就不仅展现了株洲所的技术实力和市场领导力，也标志着中国轨道交通装备行业的国际化和自主化步伐。

立志高远的丁荣军正坚定地带领株洲所沿着理想和目标前行，在交流传动与网络控制系统的科研道路上不畏艰难、大胆实践、勇于创新。这种姿态是一种闪耀着光芒的人生态度，不同于千娇百媚或富贵浮华，而是一种深沉、内敛、广博、厚重、执着并充满创新精神的科研姿态。

株洲所，经过20年的风雨历程，在引领中国"机芯"现代化的道路上走在前列。而丁荣军，用他20年的坚持不懈锻铸了中国"机芯"国际化的灵魂。这些成就不仅是技术的胜利，也是对中国未来科技梦想的一种承诺与追求。

2011年12月，丁荣军当选为中国工程院院士，2016年担任湖南省科学技术协会副主席，2017年受聘为湖南大学机械与运载工程学院院长。2022年，为加强校地企合作，共同建设现代产业学院，中车首席科学家丁荣军院士又回到母校西南交通大学，兼任中车时代微电子学院首任院长。

资料来源：刘丹、文璐，《锻铸中国"机芯"之魂——访中国南车株洲所教授级高级工程师丁荣军》，《中国科技成果》2010年第13期，第66-69页。

 **案例分析**

作为中国轨道交通牵引电传动和网络控制技术权威专家和领军人物，丁荣军教授勇攀铁路科技高峰，自主为火车设计中国"芯"，为中国铁路提速做出了重大贡献，加速了中国铁路高速时代的到来。丁荣军教授锻铸"机芯"是中国式现代化的具体体现，极大地激发了大学生投身新时代中国特色社会主义事业的历史使命感。

教学设计建议

1. **案例分析与讨论**：这个案例可用于教材绪论第一节"我们处在中国特色社会主义新时代"的教学。对丁荣军的事迹进行详细介绍，结合相关历史背景进行案例分析。引导学生就丁荣军的求学经历、科研经历、理想信念以及时代背景展开深入讨论，以便学生认识和理解新时代中国特色社会主义思想产生的背景与取得的历史性成就，同时，激励新时代大学生为做"有理想、有本领、有担当"的时代新人而努力奋斗。

2. **小组讨论和演讲**：组织小组讨论，让学生正确认识何谓"中国特色社会主义新时代"以及中国在新时代所取得的历史性成就。鼓励学生结合个人经历，进行小组演讲，分享自己在新时代的人生规划与社会担当。

总结提升建议

1. **发扬中国革命道德**：引导学生深刻理解中国革命志士的坚定理想信念，认识他们为实现中国特色社会主义共同理想和共产主义远大理想所付出的努力和牺牲。培养学生对中国特色社会主义共同理想和共产主义远大理想的深刻认识，激发他们在学习、生活中发扬中国革命道德的责任感和使命感。

2. **深化理论认识**：强调学生对中国革命道德的深刻理论认识，通过课堂讲解、研讨等形式，使学生理解革命道德对社会主义建设的重要性。

3. **激发爱国热情**：鼓励学生深入了解革命先烈的事迹，激发他们对祖国的深厚感情，增强爱国热情，将个人理想融入国家建设。

案例3　中国铁路的伟大建设者杜镇远

 **案例呈现**

1889年10月2日，杜镇远出生于湖北秭归县新滩镇下滩沱，一个位于长江三峡西陵峡内的小镇。这个地方以滩多水急、航行危险著称，缺乏通向外界的陆路，因此

新滩镇保留了古朴的环境，但这也限制了与外界的交流。年幼的杜镇远深刻体会到家乡的封闭对他的生活带来的不便，这种感受对他未来的专业和职业生涯产生了深远影响。他的父亲杜定祥，晚清邑庠生，曾是医生，后转而在四川经商致富，并被邀请出任四川省巴县官澜书院院长。他捐资在重庆江北、洛碛两地创办了高、初两座小学，因此享誉川、陕。杜镇远7岁时进入族叔杜安祥的塾馆读书，13岁随父亲进入官澜书院就读。不久，清朝废科举、撤书院，杜定祥告诫儿子不要谋官，务必精通一门专业，力求融会贯通，才能在社会上立足。于是，他考入铁路学堂，开始了他的铁路生涯，树立了中国铁路发展历史上的诸多丰碑。

1907年6月，杜镇远考进了四川铁路学堂，1910年考入唐山路矿学堂（今西南交通大学）土木工程系，在校期间学习成绩优秀，成为"斐陶斐励学会"会员。1914年于唐山工业专门学校（1913年，唐山路矿学堂更名为唐山工业专门学校）毕业后，杜镇远担任宜渝滩险工程处主任工程师、测量队队长及"大川"号轮船副船长，享受优厚待遇。然而，这与他学习土木工程的初衷相悖。受儿时抱负和人生理想的驱动，1916年他毅然辞去公职，转而成为京奉铁路丰台工务段的实习工程师。在经历两年深刻的人生抉择和对初心的坚持后，他实现了投身中国铁路建设的志向。1919年，杜镇远被交通部总长叶恭绰选中赴美国学习信号专科，并于1920年进入美国康奈尔大学攻读硕士学位。硕士毕业后，他在美国德黑铁路公司任助理工程师。1924年，受交通部委派，杜镇远率考察小组赴欧美多国考察铁路号志工程及材料。1926年回国，任北宁铁路京榆号志总段工程师，1928年任南京建设委员会土木专门委员。

1928年年末，浙江省政府恳请杜镇远到杭州筹建杭（杭州）江（江西玉山）铁路。1929年6月，杭江铁路工程局成立，杜镇远被任命为局长兼总工程师，这年他正好40岁。1930年春，杭江铁路开工，限于财力不足，杜镇远创造性地提出修建杭江铁路"先通后备""固本简末"的口号，他的具体做法是：线路限制坡度、桥梁下部结构按当时国际标准设计，以期后期改造；对上部建筑则按轻轨、标准轨距、小型机车的标准施工；站房设备因陋就简，以实用为原则。杜镇远在修建杭江铁路时展现了他的远见卓识。他预见到新铁路在运营初期由于地方经济正处于开发阶段，铁路的运量将不会很大。因此，他主张在总设计中对基础工程和上部建筑采用不同的标准进行设计，以适应初期的运营需求并考虑经济效益。杜镇远认为，除线路限制坡度及桥梁下部结构按当时铁路标准设计外，上部建筑中将来可以逐步更新的钢轨、钢梁，则用轻型钢轨和小型机车的标准施工；对于站房附属设备等则因陋就简，尽可能利用沿线附近的庙宇或民房，以实用为原则，不追求形式。杜镇远在设计铁路时，展现了他的前瞻性思考。他建议初期应使用较低标准进行铁路建设，以便快速完成并满足地方对运输的迫切需求，同时便于未来进行线路升级。一旦铁路通车，便可利用运营收入逐步替换为重型钢轨和加固桥梁，从而引入大型机车提高运输能力。这样的策略不仅加快了铁路的建设进度，还节约了资金，实现了成本与效益的平衡。在修筑过程中，逐段施工，逐段运营。这样，可以使铁路早日通车运营，再以营业收入的积累，逐步改善铁路的设备和工作条件。杜镇远实施的杭江铁路分段建设策略，通过逐段向前推进的方法，有效解决了工程材料和补给的运输问题，同时减轻了全线同时开工所带来的人力、财力和物力的压力。这种策略允许修建完成的铁路立即投入使用，从而迅速带动当地经济和工农业运输的发展。通过这种方式，铁路投资能够在较短的时间内发挥其作用，加速地方经济增长。杭江铁路不用外国资金，由中国自行设计、施工。1933年冬，全长300余公里的杭江铁路通车，造价为3.7万元/公里。而当时的国有铁路造价为10万元/公里，可谓工期短、费用省了。杭江铁路是杜镇远主持修建的一条重要铁路线，是完全依靠中国资金与中国技术建成的铁路，杜镇远的辛勤努力使得这一工程成为铁路施工的奇迹。杭江铁路通车，声震海内外，大长了中国人的志气。

1934年7月，利用浙江省及银行贷款提供的少量资金起步，杜镇远沿用修筑杭江铁路的办法修建浙赣铁路。历时3年，全线长1008公里的江南大动脉——浙赣铁路于1937年9月竣工通车。浙赣铁路工程首先修建的是玉山至南昌段，全长292公里，该段到1936年1月已部分通车。随后，工程扩展至南昌至萍乡路段，并对株洲至萍乡的旧路进行改造。在此期间，为统一轨道标准，原杭州至玉山的35磅轻轨被替换为63磅重轨，改造桥梁60座，加固桥梁16座，改线14.82公里。浙赣铁路由杭江、玉南、南萍及株萍铁路组成，连接重要铁路线，为前线输送兵员物资，撤退伤员及内迁物资，有效支持了抗战。

在淞沪战役后，为了迅速建立通往大后方的交通线路，国民政府决定在两年内完成湘桂铁路的建设，并委派杜镇远负责这一重要工程。杜镇远到任后，迅速了解了当地的资金和资源状况，并促成了铁道部与湖南、广西两省的合作。根据协议，两省政府负责提供铁路建设所需的枕木、电杆和土地，以及土石方工程需要的民工，其他如工资、材料费及各项费用则由地方政府承担。这一策略有效解决了资源短缺问题，确保了铁路建设的顺利进行。杜镇远奉命抢筑衡阳至桂林一段，采用"中央与地方合资""技术队伍与民工结合"的方针和"分段并修"的施工方案，1937年9月开工，为了争取时间，全线分10个工段，日夜赶修。杜镇远穿着短衣短裤，到工地指挥湘桂铁路的建设。在他的领导下，25万名工人团结一致，不顾日军空袭的威胁，克服了众多困难，最终湘桂铁路于1940年10月全线通车，创下了当时日均修建铁路1公里的最高纪录。随着武汉和广州相继失守后，抗战形势日益严峻，大量军工器材、难民和物资都通过湘桂线撤往西南的大后方。新建成的湘桂铁路立即投入使用，发挥了至关重要的战略作用。

1939年3月，由于沿海港口遭日军封锁，国民政府为保障与缅甸的国际交通，紧急任命杜镇远为滇缅铁路局局长兼总工程师，负责加急修建滇缅铁路。这条铁路东起昆明，向西经过湘云、腊戍至缅甸，全长950公里，是一项极具挑战的工程。杜镇远带领来自华北、华中、华东撤退至云南的大量铁路工程技术人员及超过40万名民工，在横断山脉两侧施工，修建这一世界筑路史上难度极大的滇缅铁路，以确保反法西斯国家对中国抗战的物资支援顺畅到达。由于这条铁路线所经地区地理环境复杂，杜镇远需要面对许多具体的地质问题。滇缅铁路穿越了高山、峡谷和丛林等复杂的山区地形，这些地形不仅增加了施工难度，还需要采取特殊的工程设计和施工方案，山区土壤的稳定性是一个关键问题。杜镇远必须确保铁路线路在不稳定的土壤上安全运行，防止山体滑坡和土壤侵蚀。而且因为滇缅铁路穿越了热带雨林地区，疟疾等疾病多发。杜镇远和他的团队必须采取预防措施，同时保持工程进度。尽管当时面临环境恶劣和疟疾流行的困难，杜镇远依然坚持带领技术人员翻山越岭，深入基层检查和指导工作。在滇缅铁路的修建过程中，杜镇远经历了许多具体的桥梁和隧道设计挑战。滇缅铁路需要穿越山脉和丛林，因此设计并修建了许多隧道。这些隧道必须考虑地质条件，确保稳定性和安全性。其中一些隧道可能需要爬升或下降，以适应山区地形。尽管滇缅铁路的路基土石方工程已基本完成，但由于仰光被封锁，必需的物资无法运达，工程被迫停工。

1940年11月，杜镇远被任命为交通部西祥公路工程处处长，负责修建连接四川西昌至云南祥云的西祥公路，衔接当时中国唯一的国际交通线——滇缅公路。西祥公路全长约548公里，杜镇远依托其丰富的筑路经验，将工程划分为12个总段，36个分段，提出"先求其通，后求其备，多绕少桥，多砌少填"的策略，使得该公路于1941年4月顺利通车，创造了公路建设的又一奇迹。抗战胜利后，杜镇远被交通部委派为广东区特派员，负责接收当地的路、邮、航、电等关键设施。

1942年，抗日战争形势紧迫之际，杜镇远被调任粤汉铁路局局长。他在这一岗位上四处奔波，不仅组织军事运输和救济，还负责安排员工的日常生活。此外，杜镇远在湖南组织了员工训练，预备参与抗战。抗日战争胜利后，杜镇远奉命重建粤汉铁路。该铁路于1946年1月动工，仍按"先求其通，后求其备"的办法，杜镇远身先士卒，全体员工同心奋战，1947年7月该铁路全线修复通车。1948年初，杜镇远因病辞职。1949年初，由于长期劳累，糖尿病加重，杜镇远移居香港养病，全家迁至九龙。

中华人民共和国成立后，杜镇远通过与龙云接洽，于1950年带领全家回到北京。在陈云等领导同志的关怀支持下，任铁道部部长顾问工程师、参事室参事，对铁路建设提出"先通后备，固本简末"的建议，为新中国铁路建设留下了宝贵的财富，为中国铁路事业做出了贡献。抗美援朝战争中，他将自己在成都乡下金牛坝成灌公路之侧的1厅4室平房及房地一亩捐献给川西抗美援朝分会。杜镇远于1961年12月逝世，1979年12月骨灰入八宝山公墓。

资料来源：何云庵、鲜于浩主编，《西南交通大学史》（第一卷1896—1920），成都：西南交通大学出版社，2016年，第224-226页。

案例分析

杜镇远作为中国铁路的伟大建设者之一，在铁路建设过程中经历了许多困难，但他坚韧不拔、克服重重难关，成功地完成了历史性的任务。杜镇远一生中主持修建了多条铁路，其中包括杭江铁路、浙赣铁路等。他的创新措施成功解决了铁路建设中的资金短缺问题，确保了铁路的迅速完工。同时，他领导的工程团队也战胜了修建过程中的恶劣自然条件，出色地完成了中国人民赋予他的历史任务。

杜镇远的筑路思想不拘泥于传统，勇于创新，他的低造价、短工期的筑路思想为后来的铁路工程师们提供了宝贵经验。他的贡献不仅体现在铁路建设上，还体现在对社会经济发展的推动上。杜镇远作为中国近现代铁路工程师，其铁路修建主要体现出以下几个特点。

创新性原则： 在修建杭江铁路时，杜镇远提出了"先求其通，后求其备"的原则。具体做法包括限制坡度、轻轨、标准轨距、小型机车的施工标准，以实用为原则。他逐段施工、逐段运营，使铁路早日通车运营，再通过运营收入，逐步更新铁路设施，提升运营条件。

高效施工： 杜镇远主持修建的多条铁路，如杭江铁路、浙赣铁路等，都在短时间内建成，克服了资金短缺和自然条件恶劣的困难，使铁路迅速完工。

自主化建设： 杜镇远是继詹天佑之后，自力更生修建中国铁路的第二人。他的工程创举有效解决了铁路建设过程中的资金短缺问题，使中国铁路建设走向自主化。

杜镇远为中国铁路事业做出了卓越贡献。作为中国铁路史上的伟大先驱，杜镇远的一生充满了奋斗、创新和报国情怀，他的精神和智慧将永远激励着后人，他的名字将永远镌刻于史册。

通过杜镇远的事迹，我们可以看到他面对各种困难，有针对性、创新性地找到解决方法，成功地修建了一条条铁路，为我国的铁路事业做出了巨大贡献，也为我国如今铁路的高速发展打下了坚实的基础。作为新时代肩负民族复兴大任的当代大学生，应该学习杜镇远的精神，树立创新学习的理念，为不断满足人民对美好生活的向往贡献力量。

教学设计建议

1. **案例呈现**：本案例可用于教材绪论第二节"新时代呼唤担当民族复兴大任的时代新人"中立大志、明大德、成大才、担大任的教学。讲述杜镇远的事迹，结合多媒体素材展示他在铁路建设领域的贡献，特别是他面对各种困难，勇于担当，创新性地解决问题的品质和能力。

2. **案例分析与讨论**：分组讨论，引导学生分析杜镇远立大志、明大德、成大才、担大任的具体体现，探讨铁路建设对人民生活的积极影响。

3. **引导问题**：

①你认为杜镇远毕生投身铁路建设事业是不是担大任？

②杜镇远的铁路建设对今天高铁技术的发展有什么影响？

③在科技领域，我们还能从哪些方面体现"创新学习"的理念？

总结提升建议

1. **反思与自我认知**：学生应深入理解杜镇远案例中立大志、明大德、成大才、担大任的具体体现，教师要引导学生思考在面对困难时的处理方法，找出最适合现实的解决方案并付诸实践，促使自我认知的提升。

2. **培养个人责任感**：鼓励学生思考未来从事工程或其他职业时，如何发挥个人的责任感，为社会做出更大贡献。

3. **激发爱国热情**：鼓励学生深入了解相关事迹，激发他们对祖国的深厚感情，增强爱国热情，将个人理想融入国家的建设。

案例4　善于创新的"桥梁院士"秦顺全

案例呈现

秦顺全长期从事大型桥梁的设计、施工技术研究与管理工作，为中国桥梁事业的发展做出了重要贡献。他创立了桥梁分阶段施工的无应力状态控制法理论，创新了大型桥梁结构工厂化、标准化施工方法，实现了大跨度桥梁和跨海大桥建造诸多技术上的突破，解决了多项国家重点工程建设的关键技术难题。秦顺全先后主持了芜湖长江大桥、海口世纪大桥、东海大桥、杭州湾大桥等大型桥梁方案设计与施工技术工作，主持完成重大科研项目30余项；获国家科技进步特等奖1项、一等奖2项、二等奖3项，国家技术发明二等奖1项，省部级科技进步特等奖3项、一等奖5项，出版学术专著3部，为推动新时期中国桥梁创新和发展做出了突出贡献。2009年12月29日，秦顺全院士被母校西南交通大学聘为双聘院士。

被誉为"桥梁院士"的秦顺全凭着对桥的钟情挚爱和专心致志研究，以勇于创新的精神，使无数天堑变成通途，推动桥梁科技不断创新。

世界上不存在两座相同的桥。对工程师而言，设计每座桥都意味着面对新的问题和挑战。在秦顺全看来："要想成为一名优秀的桥梁设计师，关键是要有创新意识和创新能力，要在条条框框中寻找一个最优解，这就是一个创新创造的过程。"

武汉天兴洲大桥是秦顺全引以为傲的作品，也是世界上独特的公铁两用斜拉桥，具备极大的跨度、宽度和承载能力，同时支持高速列车运行。该桥的主跨超过500米，因航道要求设计，给工程建设带来了巨大挑战。秦顺全为了克服这些难题，几乎每天都在公司电脑室进行计算，在无数次的尝试和调整后，他终于将困难逐一击破。经过系统地深入研究，秦顺全决定，"必须采用创新技术予以解决"。在这座桥梁的设计过程中，秦顺全创新性地采用了他首创的"三索面三主桁"的桁段架设法，这一独特的方法成功克服了桥面宽、荷载重和列车运行速度高等一系列技术难题。天兴洲大桥的建成不仅在中国桥梁史上具有里程碑意义，也标志着中国从"桥梁大国"迈向了"桥梁强国"。

在秦顺全与桥梁相伴的职业生涯中，他始终保持着乐于创新、善于创新、勇于创新的精神，不断推动创新的脚步，从未停歇。这种永无止境的追求，促使他主持设计并建造了国内外近30座大型桥梁。秦顺全在其职业生涯中解决了无数桥梁建设的技术难题，并在中国桥梁史上创造了多项第一，书写了辉煌的历史篇章。

资料来源：何云庵、李万青主编，《笃实扬华　自强不息——从山海关北洋铁路官学堂到西南交通大学》（下卷），成都：西南交通大学出版社，2011年，第377—379页。

案例分析

在建设社会主义现代化国家的新征程中，西南交通大学双聘院士、桥梁专家秦顺全以其敢于创新、勇于创新和善于创新的精神，主持设计并建造了国内外近30座大型桥梁。他成功解决了无数桥梁建设中的技术难题，并在中国桥梁史上创造了多项纪录，展示了卓越的工程才能。他为中国特色社会主义事业做出了重大贡献，是新时代大学生实现民族复兴大任的典范。他的精神和成就持续激励着年轻一代，鼓励他们勇敢追梦，奋发向前，为国家繁荣昌盛贡献力量。

教学设计建议

1. 案例引入与概述： 本案例可用于教材绪论第二节"新时代呼唤担当民族复兴大任的时代新人"的教学。开篇通过介绍新时代"桥梁院士"秦顺全的建桥事迹，启发学生对创新的兴趣与"担大任"的精神。概述案例，强调秦顺全在桥梁事业中的卓越成就，并突出其与改革创新、担当民族复兴大任的契合点。通过深入讲解案例，引导学生深刻理解新时代的技术创新，勤奋学习，为国争光、为民造福。

2. 小组讨论与分享： 学生分组深入研讨秦顺全案例，教师引导学生深入分析秦顺全的学习方法、创新思维及其对社会现实问题的关注。通过小组互动，激发学生深入思考创新在学习、生活中的具体应用。

3. 角色扮演与案例演绎： 秦顺全院士说："创新是桥梁建设之魂。建桥是个传统行业，这个行业的提升在于创新。"将学生分成小组，模拟秦顺全的情境，通过角色扮演还原他在理论学习、科研实践等方面的表现。这一活动旨在帮助学生更加深刻地理解创新能力在实际工作中的具体体现方式，培养学生的创新精神与实践能力。

4. 讲座与座谈： 学生将有机会邀请相关领域专家或成功人士举办讲座，分享他们在工作中传承和发扬创新精神的实际经验。同时，通过组织座谈，促使学生与嘉宾进行深入交流，探讨创新精神在不同职业领域的应用，碰撞出新的思想火花。

5. 定期评估与分享： 学生定期评估实际工程项目的进展或学习过程中创新精神的具体体现，并在小组或班级中进行分享。通过分享，建立学生之间的激励机制，形成共同努力的氛围，激励他们在日常生活和学习中更加主动地去创新。

总结提升建议

1. 反思与自我认知： 学生应深入理解秦顺全案例中创新精神对个人、学校和社会的积极影响。引导学生思考创新精神如何在个人生活和学业中得以体现，促使自我认知的提升。

2. 培养创新能力： 当今世界正处于百年未有之大变局中，创新在综合国力竞争中的重要性日益凸显，培养创新型人才关乎中国式现代化的实现与中华民族伟大复兴。应培养新时代大学生哪些创新能力？如何培养新时代大学生的创新能力？这些问题至关重要。

3.强化创新精神的实际应用： 建议学生通过参与志愿活动、社会实践等方式，将创新精神融入实际行动，倡导学生在各自的专业领域中应用创新精神。

4.促进学生间的合作与分享： 鼓励学生分享对创新精神与创新能力的理解和在实际生活中的体现方式。通过小组合作项目，培养学生的团队创新精神，共同探索创新在团队工作中的重要性。

案例5 知名企业家李光前

案例呈现

　　李光前是一位杰出的华人实业家、教育家和慈善家，被誉为"南国之光、华社先贤"。1903年赴新加坡入英文学校就读。1906年加入南洋中国同盟会。1908年，得到当地总商会主席吴寿珍的资助，李光前回国并考入南京的暨南学堂。1911年，他升学至北京的清华高等学堂。随后，他转学到唐山路矿专门学堂（今西南交通大学）继续深造，是该校在辛亥革命前所招的最后一届学生。毕业后返回新加坡，先后任教道南小学及崇正小学，并兼报馆电讯翻译，其后入当地测量专修班，考取测量师。后来，李光前进入爱国华侨庄希泉创办的中华国贸公司担任英文文书，从此开启了他的商界生涯。

　　当时中华民国成立不久，东南亚各地的华侨学校还用清朝时的教科书，李光前看到了新教科书的巨大市场，便买进了大量商务印书馆与中华书局出版的新教科书供给各华侨学校，为公司带来了一笔可观的收入。

　　1914年，李光前与庄希泉等合资经营百货公司，处理英文文件并负责交涉事宜。1916年，任职于陈嘉庚开设之树胶公司，旋升经理。1927年，在马来半岛之麻坡创立南益烟房。翌年，扩充为南艺树胶公司。1931年，南益树胶公司改为股份有限公司，兼营黄梨及开办黄梨罐头厂。1933年，在华商、和丰、华桥三家银行合并之华侨银行任主席，华侨银行不仅在新加坡设立了多家分行，还扩展到东京、大阪、香港、吉隆坡、上海等地，成为东南亚地区最有影响力的银行之一。此外，广泛的业务网络和显著的市场地位也使华侨银行成为李氏集团最重要的企业之一。先后开办火炬厂、油厂、饼干厂及土产公司，投资保险公司、汽水公司、洋行、报馆、冷藏等企业。1934年，任新加坡南洋华侨中学董事会主席。抗日战争爆发后，他积极捐输祖国抗战。抗日战争胜利后返回新加坡，恢复与重建了南益橡胶企业，旋受聘为新加坡教育咨询委员。到20世纪60年代，南益橡胶有限公司的橡胶园总面积已达到1.55万亩，旗下拥有多达35家附属企业。除了主营的橡胶业务，公司还广泛涉足其他行业，开办了包括黄梨厂、油厂、彩色印刷厂、家具厂、木材厂等共计23家不同类型的工厂，再加上华侨银行、东方人寿保险有限公司等，成为世界上最大的华人富商之一。

除此之外，他热心文教卫生及慈善事业，积极支持创办东南亚第一所华人大学——南洋大学。他一再强调，南洋大学的办学宗旨是继承和弘扬优秀的中华文化，并致力于为青年提供更多的学习机会。李光前也在新加坡等地创办了多所中、小学。抗日战争时期，他在家乡南安安梅山创办国专小学和国系中学。1952年，他又为家乡捐资数百万元，用于扩建学校。扩建国光中学、国专小学、国光幼儿园、国专医院和国专影剧院等，建筑面积达5万多平方米。国光中学、国光小学已成为福建省重点学校，而国专医院则成为福建省晋江地区知名的肿瘤医院。1952年，李光前捐出大部分财产，成立了李氏基金会，积极支持文教及各种福利事业。1957年，马来西亚柔佛苏丹授予他"拿督"荣衔，次年，马来西亚大学授予他法学博士名誉学位。1962年1月，新加坡政府聘请他为新加坡国立大学的首任校长。1965年卸任华侨银行主席职，并两度被选为中华总商会会长。1967年6月3日李光前病逝于新加坡，享年74岁。

诚信

在1903年，李光前漂洋过海去新加坡谋生时，乘坐的海船开船不久，气温陡降，船上许多赴南洋打工的人冻得发抖。正好陈嘉庚在船上，他宣布凡是姓陈的乘客都可领一条毛毯。后来陈嘉庚到船上各处查看，发现只有一个小孩没有毛毯，在船舱的角落里蜷缩成一团。陈嘉庚问他为什么不去领毛毯？这孩子回答说："我不姓陈，不能冒领"。陈嘉庚问了姓名后知道是李光前，并把这个名字铭记在心上，李光前的诚信感动了爱国侨领陈嘉庚。这是陈嘉庚初识李光前。13年之后，他们第二次见面，这又是一次巧遇。1916年的一天，天降大雨，李光前正在路边的摊点上吃饭，正好看到陈嘉庚也在这里买东西，没有带伞，李光前把自己的伞给了陈嘉庚，陈嘉庚约他第二天去他的公司取伞。第二天，李光前应约前往，陈家庚才知道站在他面前的青年就是13年前他在船上认识的少年。两人促膝交谈，相见恨晚，陈嘉庚慧眼识英才，认为李光前前途无量，邀请他到自己创办的谦益公司工作。陈嘉庚着意提携培养这个年轻人。李光前努力向陈嘉庚和公司的其他人员学习，很快就掌握了商业规律，打开了局面，扩展了业务，深得陈家庚的赞许，不久就担任了谦益公司的贸易部经理。1920年，李光前与陈嘉庚的长女陈爱礼喜结连理，他与陈嘉庚的关系就更为密切了。

简朴

李光前先生以其简朴、节俭的生活方式而闻名。尽管他是一位富有的实业家和慈善家，但他始终保持着朴素的生活习惯。在饮食上，他的主食通常是地瓜和稀饭，经常搭配咸菜。他不沾烟酒，保持清淡的饮食习惯；在交通上，出门时，他常常选择坐三等座的公交车和电车，而不是豪华交通工具；在服饰上，他的着装也非常朴素，穿着长袍，拄着拐杖。在健康上，医生曾发现他营养不良，但他仍然坚持俭朴的生活方式。

慈善

李光前一生俭朴至极，但他广行善事，捐献无数，他积极参与抗日救国，被日本侵占所有产业，但仍倾力在家乡创办学校。他捐建了南安国光中学、厦门大学等教育机构，为无数贫寒学子提供了机会。

爱国

李光前在抗日战争期间积极参与抗日救国。揭露日军罪行：1937年，李光前领导《南洋商报》揭露日军侵华罪行，声援祖国抗战。筹赈抗日活动：他积极支持陈嘉庚领导的新马侨胞筹赈抗日活动。他率先捐款10万元，为祖国伤兵难民提供救济。

李光前先生的抗战精神和慷慨奉献精神令人钦佩，他的一生都在为家乡和祖国不懈努力。

资料来源：何云庵、鲜于浩主编：《西南交通大学史》（第一卷1896—1920），成都：西南交通大学出版社，2016年，第229–231页。

案例分析

李光前先生是一位杰出的华人实业家、教育家和慈善家，他一生慷慨、勤俭和无私，对中国和新马地区的社会发展做出了不可磨灭的巨大贡献。

实业家：李光前在商界脱颖而出，成为新马地区有名的"橡胶大王""黄梨大王""金融巨子"。他创办了南益公司，凭借诚实、信用、严明、谨慎的经营原则，成为实业界的佼佼者。

教育家：他积极投身教育领域，捐资创办了南安国光中学、厦门大学等教育机构，为无数贫寒学子提供了教育机会。他还被任命为新加坡国立大学首任校长，为教育事业做出了巨大贡献。

慈善家：李光前广行善事，捐献无数，但一生俭朴至极，甚至被医生诊断出营养不良。他积极参与抗日救国，被日本侵占所有业产，但仍倾力在家乡创办学校。他的慷慨奉献精神令人钦佩。

李光前的故事洋溢着勤俭、诚实和爱心，他是东南亚地区最为杰出的华侨领袖之一。李光前先生作为一位杰出的实业家和商业领袖，他的思想道德素质和法治素养值得我们学习和借鉴。

诚实和信用：李光前坚持得财有道，他的公司南益橡胶公司从未拖欠过任何债务。这种诚实和信用的经营原则在商业中非常重要。

八字箴言：李光前经常告诫公司的员工要"诚实、信用、严明、谨慎"，绝不可欺骗顾客。这种诚信和严谨的态度对于建立良好的企业声誉至关重要。

中西结合：他吸收了西方先进的管理方法，将拥有权与管理权分开，形成了一种法治精神取向的家族企业管理方法。

以人为本：李光前注重员工的福利和发展，善待员工，这有助于增强团队的凝聚力和忠诚度。

 **教学设计建议**

1. 案例呈现：本案例可用于教材绪论第三节"不断提升思想道德素养和法治素养"的教学。展示李光前的事迹，结合李光前的诚信、简朴、慈善、爱国以及中西结合的法治精神取向的企业管理方法等，展示他的思想道德素养与法治素养，引导学生向其学习。

2. 案例分析与讨论：学生分组讨论对李光前案例的理解，引导学生理解思想道德素养与法治素养对个人成长的重要性。

3. 引导问题：

①你认为李光前的思想道德素养与法治素养是否助力了他的成功？

②从李光前的事迹来看，你认为在新时代的今天，我们应该具备怎样的思想道德素养与法治素养，才能助推中国的发展？

总结提升建议

1. 思想道德素养与法治素养的时代特点：引导学生思考在当今社会我们应该具备怎样的思想道德素养与法治素养，如何在传承传统文化的同时融入现代理念，培养适应社会发展需求的个体。

2. 个体责任与社会责任：强调培养个体责任感和社会责任感的重要性，引导学生意识到每个人都应当不断提升自己的思想道德素养与法治素养，为社会的发展和进步贡献力量。

案例6 水利学与河流动力学家林秉南

 案例呈现

林秉南,祖籍莆田涵江,1920年4月21日出生于马来西亚,水力学与河流动力学家,中国科学院院士。他的父亲林黄卷是同盟会会员。受家庭环境的熏陶,林秉南从小就立志报国,并偏爱诗文和书法。1931年,林秉南入读广州市立师范学校附中。九一八事变爆发后,他和同学积极参与抗日宣传和抵制日货活动。1934年,林秉南就读于广州第一中学,在目睹日本侵略的情况下,他认识到救国必须依靠实力,因此立志通过发展实业和科学技术来振兴中华。高中毕业前,他就自学了多种英美数理化教材。1938年,林秉南考入交通大学唐山工程学院土木工程系学习,因其扎实的基础和勤奋努力,在毕业时获得了斐陶斐励学会的金钥匙奖。1942年至1943年,他留校担任结构学助教。1943年至1944年,林秉南在贵州修文资源委员会水电工程处担任技士,负责勘测设计工作。1946年,他作为教育部第一届公费留学生前往美国深造,成为以水利工程设计驰名的艾奥瓦大学的研究生。1947年、1951年,他先后获得硕士、博士学位。他在做博士论文时,根据我国河流多沙的特点,选择了泥沙研究课题。课余,他常常无偿帮助他人做试验,很快熟悉了试验技术。因此在工作中他跳过了研究助理这一级,直接升为副研究员。

1952年至1955年,林秉南在美国科罗拉多州立大学担任助理教授,讲授明渠水力学、高等流体力学、工程数学、水力学及部分泥沙工程等课程,并进行了泥沙水槽试验研究。中华人民共和国成立后,林秉南目睹了祖国的巨大变化。因此,在1956年初,他决定离开条件优越的美国,带着家人回到祖国,致力于将"科学救国"的理想转化为现实。

林秉南回国后,历任中国科学院水工室研究员、水利水电科学院水力学所高级工程师、副所长、所长。1958年起在中国水利水电科学研究院工作,1983—1985年任水利水电科学院院长,1990年起任名誉院长。他还担任三峡工程泥沙专家组组长,以及世界银行三峡工程可行性研究国际咨询组成员,为构筑这一举世闻名的跨世纪工程殚精竭虑。

几十年来,林秉南专注于水力学和河流动力学的研究,为我国在这两个领域的科学探索和发展做出了重大贡献。他先后在明渠不恒定流、高坝水利学及泥沙运动等领域取得了许多开创性成果。

自1956年回国后,林秉南专注于高坝水力学和明渠不恒定流的研究。他关注到我国在高山峡谷地区迅速发展的高坝建设。由于这些地区洪水的洪峰高、洪量大,

高坝必须经常进行泄洪操作，而高速水流如果猛烈冲击两岸或淘深岸基，便会增大坍岸的风险。为了确保两岸安全，林秉南从20世纪50年代就开始研究水库溃坝洪水演进问题，成为我国第一位进行水体突然泄放实物模型试验的学者，为三峡工程等长江防护项目提供了重要的技术支持。在高坝水力学领域，林秉南领导和发展了收缩式新型消能工程（包括宽尾墩及窄缝挑坎）的研究，提供了对两岸峭壁威胁较小的有效泄洪消能方法。这些新型消能工程的研究和发展取得的成果已在潘家口、安康、龙羊峡、东江、五强溪、岩滩等多个工程中应用，取得了显著的经济效益和社会效益。林秉南还指导设计了我国第一座大型活动高速水流掺气陡槽，其创新的关键部位设计体现出独到的见解。1958年，林秉南与钱宁教授共同主持出版了约120万字的《高速水流》论文译丛，广受全国水利科学人员的欢迎。

20世纪70年代，林秉南与浙江河口海岸研究所合作，进行了杭州湾潮流的计算研究。他们将二维特征理论与特征偏心差分格式结合使用，成功提高了计算的精度和稳定性。80年代初期，林秉南首次将二维特征理论和破开算子法应用于大面积海湾和河口的研究中，创建了一种快速计算方法，该方法能够与实测资料紧密吻合。如今，破开算子法已在国内广泛应用，对相关领域的研究和应用产生了重要影响。

作为著名的水利水文水资源专家，林秉南始终关注我国的水利工程建设和水资源保护。在著作《水利工程中需要研究的几个问题》中，他为南水北调工程、海水淡化、恢复八百里秦川的富饶以及消除库区社会不稳定因素等课题提出了众多建设性建议。此外，他强调必须深入研究水土保持对减少河流泥沙的效应，并呼吁加大河流治理和污染控制的力度，推动水资源的合理利用。

林秉南常说："科学是为人类服务的，有了成果应及时交流，以利于推广和抛砖引玉。"因此，除了访问交流，他还勤于笔耕，担任水利电力出版社特约编委顾问和《国际泥沙研究（英文版）》总编、《海洋学报》副主编等职务；撰有水利方面的论文约50篇，出版了《林秉南论文选集》。其论著既广征博引，又不失独到见解。

林秉南擅长与他人协作，有良好的科研道德和修养。他对青年总是寄以深切的厚望，勉励青年要打好基础，奋发图强，为祖国的水利事业做贡献。他在国际交往中，常以渊博的学识和良好的精神风貌赢得国外学者的友谊和信任。

资料来源：许更生、林祖泉编著，《兴教育人》，福州：福建人民出版社，2003年，第147-150页；西南交通大学校史编辑室编，《笃实扬华、桃李春风——西南唐山交通大学校友风采录》，成都：西南交通大学出版社，1996年，第548页。

 案例分析

满怀爱国主义热情的林秉南为了国家、人民的利益，放弃国外优厚待遇回国投身科学研究，积极与学术同行进行交流，将科研成果应用于社会。他作为中国科学院院士、著名的水力学与河流动力学专家，为中国水利工程研究和治水工程的应用做出了重要贡献。林秉南品德高尚，提携后辈学者，是当代大学生的道德楷模。新时代大学生应该以他为榜样，加强自身道德修养，积极引领社会风尚。

教学设计建议

1. **案例呈现：**本案例可用于教材绪论第三节"不断提升思想道德素质和法治素养"的教学。结合多媒体素材展示林秉南在三峡工程等水利工程中的贡献。

2. **案例分析与讨论：**分组讨论学生对林秉南案例的理解，引导他们分析林秉南高尚的道德情操对其科学研究的影响，阐明锤炼高尚品格与崇德向善对新时代大学生成长成才的重要意义。

3. **引导问题：**

①如何理解林秉南所说的"科学是为人类服务的，有了成果应及时交流，以利于推广和抛砖引玉"？

②大学生应该如何加强自身的学术道德修养？

总结提升建议

1. **思辨性问题引导：**围绕林秉南的治水事业，提出一些复杂的道德伦理问题，鼓励学生运用所学道德理论进行思辨，加深对思想道德素质的理解。

2. **思辨性问题旨在引导学生思考思想道德素质在个人事业中的作用，培养学生的批判性思维能力和分析能力。例如，引导学生通过分析林秉南对重大水利工程的泥沙治理方案，讨论如下问题：**

①在重大工程的决策中，科学家应该承担怎样的道德责任？

②如何认识"南水北调西线工程"？

③"生态环境的可持续维护"与"社会经济的可持续发展"之间的矛盾是否不可调和？人与自然如何和谐共处？

三、实践设计

 实践项目

项目1：实地参观——西南交通大学马克思主义学院科学家精神基地

▌实践目标▌

为深入贯彻落实习近平总书记关于传承弘扬科学家精神的一系列重要论述，组织学生收集林秉南等西南交通大学优秀校友的生平资料，并参观他们的塑像，聆听先辈们的光辉事迹，感受先辈们的优秀道德品质，学习他们身上体现出的传统美德与科学精神。通过实地参观、撰写参观报告，学生可以进一步理解林秉南等人的精神为何成为西南交通大学的优良传统，以及其中体现出的中华优秀传统美德，同时提高观察能力和信息收集能力。

▌实践方案▌

1. 任课教师宣布实践活动主题，并明确实践活动要求。

2. 将学生分为若干小组（每组8～10人），每组选定1人为小组长，负责小组参观时间、地点和具体流程的策划以及课后作业的收集等工作。

3. 任课教师在参观前要给各小组开会，要求各小组组长负责此次参观活动的组织、纪律和安全等问题，督促班委在实践活动过程中切实履行职责，保证实践活动的顺利开展。

4. 各小组组长提前一周组织组员设计活动路线、活动内容等，并将实践活动方案提交给任课教师审阅。

5. 任课教师应注意审查各小组提交的实践方案中的活动路线是否合理，安全措施是否到位，活动内容是否科学，并提出相应的修改意见。

6. 各小组根据任课教师的修改意见，对相关内容进行讨论并修改。

7. 学生按照计划开展实践活动。任课教师可以视具体情况决定是否进行现场指导。

8. 每个学生在活动结束后，完成一篇参观报告。

9. 组织学生开展分享会，每个小组选派一名代表上台分享参加此次活动的感受。

▌实践记录▌

思想道德与法治实践课

实地参观

地　　点：＿＿＿＿＿＿＿＿＿＿

姓　　名：＿＿＿＿＿＿＿＿＿＿

学　　号：_____

院　　部：_____

专业班级：_____

学　　期：_____

实地参观活动考核		
考核内容	考核评价（符合标准的在对应的方框里打"√"）	考核成绩（满分100分）
参观过程中态度认真、遵守秩序，集体观念和纪律观念强	优□ 良□ 中□ 差□	
参观报告主题明确、感受真切、结构完整，有自己的独特见解	优□ 良□ 中□ 差□	
其他	优□ 良□ 中□ 差□	
教师签名：

年　月　日 | | |

参观报告
题目：
正文：

教师点评 |

 **实践项目**

项目2：课堂报告——如何理解中国特色社会主义新时代

‖实践目标‖

　　新时代是我们理解当前所处历史方位的关键词。何谓新时代？中国特色社会主义新时代究竟是一个怎样的时代？新时代十余年来我们取得了哪些成绩？学生们在所在地通过各种方式进行实践并撰写实践报告。同时，锻炼学生的语言表达能力、逻辑思维能力和归纳总结能力。

║实践方案║

1. 任课教师宣布实践活动主题，并明确实践活动要求。

2. 将学生分为若干小组（每组4~6人），每组选定1人为组长，负责组内各项工作。

3. 各小组成员分工合作，搜集整理与本次活动有关的文字、图片、视频等资料，结合搜集整理的相关资料和教材相关理论知识在组内展开讨论与交流。

4. 小组组内开会讨论课堂报告的思路和内容，对搜集到的相关资料进行筛选和整理，并制作成PPT以配合课堂报告使用。

5. 任课教师组织学生开展课堂报告活动。课堂报告需要每组选出2名组员来完成，其中1人负责主讲，另1人负责配合主讲人播放PPT。

6. 任课教师对本次实践活动进行总结和评价，对本次活动中学生做得好的地方给予肯定和鼓励，对存在不足的地方进行纠正和引导。

7. 活动结束后，以小组为单位提交实践活动报告。

║实践记录║

思想道德与法治实践课

课堂报告

姓　　名：＿＿＿＿＿＿＿＿＿＿

学　　号：＿＿＿＿＿＿＿＿＿＿

报告主题：＿＿＿＿＿＿＿＿＿＿

院　　部：＿＿＿＿＿＿＿＿＿＿

专业班级：＿＿＿＿＿＿＿＿＿＿

学　　期：＿＿＿＿＿＿＿＿＿＿

课堂报告考核		
考核内容	考核评价（符合标准的在对应的方框里打"√"）	考核成绩（满分100分）
小组成员配合默契、衔接流畅	优□良□中□差□	
报告主题明确、逻辑清晰	优□良□中□差□	
资料搜集客观、真实、全面、有针对性	优□良□中□差□	
观点正确、证据充足、说服力强	优□良□中□差□	
PPT制作及课堂展示效果好、有吸引力	优□良□中□差□	
其他	优□良□中□差□	
		教师签名： 年　月　日

小组成员		
姓名	学号	组内分工

课堂报告
题目：
正文：
教师点评

第一章　领悟人生真谛　把握人生方向

‖ 导　言 ‖

　　人生观是人们对人生目的和人生意义的根本看法和态度，是人之为人必须首先解决的根本性问题，更是关系大学生如何不虚度时光，创造有意义、无愧于时代的人生的根本性问题。本章围绕人生观这个核心问题展开，主要包括"人生观是什么""应该树立怎样的科学人生观""如何创造有意义的人生"三个层次递进的内容。要理解人生观，需要在科学认识人的社会属性这一本质属性的基础上，认识和理解人生观包括的人生目的、人生态度和人生价值三个基本层面，并理解和把握人生观与世界观、价值观之间的紧密联系；树立正确的人生观，辩证着待人生各种矛盾，反对拜金主义、享乐主义、个人主义，通过努力奋斗，才能成就出彩人生，创造有意义的人生。

一、教学分析

教学目的

　　通过本章学习，促进和帮助大学生：总体上系统把握马克思主义的人生观、人生价值理论，深刻理解马克思主义关于个人与社会关系的基本原理，确立科学高尚的人生观、价值观，掌握马克思主义分析和理解人生问题时的基本立场、基本观点和基本方法；认识人生目的、人生态度和人生价值之间相互联系、相辅相成的关系，个体和社会之间相互依存、相互制约、相互促进的关系，理解社会主义社会中个人利益与社会利益的根本一致性；认识不同人生态度对生活实践的意义，学会以认真务实、乐观向上、积极进取的态度对待生活；科学认识和处理人生中的各种矛盾，包括树立正确的幸福观、得失观、苦乐观、顺逆观、生死观和荣辱观；坚持正确的人生价值评判标准，理解拜金主义、享乐主义、极端个人主义的实质和危害，自觉抵制各种错误人生观的影响，在学习和成长中自觉把小我融入祖国、人民的大我之中，与历史同向、与祖国同行、与人民同在，更好地实现人生价值，升华人生境界，创造有意义的人生。

教学重点、难点

1. 正确认识人的本质属性、个人与社会的辩证关系。（重点）

2. 正确的人生观所包含的人生目的、人生态度、人生价值三个层面。（重点）

3. 什么是有价值的人生？（重点）

4. 有意义的人生需要处理好哪些关系？（重点）

5. 深刻理解人生观对人生的重要意义，树立正确的人生观。（难点）

6. 深刻认识错误人生观的实质及其危害，摒弃错误的人生观。（难点）

二、教学案例精选与设计

案例1 中国桥梁和结构学科创始人顾宜孙

案例呈现

　　1915年顾宜孙考入上海交通大学土木工程系，1918年以优异的成绩获工学学士学位。当年考取清华学堂公费留学，同年秋赴美国，在康奈尔大学研究院做研究生，研究对象以结构工程为主，兼铁路工程及力学。1919年获硕士学位，1921年获哲学博士学位（与胡适同届，当时尚无工学博士学位），1922年底回国，被唐山交通大学（今西南交通大学）聘为教授，接替侯家源讲授结构方面的课程。1938至1939年他曾短期被中英庚款董事会借调到云南大学任特约讲座，1939年又回到当时内迁在贵州平越（今贵州省福泉市）的国立交通大学唐山工程学院（今西南交通大学）任教。那时国立交通大学北平铁道管理学院内迁的部分师生也来到贵州，1942年校名改为国立交通大学贵州分校。他自1941年起任土木工程系主任，1945年起任国立交通大学贵州分校校长。抗日战争胜利后学校在唐山复课，他仍任国立唐山工学院（今西南交通大学）院长。中华人民共和国成立后，他任教务长兼土木系主任、桥隧系主任，1963年又出任主管科研和研究生的副院长。

教书育人　孜孜不倦

　　顾宜孙在数十年的教学生涯中始终兢兢业业、一丝不苟，一贯重视教学质量和教学效果。他讲课全部用英文，课程包括结构理论、高等结构理论、圬工设计、钢筋混凝土结构设计、钢结构设计、钢桥设计等，并指导毕业论文。抗战期间很难聘到教授，他几乎一人挑起结构专业的全部课程，教学工作量极重，还要负责行政工作。他备课认真，将学生所应掌握的内容凝练为包括各种符号在内的笔记。他的教学方式独具特色,他总是先在黑板上写出内容提要,待学生基本抄完再进行讲授。顾宜孙主张基本内容一定要讲清楚,不敷衍、不含糊,要求学生基本功扎实,为将来发展积攒后劲。他在对待学生的学习态度上从不迁就、不讲情面。在指导毕业论文时,他常常开列涉及结构理论、各种类型的桥梁或结构的研究、述评、分析或设计等各方面的数十道题目,由学生任选一题研究,也可由学生自选题目经他认可后进行研究。在他的指导下,许多学生在业务能力上都取得了显著的提高,并成为国内外的知名专家和学者。

顾宜孙还非常重视青年教师的培养,强调他们要打好扎实的基础,并培养专业技能。他通过为助教安排辅导任务、鼓励出国深造或到现场进修等方式,积极培养新一代的教学人才。

苦心孤诣 建立和发展桥梁和结构学科

顾宜孙对教学工作的组织和领导非常重视,特别关注学科设置的合理性和适应性。他通过对国内外著名大学课程设置情况的比较分析,提出了交大唐院课程设置的建议,他在1933年《交大唐院季刊》第1卷第1期发表文章《土木工科课程之研究》,并据此编制并修订教学计划,选用新教材、新规范和新理论,以确保教学内容的更新和充实。在学校设立了铁路、结构、水利、市政卫生和建筑五个专门组后,他促使学生在四年级时根据自己的发展方向选修课程,选择毕业论文题目或毕业设计项目,从而培养出各类专业人才,为学校教学水平的提升做出了贡献。顾宜孙不仅关注教学内容的更新,还努力拓展自己的知识面,特别是关注苏联工科教学计划。为此,他不惜花费精力学习俄文,以便直接阅读俄文文献。1952年,为了快速培养当时急需的专业技术人才,顾宜孙参照苏联将学科结合新产品设置专业的特点,将结构系改为桥梁隧道系,进一步拓展了学科领域,以培养更多急需的专业技术人才。

此外,顾宜孙还非常重视试验室的建设,制定了详细的发展、建设和实施计划。在他的努力下,一系列试验室逐步建成,开始招收研究生并开展科学研究工作,为桥梁和结构学科的发展奠定了坚实基础。他的这些举措不仅提高了学校的教学质量,也为学科建设和教育事业的发展做出了重要贡献。

淡泊名利 一片丹心倾注交大

顾宜孙于1922年学成回国,尽管有机会在大城市谋职,但他志在教育,深知当时中国急需工程技术人才,他决定尽快培养人才。于是他放弃了留在上海的建议,前往偏远的唐山交通大学任教。从1922年底到1968年被发现肾癌止,他一共在学校任职47年,视学校为家,与学校同呼吸、共命运。1937年"七七事变"后,唐山沦陷,学校师生南迁。顾宜孙抛家舍亲,从上海乘船绕道越南进入昆明。他受聘在云南大学任讲座，但得知交大唐院已在贵州平越复课后，毅然放弃了云南大学的条件，前往平越。他与罗忠忱教授一起支撑学校，尽管条件艰苦，依然坚持严格要求自己和学生。1944年秋，日军进逼贵州，学校解散。顾宜孙受命前往重庆寻找新校址，筹建了新校区，确保学校顺利开课。不久后，他接替罗忠忱教授担任贵州分校校长。

抗战胜利后，顾宜孙积极组织学校迁回唐山，于1946年11月复课，并将学校改名为国立唐山工学院，继续担任院长。中华人民共和国成立初期，顾宜孙积极协助学校吸引人才，他写信到国外，邀请自己的学生回国任教，并说服学生，打消他们的顾虑。他的努力为学校吸引了许多学者，为学校的发展创造了条件。

真正的人生　爱国的学者

顾宜孙为唐院（今西南交通大学）呕心沥血，工作兢兢业业，在为人处世和生活小节上也处处严格要求自己。他作为院长和主任，不以权谋私，宁愿吃亏。过年时曾有职工带着礼物登门，他急忙关门，在窗前向来者拱手谢绝。在校友处落实好就职的位置后，就让毕业生抽签。抽到的签可以自相交换，他从不从中渔利。有一次，女生宿舍失火，有些女生的行李被焚，要求学校补偿。他认为财务上不应开支此费，最后自己掏钱补偿。他常说："吃亏就是便宜。"

顾宜孙经常身兼数职，埋头苦干。唐山解放前，由于学校靠近战场，教授们按河北省公教人员的标准领薪，不易请到教授。他除了任院长还要兼系主任并负责教学。在上海招生时，他曾和杨耀乾教授两人在淮海中路青年中学的小屋里油印考卷。

顾宜孙喜欢实干，对官衔不热衷。他曾五次到国民政府教育部请辞唐院院长，每次都因被挽留而未能辞去。上海交大程孝刚辞去校长时，校友会推荐他继任，他坚决谢绝。新中国成立之初发布了他任唐院院长的任命，他急忙去铁道部请辞，并表示愿当教务长。后来又推荐罗河教授任教务长，自任系主任。他任系主任时，认真地向自己曾经的学生罗河汇报工作，不计较职位之高低。

中华人民共和国成立后，顾宜孙看到了祖国和学校的光明前景，他充满信心，决心为祖国建设和学校的发展做出更大的贡献。他在一次全国人民代表大会上得到了国家领导人的认可，周恩来总理说："顾教授是唐山交大的知名教授，在教学改革中很有成绩。"在交大，顾宜孙和另外四位教授罗忠忱、伍镜湖、李斐英、黄寿恒由于治学严谨、为人师表，既有令人敬佩的学术造诣，又有崇高的人格，成为教师队伍中的杰出代表，被广大师生尊称为"五老"。

顾宜孙的一生充满了奉献精神和牺牲精神，为教育事业做出了不可磨灭的贡献。顾宜孙先生的道德、学问、文章，堪为后世教育工作者的表率。唐山同学会怀着无限尊敬和景仰之情为他写了颂词：

> 巍巍高山，泱泱大水。
>
> 我师之风，山高水长。

资料来源：何云庵、冉绵惠主编，《西南交通大学史》（第三卷1937—1949），成都：西南交通大学出版社，2016年，第267-269页；《严谨治学、严格要求的楷模：一代宗师——"五老"》，西南交通大学新闻网，2020年9月10日，https://news.swjtu.edu.cn/info/1167/36232.htm。

案例分析

作为我校"五老"之一的顾宜孙，其一生经历和成就正是科学、高尚人生观的生动写照：他教书育人、孜孜不倦、兢兢业业、教学认真、勇挑重担、高度负责、严格要求自己……从多方面展现了认真、务实、进取的端正人生态度。他苦心孤诣、勇于创新，注重实验室建设，为构建完整的桥梁和结构学科做出了基础性的开创性贡献，既体现了其高尚、创新的人生追求，也展现了其认真、务实、进取的人生态度。他淡泊名利，为工科教育呕心沥血，为学校发展倾注全部丹心，在抗日战争、解放战争期间，面对各种困境，始终坚持办学，抗战胜利后克服种种困境推动学校复校，新中国成立后积极推动学校发展等，既体现了其科学高尚的人生追求，以及求真、务实、进取的一贯端正人生态度，又展现了其艰苦奋斗、勇于面对和战胜各种困难的强大精神意志，更展现了其为学校、教育事业、人才培养、社会发展等多方面做出的重大社会贡献。他坚持爱党爱国、坚持真理，即便患病仍坚持工作，一生为学校发展、学科建设、人才培养、国家教育事业兢兢业业，一贯正确对待和处理人生中遇到的各种苦与乐、顺境和逆境等人生矛盾，创造出无愧于人民的真正有意义、有价值的人生。

教学设计建议

1. **找准结合点**：本案例可用于第二节"正确的人生观"、第三节"创造有意义的人生"中"辩证对待人生矛盾"部分的教学。

2. **人物经历和事迹的全方位、多侧面完整展现**：基于顾宜孙一生奋斗历程，可以其教书育人、开创性地建立和发展桥梁和结构学科、积极推进唐院（今西南交通大学）发展、淡泊名利、艰苦奋斗、求真务实、爱党爱国、坚持真理为主线，全方位、多维度、多层面、立体式展现其不凡的经历。

3. **案例研讨**：引导学生结合案例人物材料，研讨顾宜孙一生经历如何实际体现了

"高尚的人生目的""端正的人生态度""为学校发展、教育事业、人才培养、社会发展做出的巨大贡献和社会价值""辩证对待人生矛盾"等，并在研讨、分析中增强对本节内容的深刻理解，形成共鸣，对学生形成正确的人生观提供强力指引。

4. 引导问题：

①顾宜孙一生为桥梁和结构学科做出了哪些基础性、开创性贡献？

②顾宜孙为西南交通大学的发展做出了哪些重大贡献？

③顾宜孙为教育事业、人才培养做出了哪些重大贡献？

④顾宜孙一生奋斗的经历体现了怎样的人生追求和人生态度，创造了哪些重大的社会价值？

⑤顾宜孙一生奋斗的经历带给我们哪些深刻启示？

⑥在个人学习和成长过程中，应如何确立正确的人生观，辩证对待人生中的各种矛盾和困难？

总结提升建议

1. **人生观对人的发展至关重要**：不同的人生观带来不同的人生，顾宜孙一生奋斗经历和成就，离不开其科学、高尚人生观的指引，我们应该更加自觉地深刻理解和把握人生观的重要意义，自觉修养人生观。

2. **人生观包括多个层面、相互关联的内容**：人生观首先是人生追求和目的，这是人生观的核心。有了科学、高尚的人生追求，才可能培养务实、乐观、积极、进取的人生态度，端正的人生态度又对人生追求和目标的实现至关重要，只有端正人生态度，才能实现人生追求，创造出无愧于时代和人民，无愧于自己的丰功伟绩。

3. **创造有意义的人生需要奋斗，需要妥善处理各种人生矛盾**：有了科学高尚的人生观，在实现理想和追求、创造有意义的人生的过程中，必然会遇到各种困境、挫折、艰难险阻，因此还需要培养和具备正确看待和妥善处理得与失、苦与乐、顺境与逆境、荣与辱等各种人生矛盾的能力。

4. **先辈是我们奋斗的引领者**：学校今天的成就和地位，离不开案例中先辈们的巨大贡献，他们的精神和风范永存，并融汇于源远流长的交大精神中，这是引领我们前进的重要精神力量。我们有义务继承、秉持、发扬这些精神，在新时代勇担使命、勇抓机遇、迎难而上，创造出无愧于时代的业绩。

案例2 "驯江蹈海 红色脊梁"水利工程界杰出人物严恺

严恺1933年毕业于交通大学唐山工学院,1935年赴荷兰德尔夫特科技大学留学,1938年回国。回国后主持解决了天津塘沽新港回淤难题,首创钱塘江斜坡式海塘,领导长江口开发整治的科研工作,组织完成中国海岸带和海涂资源综合调查,参与黄河、淮河、太湖等水域的治理以及葛洲坝、三峡枢纽、南水北调等重大工程的技术咨询和论证工作。曾获国家科技进步奖一等奖、中国工程科学技术奖、何梁何利基金科学与技术进步奖、中国水利功勋奖等。

赤子雄心,投身水利

严恺的人生历程与国家民族的命运紧紧联系在一起。他仅用了4年就完成了6年的中学学业,考入大学后以班级第一名的成绩从交通大学唐山工学院毕业,到江城武汉工作。他的第一个作品是设计武汉的一个汽车轮渡码头,后来又为千古名楼黄鹤楼重修设计钢架桥,他在这两项工程中所展现的理论功底和创造精神得到同行的赞许。当时,中国绝大多数的工程单位,都是聘请国外专家挑大梁,中国人只能当配角。严恺深刻体会到中国在土木水利工程领域的落后,他不甘心这种状况,1935年中央研究院选派学生赴荷兰留学,严恺考了第一名。但是,让他五味杂陈的是,这笔留学款来自屈辱的"庚子赔款",每一分钱的背后,都有着数不尽的国仇家恨。

一路往北再往西,穿越大半个地球后,严恺来到了荷兰最古老的公立科技大学德尔夫特科技大学,成为第一位在该校学习水利工程的中国人。严恺潜心钻研这个低地泽国的先进治水经验,以图振兴中国水利科技。由于学业成绩优秀,他跳级直接进入工程师课程的学习。1937年日本全面侵华,他致信中央研究院:"迩来国难日亟,国家正当需要集中各项人才为国效命之时,生遥居海外,月耗国帑数百,扪心自问,实属不安。拟即回国参与救国工作,尚恳钧院准予所请,则生于奉命之后,当即束装返国,不胜期待之至。"回想这段岁月,他曾感言:"那时我在国外的心情,你们现在恐怕很难想象。一方面对于国家的命运、民族的前途忧心忡忡,寝食不安;另一方面作为一个中国人,在国外到处受到歧视,日子很不好过。"

第二年,严恺克服重重困难,辗转万里,终于回到"水深火热"的祖国。他怀着救国救民的巨大热忱,踏勘高山峡谷,测量荒漠激流,潜心探索江河安澜良策。他从云南省农田水利贷款委员会工程师做起,一年多时间跑遍了云南全省,勘查了几乎所有可供开发的工程项目。凭借独到的科学视野和深厚的专业学识,1940年,不到28岁的他成为中央大学水利系教授。

中华人民共和国成立后，严恺受命来到南京清凉山，率领师生开山辟土、白手起家，筹建华东水利学院。此后数十年，他既担任主要负责人，全面擘画学校发展，又亲临讲坛，教书育人，深受师生爱戴。每逢毕业典礼，无论多忙，他都会现身合影留念；每逢校庆大会，无论身体如何，他都会亲临礼台。1982年，他为学校亲笔题写了校训"艰苦朴素、实事求是、严格要求、勇于探索"。这朴实无华的16个字，是他对华东水利学院学子的期待，是他几十年治学经验的总结，也可以看作他一生经历的写照。严恺有块老怀表，陪伴了他一辈子。他自定：中饭一刻钟，饭后小憩一刻钟，从不浪费分秒。无论是在校工作，还是外出勘察、开会，他都严守时间。因为担心浪费时间，即使到医院看病，他也要专门列出时间表。在他的报告、总结、论文里，人们是看不到"估计""大概"等字样的。这就是他为人、治学的风格。

秉承禹志，治水兴邦

治水，是严恺一生的事业。严恺深知，黄河水患是我国宿患，自古以来黄河就经常泛滥成灾，史不绝书。作为中华儿女，他的心里有着深深的黄河情结；作为水利专家，他把黄河视为大自然挑战人类智慧的一道难题。此后，严恺作为宁夏工程总队队长，率领上百名工程专家，开展了以多目标开发为主的地形测量和水文测验。

中华人民共和国成立前，我国境内的重要河口长期被外国势力把控。中华人民共和国成立后，中国人手上竟无一份完整的河口资料，更谈不上开发建设。当时，每年从上游奔流而下的4.8亿吨泥沙淤积在长江口，形成"拦门沙"，如鲠在喉，严重制约了航运及流域发展。为尽快推动中国河口研究，1957年，在严恺的倡导下，中国首次河口学报告会在华东水利学院召开，国内外专家云集讨论，这成为中国河口研究的起点。从1958年开始，为了"治理长江口，打通拦门沙"，国家集中多部门力量，连续三次对长江口进行大规模勘测，严恺被任命为长江口航道整治研究领导小组组长。但是，多方原因导致治理时断时续，项目始终难以全面推进，严恺一直牵挂在心。直到1996年，严恺已年过八旬，听说上海要建成国际航运中心，忍不住给有关部门写信，再次阐述了建设长江口深水航道的意义。这封信引起中央高度重视，长江口深水航道治理随后进入快车道。据华东师范大学陈吉余院士回忆，1998年1月27日，这项"水下长城"工程终于开工建设，开工典礼结束后，从不饮酒的严恺破例主动端起酒杯与大家共同庆贺。2003年，耄耋之年的严恺坐着轮椅亲临长江口深水航道治理二期工程竣工现场。2010年，经过三代人数十年的接续奋斗，水深12.5米的长江口深水航道全线贯通，世界水运建设史上规模最大、历时最长的大型河口整治工程取得成功，国人"打开长江口"的百年梦终得圆满实现。长江口深水航道治理是世界河口治理史上的一个壮举，也充分显示出严恺战略科学家的远见卓识。2011年，严恺被追授为"长江口深水航道治理工程建设杰出人物"。如今，长江这条黄金水道持续发挥着黄金效益，有效助力长三角一体化和长江经济带的发展。

与长江口相似，位于我国南部"黄金海岸"的珠江口也曾长期缺乏治理，不断变窄、变长、变浅，"零丁洋（伶仃洋）里叹零丁"。严恺从20世纪60年代初就率领专家组解决白藤堵海问题；70年代又受命指导珠江三角洲整治与开发规划，提出了"水沙西南调"的构想，既可在伶仃洋外促进淤积，又可以保护伶仃洋内的水深和航道，为今日粤港澳大湾区建设奠定了基础。

在淮河流域、太湖流域等众多大江大河的治理中，严恺都做出了重要贡献。与此同时，在葛洲坝水利枢纽、长江三峡水利枢纽、南水北调等水利工程中，无论是前期规划论证、设计勘察，还是后期施工建设、统筹推进，都有严恺的身影。

1970年，国家批复了葛洲坝水利枢纽工程。在当时的社会环境和科学条件下，工程面临着许多问题，一度暂停建设。1971年，乘美国国务卿基辛格访华之机，周总理提出希望能派水利考察组赴美，美方表示欢迎。随后，由严恺担任组长的11人考察组迅速组队赴美。经过两个月全面深入的考察，考察组学习了美国在大坝建设上的先进经验，这些"他山之石"为葛洲坝水利枢纽工程的顺利推进提供了借鉴。在严恺的顾问建议下，葛洲坝船闸的规模、布置与通航条件、闸门与启闭机、水利枢纽的航道淤积、泄洪道闸门与消能防冲、大坝导流截流等一系列关键性难题迎刃而解。葛洲坝水利枢纽工程顺利复工，并于1988年年底屹立在长江之上。严恺感慨："葛洲坝枢纽工程的实践，不仅取得了巨大的经济和社会效益，而且推动了我国水利科学技术的发展，为我国兴建大型水坝积累了丰富的经验。"

从葛洲坝溯流而上几十公里，就是举世瞩目的三峡工程。从孙中山先生的憧憬，到毛泽东主席"高峡出平湖"的勾勒，三峡工程始终牵动着国人的心弦。自20世纪50年代起，三峡工程就开始规划论证，但是始终未达成一致意见。严恺是力促工程尽快上马的积极派，还参与了回水变动区模型试验、坝区模型试验等众多论证与再论证。1979年，严恺专程赴北京向中央汇报工程科研进展，表达自己的看法。1988年，他作为生态与环境专题论证专家组副组长、泥沙专题论证专家组顾问，参加了三峡工程的重新论证。经过反复论证后，他表示："三峡工程的前期工作已做到了这样的深度，在许多方面已远远超过可行性研究阶段的要求，应当可以做出决策了。"1992年初，严恺在《人民日报》发表《从生态与环境角度看三峡工程》，进一步答疑解惑、拨开迷雾。1994年，严恺被聘为技术委员会顾问，出席开工典礼。三年后，在万众期待的长江三峡大江截流仪式上，坐在观礼台上的严恺，心潮澎湃。2019年，长江三峡水利枢纽工程获得国家科技进步奖特等奖。

把脉海疆，为国寻策

严恺在荷兰留学时，就深刻体悟到海洋强则国家强的道理。归国后，他愤然感叹祖国万里海疆，却没有一个真正属于中国人自己的港湾，沿海地区在侵略者的铁蹄下苦苦挣扎，海港里和河口内横行的都是列强的商船和战舰。因此，他矢志谋海济国。

日军侵华期间，曾在天津修建塘沽新港。由于缺乏管护，中华人民共和国成立时，塘沽新港水深不足3米，轮船无法进出，基本已成"死港"。1951年，严恺收到时任中国科学院副院长吴有训的一份急电："我院聘先生为专门委员，并请代表我院为塘沽新港建港委员会委员。政务院已通过，即请俯允电复为祷。"接到电报，严恺立刻复电："同意担任塘沽新港建港委员会委员。"此后，他受命领衔世界上水域面积最大的人工港——天津塘沽新港回淤问题研究。港口是海洋开发的支点，天津塘沽新港关系着中国北大门，关系着东北工业发展，对于急需发展工业的中国来说，意义重大。当时，天津塘沽新港每年淤积的泥沙在500万立方米以上，用传统方法疏浚难以彻底解决问题。经过全面深入的"望闻问切"，严恺发现，其最大的症结就是泥沙回淤问题，经过一年多时间的治理，天津塘沽新港"起死回生"，重新开港。但是，要彻底解决天津塘沽新港的回淤问题，仍需持续进行科学攻关，严恺克服重重困难，提出了解决港口回淤问题的系统方案，中国的海岸研究从此发轫，这也是我国水利科技自立自强的生动写照。

我国东南沿海，台风浪、风暴潮、天文潮相挟，过去，灾害来临时，数十分钟之内沿海村镇就会成为汪洋泽国，人民群众的生命财产安全受到严重威胁。20世纪40年代，钱塘江海塘北岸海堤被大潮冲垮，那时严恺正在担任上海交通大学港工讲师，他突破传统的立壁式海塘模式，设计出新型的斜坡式海塘，抗涌潮效果极佳。严恺只用了一个小小的创新就创造了一项海工奇迹，坚固的斜坡式海堤至今还屹立在杭州湾北岸，成为海岸防护工程的经典案例。

20世纪60年代，严恺带领华东水利学院、南京水利科学研究所的师生和科研人员来到福建莆田，在南洋建立海堤与波浪观测原体试验站，用以观测研究台风浪特性及其与海堤的相互作用，还自己动手研制原体接触式波高仪、爬高仪、波压力盒等仪器设备。4年实测，积累了丰富资料，建立了我国自己的浅水风浪莆田公式。他们在北洋建立了海堤软土地基加固技术试验站，获得了在摩擦角几乎为零的软土上科学、快捷、安全地填筑海堤的第一手资料，创新发展出一整套软土地基筑堤施工的土工原体监测分析计算方法与施工技术。这些资料、方法和技术，为后来的木兰溪下游防洪工程提供了坚实的科技支撑。

新港治淤、钱塘江筑塘、木兰溪建站，充分展现了严恺的创新科学思维和解决问题能力。严恺深知，在点上的创举之外，更加需要线上的全面推进。改革开放后，我国吹响了向海洋进军的号角。在加速沿海开发开放的形势下，亟须摸清我国海岸带及相关海涂资源的"家底"。1979年，国家要求沿海各省、自治区和直辖市立即开展全国海岸带和海涂资源综合调查。这是一项基础性、战略性和长远性的举国"会战"，只要海水可达的地方，就需摸清情况。很快，在国家6部委联合组织下，沿海省区市的500多家单位、近2万人迅速参与进来。这项前所未有、举国关注的浩大工程，技术指导组组长由严恺担任。在严恺的主持下，布设了近万条观测断面、九万余个观测站，采集了460万个生物和地质标本，整理成册的资料汇编达3900多卷。在长达8年的调查过程中，严恺用脚步丈量着祖国的每一寸海疆。多学科整合调查的成果，为我国改革开放及时提供了海岸带各项自然要素的完整系统本底资料，促进了海岸学科的发展。

作为中国水利学会理事长，严恺是国内水利界的泰斗，在国际学界同样享有盛誉。由于贡献突出，他被国际海岸工程协会授予"海岸工程杰出成就奖"，被墨西哥科学院聘为外籍院士。在他曾经留学过的荷兰，东斯赫尔特大闸的一个巨型闸墩以严恺的名字命名。

1976年草长莺飞的时节，严恺率团赴墨西哥出席国际大坝会议，并赴墨西哥各地参访水利工程和设施。这是中华人民共和国首次派员参加国际大坝会议。时任墨西哥总统会见了严恺，水利部部长宴请了中国代表团。1979年，联合国教科文组织国际水文计划政府间理事会决定从亚洲地区产生一名副主席。这是亚洲国家提高和扩大国际学术影响的重要机会，各国都极为重视，竞争十分激烈，67岁高龄的严恺众望所归当选为副主席，并在几年后连任。

通晓5国语言的严恺，借助自己的语言优势、学术威望和国际声誉，通过各类国际性学术活动，向国外介绍中国河海工程建设的故事和经验。1958年，他赴波兰考察时，就做了《塘沽新港回淤问题》的报告，把中国人民让旧港换新颜的成就告诉世界。此后数十年，无论是在美国河流泥沙国际学术讨论会、德国中德水文和海岸工程学术讨论会，还是在澳大利亚、西班牙、荷兰、意大利、日本等国召开的国际海岸工程会议上，严恺都不遗余力地讲述中国治水故事。

严恺的足迹遍布五大洲的数十个国家和地区。每到一国一地，他不仅介绍中国河海工程领域的研究成果，还把中国文化介绍给世界各地的人们。欣喜于中国的国际影响日盛，严恺于1981年在《福建日报》发表文章，其中写道："过去中国人被人看不起，现在中国人到处受到重视和尊重。"

严恺晚年在接受采访时也说："我的前半辈子生活在内忧外患、贫穷落后的旧中国，一心想振兴中华、报效祖国，但有志难展。中华人民共和国成立了，旭日东升，无限光明，夙愿得偿。"

这就是严恺，为了河清海晏，为了国富民强，献出了自己的一生。

资料来源：韩琴英，《严恺传略》，选自杨树彦主编，《西南交通大学（原唐山交通大学）校史资料选辑》（第六辑），成都：西南交通大学校史编辑室，1994年，第46-49页；《严谨治学、严格要求的楷模：一代宗师——"五老"》，西南交通大学新闻网，2020年9月10日，https://news.swjtu.edu.cn/info/1167/36232.htm。

案例分析

严恺为了河清海晏，为了国富民强，献出了自己的一生。他不仅是一位水利与海岸工程学家，而且是一位卓越的教育家。他筹建华东水利学院（河海大学前身），为我国的各项水利建设事业培养了大批人才，使我国的水利工程专业居于世界领先地位。严恺一生的奋斗和成就，充分体现了科学、高尚的人生观：他将自身人生历程与国家民族的命运紧紧联系在一起。看到中国在土木水利工程领域的落后，不甘心这种状况而求学海外，潜心钻研以图振兴中国水利科技；全面抗战爆发后，他克服重重困难，辗转万里，毅然回到"水深火热"的祖国，怀着救国救民的巨大热忱，踏勘高山峡谷，测量荒漠激流，潜心探索江河安澜的良策，充分展现了为国为民的高尚人生追求。他将治水作为一生的事业和追求，为黄河、长江口、珠江口、淮河、太湖等众多水域治理，葛洲坝水利枢纽、长江三峡水利枢纽、南水北调等水利工程殚精竭虑，突破诸多技术难题，做出了诸多开创性贡献，践行了一生致力于水利事业之志，不仅多方面展现了其求真、务实、进取的人生态度，更体现了其通过努力奋斗、刻苦钻研创造出的巨大社会价值。他带领学生花费数年时间，建立了我国自己的浅水风浪莆田公式；他借助自己的语言优势、学术威望和国际声誉，通过各类国际性学术活动，向国外介绍中国河海工程建设的故事和经验，扩大了中国的影响……这些充分展现了他不断创新科学思维和解决各种复杂问题的能力，服务人民、奉献社会的高尚人生追求，高尚的爱国主义情怀，求真、务实、进取，勇于解决各种困难问题的端正人生态度，并创造出了无愧于人民的真正有意义、有价值的人生。

教学设计建议

1. 找准结合点：本案例可用于第二节"正确的人生观"的教学。

2. **案例的全方位、多侧面完整呈现**：严恺一生为我国诸多水利工程建设、水患治理做出重大贡献，可从其主持和参与全国诸多水利工程、水患治理、筹办新校、造福于民等方面，进行系统、完整、立体式呈现。

3. **案例研讨**：引导学生结合案例人物材料，研讨严恺一生经历如何实际体现"高尚的人生目的""端正的人生态度""爱国主义精神和情怀"等，并在研讨、分析中增强对本节内容的深刻理解，形成共鸣，为学生形成正确的人生观提供强力指引。

4. **引导问题**：

①严恺一生参与了哪些重大水利工程建设，为哪些水患治理做出了重大贡献？

②严恺一生投身祖国水利事业，体现了怎样的人生追求和人生态度，创造出了哪些重大的社会价值？

③严恺一生的奋斗经历给我们带来了哪些深刻启示？

④在个人学习和成长中，应如何确立正确的人生观，端正人生态度？

总结提升建议

1. **科学、高尚的人生观不会自动轻易形成，而是需要长期甚至终生在实践中不断修养、不断提升层次、不断艰苦磨砺才能形成。**严恺一生致力于治理江河水患、新办学校培养人才、提升土木水利领域技术等，正是在毕生奋斗和追求中，才磨砺出科学、高尚的人生观。

2. **树立科学、高尚人生观需要勇担时代使命：**只有将个人追求、个人成长与社会需求、社会难题有机结合，才能最大限度彰显人生奋斗的意义。严恺将自身人生历程与国家民族的命运紧紧联系在一起，他看到旧中国在土木水利工程领域的落后，不甘心这种状况而求学海外，潜心钻研以图振兴中国水利科技、救国救民；中华人民共和国成立后，他致力于国内众多大江大河治理，为多项重大水利工程殚精竭虑，通过艰苦探索突破诸多技术难题，为社会主义建设做出重大贡献。正是这种结合，他才创造出了无愧于人生、无愧于社会和时代的光辉业绩，个人社会价值和社会贡献也得到极大彰显。

3. **人生观重在践行：**人生观不是头脑中想想、嘴巴上说说，而是重在实践；个人的人生观是否高尚，是通过其实践来评价的；个人的人生追求只有通过实践才能变成现实，个人在实践中面对各种困难和问题时会展现不同的人生态度，个人的人生价值也只有在实践中才能创造出来。严恺正从学生时代立下赤子雄心、投身水利，到秉承禹志、治水兴邦，以至一生把脉海疆、为国寻策，他用一生的丰富经历和实践，生动诠释和践行了科学、高尚的人生观。

案例3 一生只做一件事："冻土专家"张鲁新

案例呈现

2001年，世界上第一条高原铁路——青藏铁路，在中国青藏高原破土动工，一时成为世人关注的焦点。这条"神奇的天路"在建设过程中突破了高寒缺氧、多年冻土、生态脆弱等三大世界级工程难题，其中尤以多年冻土难题为最。

2004年6月8日，《中国铁道建筑报》刊发了近2万字的人物通讯《钢铁是这样炼成的》，翔实报道了青藏铁路总指挥部专家组组长，冻土科学家，2003年度火车头奖章获得者张鲁新的先进事迹。2004年7月，《人民铁道》"专家访谈录"发表了对张鲁新的长篇专访。……张鲁新——这个不为普通民众所知的科学家完全走进了人们的心中，此时距他踏上青藏高原，研究世界级难题——多年冻土问题，迈出第一步时已整整30年光阴。

出身书香门第的冻土专家

在北京铁道大厦，当国家领导人向张鲁新颁奖并赞美他的工作业绩时，张鲁新微笑着说："在党中央、国务院和铁道部党组的领导下，我们一定能破解高原冻土奥秘，向祖国和人民交付一条世界一流的高原铁路。"

此时，张鲁新的微笑虽然掩去了他从事冻土工作30年的艰辛历程，但无法掩去他自信睿智的神采。他的自信在他一生中都起了决定性的作用。

1947年出生的张鲁新，自幼由叔叔林岗抚养长大。林岗是中国著名油画家，曾担任中央美术学院教授。在9岁时，张鲁新已经熟读苏联作家奥斯特洛夫斯基的名作《钢铁是怎样炼成的》。这部伟大的作品一直陪伴张鲁新走到今天，并成为他在科学道路上前行的动力之源。

1970年8月，张鲁新从唐山铁道学院铁道工程地质专业毕业后，进入了齐齐哈尔市铁路局加格达奇分局的一个线路队。8月13日，他到达齐齐哈尔。初到这里，他充满乐观情绪，认为这片土地或许是一个尚未被充分开发的领域，或许会成为他施展才学的广阔舞台。

干部部门的同志问他："你想到什么单位工作？"

张鲁新答："我想到最远的地方。"

这样，他又被分配到加格达铁路局。分局干部部门的同志问他："你想到什么地方工作？"

张鲁新答："我想到最远的地方。"

随后，张鲁新被分配到嫩江流域大杨树车站的一个线路队。他是唐山铁道学院的高才生，然而却被派到最边远、最基层的单位。在这里，他与36位工人共住一顶帐篷，他的个人空间仅有一床被子、一块棉毯、一箱书和一尺宽的铺位，饮食简单，吃高粱米、喝白菜汤。由于知识分子的身份和他的家庭出身，他在基层单位必须经历"粪坑里按皮球"式的改造。无论多脏、多累、多重的活，他都毫无怨言地去干，而且表现得非常出色。他以实际行动展现了极高的敬业精神和极强的工作能力。

1971年1月，张鲁新因出色的劳动表现赢得了领导的认可，被调到采石场担任记工员。两个月后，大杨树东边的一处煤矿需要修建一条3公里长的专用线，领导指派他负责勘测和设计。当他再次拿起计算尺时，他激动得落下了眼泪，因为这意味着他的机会终于来了，他可以开始发挥自己的专业技能。

3公里长的专用线是张鲁新的首次勘测和设计项目，他出色的表现引起了领导的注意。此后，他被调到加格达奇分局工程技术室，开始接触冻土路基病害的治理问题。在嫩江一带，有三个位置——"66K、78K、50K"，因冻土问题出现了路基病害，领导认为张鲁新具备解决这些问题的能力，于是将这项任务交给了他。

在没有书籍和资料的情况下，几十公里的线路，他多次徒步往返，仔细调查和研究，在实践中不断摸索。最终，他决定用草皮来防护路基，治理冻土病害。这一方法取得了成功，证明了他的智慧和创新能力。

1974年冬，张鲁新只身去往大西北，以青藏铁路多年冻土分布与特征研究课题组组长的身份，开始了在青藏高原上的研究之路，只是他没有想到这一步要用30年光阴，才会被世人认知，他也由研究课题组组长成为青藏铁路总指挥部专家组组长、冻土科学家、火车头奖章获得者。

矢志不渝的崇高追求——破解高原冻土奥秘

"人生在世，做任何事情都要有追求，这种追求是产生激情的源泉，追求和激情是工作的动力。"这是张鲁新的人生原则之一。一次偶然的机会，一位大学同学对张鲁新说："你是咱们这一批同学中吃苦最多的人。"对于此，张鲁新的回答很平淡："我觉得，既然选择了这个专业，就要在从事的研究领域中做最优秀的。我希望所研究的成果为青藏铁路建设打下牢固的技术基础，盼望着青藏铁路在我们这一代人手中成功修建。青藏铁路建设的需要，就是我奋斗的动力。"

20世纪60年代初，铁道部在青藏高原海拔4700多米的地方，建立了冻土科研基地——风火山冻土定位观测站，40余年来为青藏铁路建设积累了数以百万计的宝贵数据。而张鲁新的青春年华就有16个年头在风火山和唐古拉山度过。那时，他的生活条件异常艰苦,他曾在风雪弥漫的严冬几个月吃不上蔬菜,曾经数次搭载运煤的卡车到沿线去观测⋯⋯

1976年8月,张鲁新所在的中国科学院冻土队东线分队在远离公路80公里的无人区工作。万事开头难,在海拔高达4700米的青藏高原开辟一番天地更是难上加难。这种场景,张鲁新在工作经历中遇到过若干次。但在青藏高原上的危险和劳累从来也没有挡住张鲁新为青藏铁路建设而攀登科技高峰的步伐。无论工作环境多么恶劣,生活条件多么艰苦,他都无怨无悔地走在求索的旅途上,寻觅着青藏高原还没有被发现的秘密。环境的艰苦、工作的劳累并没有打消张鲁新学习的念头,反而使他对知识的渴求日趋强烈。在几十年的漫漫求索中,张鲁新积累了大量的第一手资料。

20世纪70年代以来,张鲁新以严谨的科学态度参与了铁道部、中国科学院冰川冻土研究所、铁道部西北科学院开展的多项冻土课题的研究。他在这一领域的科研中学到了大量知识,并应邀赴苏联中亚五国进行学术交流,考察了西伯利亚铁路,深化了对冻土的认识,取得了一批理论成果。从1999年起,张鲁新先后兼任兰州大学、西南交通大学和北京交通大学教授、博士生导师,并任中科院、中国铁道科学研究院研究员和博士生导师;2001年以前,在全国及国际冻土学术界发表了数十篇重要文章,在冻土科研领域产生了很大的影响。此前,张鲁新还多次参加了国际冻土工程学术讨论会,到俄罗斯科学院西伯利亚分院交流,到莫斯科、圣彼得堡进行科学研究、学术交流,成为国际知名的冻土学家。

1995年至2000年间,作为国家青藏铁路多年冻土研究领军人物的张鲁新又以严谨、务实的科学态度先后领导研究了铁道部"山区铁路隧道变形预测预防山体灾害研究""青藏铁路高原冻土区地温变化对路基稳定性影响""地温变化条件下路堑防溶蚀结构的研究"等重点课题。为完成这些研究,张鲁新带领科考人员开展了大量野外试验、观测、实体工程试验、室内模拟试验、计算机数值模拟,培养了一批年轻的人才,总结了过去的研究成果,提出了新的理论。他主持的铁道部重点课题的研究,为青藏铁路建设提供了坚实的理论基础和技术基础。

既是"传教之人"又是"办事之人"

青年毛泽东在点评曾国藩时,把"君子"分为两大类:一类是"传教之人",如孔子、孟子等,职责是传道、授业、解惑;一类是"办事之人",如诸葛孔明等,此一类是"鞠躬尽瘁,死而后已"。张鲁新无疑既是"传教之人"又是"办事之人"。

2001年6月29日,青藏铁路建设正式开工。

有人说张鲁新成功了,而成功究竟是什么?沽名钓誉的资本?安逸享乐的砝码？急流勇退的安慰？在此时，在巨大的喜悦面前，张鲁新把成功作为一个新的起点，一往无前地沿着他的高原冻土科学研究走了下去。

我国几代科技工作者经过40多年艰苦卓绝的努力，基本掌握了青藏铁路沿线冻土分布的基本特征，用智慧和力量叩响了破解冻土奥秘的大门，为青藏铁路建设打下了坚实基础。但是缺乏大规模的工程实践，许多理论和技术还需要工程实践检验、发展。

青藏铁路开工后，铁道部提出了建设世界一流高原铁路的目标，技术要求很高。青藏铁路建设是世界上第一次大规模在高原冻土区进行的铁路建设工程。张鲁新深知重任在肩。

为了检验多年冻土地段工程设计理论、工程措施的适应性和可靠性，更好地指导全线工程的设计、施工，2001年在铁道部的主持下，张鲁新和中科院、铁科院等单位的200多名技术人员，在风火山隧道和清水河等5个冻土工程试验段开展了39个课题的施工先期试验，内容涉及新技术、新工艺、新材料等各个方面。张鲁新每年十几次深入试验段，协调解决设计、研究、施工单位之间出现的问题，提供技术咨询，数次为主要研究单位讲课，并在研究方法、数据分析方法、科学结论的分析等方面提出了独到见解，得到了大家的认同。大家对路基、桥涵、隧道领域主要工程试验研究课题有了初步结论，验证了部分设计和工程措施的有效性，并广泛应用。

2002年冬天，张鲁新负责冻土区路基变形检测及其数据分析工作，这是青藏铁路建设急需解决的一个技术课题。每年1月，是青藏高原最寒冷、最艰苦的季节。2003年1月7日，为了弄清试验段路基出现变形的原因，张鲁新和设计院技术人员不顾零下30摄氏度严寒和缺氧的困难，走向工地。四野冰天雪地，走到昆仑山时，"我感觉胸闷气短，头痛难受。对我不仅是生理上的考验，更是对工作态度的考验，既然已走到昆仑山，走到风火山，就要把既定工作做完，就要一丝不苟地达到工作目的"。在很长一段时间后，张鲁新才把当时的感觉说出来。之所以当时没说，主要是怕影响士气。在那次工作中，他们准确掌握了路基变形和裂缝发生情况，圆满完成了工作任务。

2003年，张鲁新又与总指挥部工程技术人员多次深入调查路基变形问题；他与助手、学生对观测的数万个数据反复计算、分析。当时有各种观点和意见，为保证科学的严谨，他结合自己30多年对冻土问题研究的认识，写出了《冻土区路基变形检测和裂缝调查数据分析》等8篇关于路基变形问题的技术咨询报告，向有关部门提供技术依据，为设计变更和设计补强打下了技术基础。许多重要的学术观点被研究、设计、施工单位普遍接受并广泛应用。

2003年7月中旬，为了与冻土科研专家交流学习，张鲁新拖着病体，不顾医生劝阻，毅然陪同中科院领导视察青藏铁路试验工程和冻土区工程，向中科院领导和院士们汇报了青藏铁路试验工程科研情况。他以自己对青藏铁路建设以来设计、施工重大技术问题认识撰写的《青藏铁路建设设计和施工过程对冻土问题认识的回顾与思考》汇报稿，被院士们认为是一份"科学性很强的报告"。只是，在他听取专家对冻土科研指导意见时，他忽略了感冒发烧时上高原容易诱发高原病，一旦得了高原病就有生命危险的现实情况。

2003年，在全球气温升高对青藏高原影响的背景下，张鲁新又结合对水害、沙害和一些次生病害对工程设计措施的影响的观测，对青藏铁路建设有关问题开展分析研究，编辑了10万余字资料，写出《全球气温变化背景下青藏铁路现有工程结构和工程措施可靠性分析》，与设计单位共同总结，对冻土研究深入反思，使建设管理、施工与设计实现了重要转变。

在"鞠躬尽瘁，死而后已"的工作状态下，两年多的时间，张鲁新主持完成了十几项课题研究，撰写了十几篇学术论文，一些主要观点被研究、设计、施工单位采用，丰富了冻土科学理论。

青藏铁路冻土攻关绝非少数几个人、几十个人甚至一代人能独自完成的任务，只有将冻土研究成果在所有管理人员、技术人员和广大建设者中得到有效应用，才能真正实现这一突破。

青藏铁路建设者初上青藏高原时，大多数对高原冻土施工知识知之甚少。张鲁新把冻土施工的知识普及和培训作为咨询工作的重要内容，把讲台搬到世界铁路海拔最高的现场。两年多来，张鲁新组织编写了20多万字冻土知识辅导书籍和讲座材料，在全线举办了12期冻土工程技术培训班，与专家们一道向2000余名干部和技术人员传授了知识。2002年"五一"期间，他又主动放弃休息，到沱沱河工地为中铁一局指挥部举办了培训班。

为了我国冻土科研和冻土工程技术的全面提高，为了青藏铁路冻土技术攻坚队伍多一些优秀技术人才，也是为了冻土科学发展后继有人，张鲁新不顾工作繁忙，在青藏铁路工地招收了包括一些技术负责人在内的12名博士研究生。他们利用学到的知识组织施工，有力地推动了冻土攻坚。中铁三局青藏指挥部指挥长刘登科是张鲁新2002年招收的博士研究生，他在冻土区路基施工过程中，根据所学的片石层路基保护多年冻土的作用机理，经过研究和计算，认为在片石层表面呈正六边形时，表面通风效率最高。施工中实践了这一理论，取得了很好效果。

目前，青藏铁路建设冻土攻坚取得了重要成果，路基稳定可靠，桥梁基桩经第三方检测质量良好，耐久混凝土经受了初步考验，铺架质量优良，工程列车行车时速可达80公里，夺取了阶段性胜利。

不平凡人生的情感支撑

作为青藏铁路建设总指挥部专家组组长，青藏铁路建设开始以来，张鲁新多次参与重大技术决策并提供技术咨询。2000年，作为主要专家，参加铁道部、国家计委、国务院5次有关青藏铁路立项的咨询；2001年，先后举办10期冻土理论和实践培训班，为青藏铁路建设培训了大批技术人员撰写咨询报告，为青藏铁路高温冻土区"以桥代路"重大技术决策提供依据；2002年，撰写多篇咨询报告，为青藏铁路设计补强提供理论根据，为重大技术决策提供依据；2003年，他撰写多篇关于路基变形问题的咨询报告和论文，为设计变更提供依据。仅仅4年的时间，张鲁新从多方面撰写文章并提出观点，同时主持和参与一些重大课题研究，从理论和实践上为青藏铁路冻土技术攻坚和冻土难题的突破奠定基础，取得了极大的成就。除此之外，他还要陪同各级领导视察工作，参加各种研讨会。

在很多人的理解中，张鲁新可能是一个铁人，所以才有这种激情，然而当我们走到他背后，却发现有三双手在推着他前行——他的妻子、儿子、母亲。他把对他们的爱化作了动力，他们把对他的爱化为对他事业的支持。为此，张鲁新常常在暗地里自责，作为一个丈夫，作为一个父亲，作为一个儿子，张鲁新对妻子、儿子、母亲充满了太多的歉疚。

1974年冬，张鲁新与妻子李郁芬在大兴安岭举行了婚礼，但事业却跟他们的新婚生活开了一个不大不小的玩笑——婚后才一个星期，张鲁新被调到兰州铁道部西北研究所，走上了青藏高原。直到1977年，李郁芬调到兰州市邮政局当了一名信件分拣工，两人才见上一面。也是直到那时，李郁芬才体会到丈夫对事业的追求，对科学的热爱，理解了他心中矢志不渝的崇高追求——破解高原冻土奥秘。只是她不知道，这个斯斯文文的男人将在冻土科学界产生多么大的影响，他心中所孕育的能量将会是石破天惊的顽强与执着。她所做的唯有对丈夫事业的全心支持。

1978年底，已经成了父亲的张鲁新，在儿子张楠刚满月的时候，走上了唐古拉，直到1980年春节才见了儿子一面。此后，培养儿子的千斤重担，有八百斤压在了妻子肩上。他们的儿子张楠先后在俄罗斯、英国求学，随着学识的增长，他也越来越透彻地理解了父亲的选择。

1975年11月，正当张鲁新奋斗在那曲的大草原上时，母亲去世了，这给张鲁新造成了很大的打击。因为在1975年1月的时候，父亲给他写信说，母亲患了直肠癌，已到了后期。张鲁新在家照顾母亲仅仅半个月的时间，就不得不回到工作岗位。

那段时间张鲁新犹豫着、徘徊着……

但他却牢牢记住了母亲的遗言："新儿，西藏是个好地方，你要在那里好好工作。"

妻子、儿子、母亲的理解使他完全进入了忘我的工作状态。还有另外一种感情的激励，让他每每想起来就产生一种奋进的力量。他的学生曾说："张老师对我们年轻的学生来说是父亲，对我们大家来说，更是敬爱的老师，亲爱的朋友。"正是这份青藏铁路联结起来的情感，激励着他为国家奉献了自己的青春韶光，为青藏铁路建设破解高原冻土奥秘，耗尽了半生心血。

张鲁新讲述情感经历的时候，"对不起"可能是他说得最多的一句话了，"对不起母亲""对不起妻子""对不起儿子"。但作为一个科学家，他对得起他的祖国，他对得起世界上海拔最高的青藏铁路。

资料来源：张彦、余广友，《一生何求——记青藏铁路总指挥部专家组组长、冻土科学家张鲁新》，选自杨树彦主编，《西南交通大学（原唐山交通大学）校史资料选辑》（第二十七辑），成都：西南交通大学校史编辑室，2006年，第64-70页。

案例分析

一生只做一件事的张鲁新，其一生致力于破解冻土难题的经历正是科学、高尚人生观的深刻写照：他出身书香门第，作为唐山铁道学院铁道专业的高才生，毕业后坚定选择到最偏远的地方、最基层的单位踏实工作；他第一次在齐齐哈尔参加学术会议知道了青藏高原多年冻土后，坚定了成为冻土地质学家的志向，始终坚持"人生在世，做任何事情都要有追求，这种追求是产生激情的源泉，追求和激情是工作的动力"的人生原则；为修建青藏铁路积累宝贵数据，他在青藏高原海拔逾4700米的风火山冻土定位观测站度过了16年的青春年华；为了解决冻土领域一系列难题，他带领团队长期奋战在艰苦一线，勇闯科学禁区，克服无数艰难险阻，冒风霜、顶严寒，长期保持"鞠躬尽瘁，死而后已"的工作状态，为青藏铁路建设提供了坚实的理论基础和技术支撑；他勇担重任，持续攻克和突破青藏铁路冻土技术和冻土难题，更舍小家、顾大家，培养了大量冻土技术人才，促进了我国冻土科研和冻土工程技术的全面提高，为青藏铁路破解高原冻土奥秘，耗尽了半生心血……这些既体现了张鲁新为攻克冻土技术，为青藏铁路的修建而几十年如一日、奋斗半生的"服务人民、奉献社会"的科学、高尚的人生追求，以及面对无数挫折和困难不退缩、不气馁而勇于面对、勇于创造、勇于进取、求真务实的端正人生态度，更体现了他在当时有限甚至极度困难的条件下，积极发挥主观能动性，为冻土技术难题的解决、青藏铁路修建做出系统性、突破性贡献，为国家、社会做出了多方面巨大贡献，创造出巨大的社会价值。中国新世纪四大工程之一青藏铁路这条"天路"的建成，不仅完善了铁路网，加强了祖国内地和边疆地区的联系，更有力促进了民族团结和经济发展，具有多方面的综合价值。

教学设计建议

1. **案例重点事迹的全面、有效呈现**：本案例可用于第二节"正确的人生观"的教学，特别突出展现张鲁新"一生只做一件事"的执着精神，以及他一生致力于攻克和突破青藏铁路冻土技术和冻土难题等一系列持续奋斗的突出事迹和重要贡献。

2. **案例研讨**：引导学生结合案例材料，具体分析张鲁新为了攻克冻土技术、为了青藏铁路的修建而几十年如一日、奋斗半生的经历如何实际体现其"高尚的人生目的和追求""端正的人生态度""人生价值根本在于奉献"等，并在分析中增强对本节内容的深刻理解。

3. **引导问题**：

①张鲁新1970年大学毕业后奋斗半生，如何体现科学高尚的人生目的、端正的人生态度，并在哪些方面做出了重大贡献和创造了价值？

②张鲁新"一生只做一件事"给我们带来哪些深刻启示？

③在人生中面对各种可能的困难、挫折，应该以怎样端正的人生态度来应对和处理？

④人生价值为什么根本在于为人民服务、为社会做出贡献？

⑤在有限条件下，应如何积极发挥主观能动性以实现人生价值的最大化？

⑥在个人学习和成长中，应如何树立正确的人生观？

总结提升建议

1. **如何系统树立人生观**：科学高尚的人生观不会自然、轻易形成，结合张鲁新的追求与奋斗经历，思考自身如何自觉系统地加强自我修养、不断超越自我，最终形成科学、高尚的人生观。

2. **如何确立高尚的人生目的和追求**：伟大源自平凡，科学高尚的人生目的和追求不会自动生成，应当结合自身以及所处时代，勇担时代历史使命和重任，将自我发展与时代使命担当有机结合起来，形成高尚的人生目的和追求。

3. **如何秉持端正、积极进取的人生态度**：人的一生总会遇到无数的艰难险阻、困境和挫折，结合张鲁新几十年中为了突破系列冻土技术难题的艰苦奋斗、艰苦探索历程，思考在人生奋斗历程中如何秉持端正、务实、进取的人生态度，以克服前进道路上的各种艰难险阻、困难、挫折等。

4. **个人应当如何为国家、社会做出贡献**：请同学们结合张鲁新的奋斗经历，思考如何在中国特色社会主义新时代，在新时代难得的时代机遇条件下，将"小我"与"大我"结合起来，更好发挥主观能动性，为社会做出更大贡献，实现人生价值最大化。

案例4 中国铁路教育和铁路科研的开拓者之一唐振绪

案例呈现

唐振绪是中国铁路教育和铁路科研的开拓者之一，毕生从事铁路教育和铁路科研的组织领导工作，在保存唐山工学院（现西南交通大学）的技术力量、重建新唐院以及筹建铁道科学研究院中起了重要作用。他三上青藏高原，为修建青藏铁路提出宝贵建议。他积极开展国际学术和文化交流。为铁路科技发展和促进祖国统一做出了重要贡献。

保存和重建新唐院

1948年11月，唐振绪在茅以升、赵祖康、侯家源等学长们的举荐和支持下，赴唐山工学院主持院务工作，后被国民政府教育部正式聘任为国立唐山工学院院长。当时淮海战役已进入后期，唐院七百名师生员工携带图书、仪器，在南迁途中，分三批由天津上船，经海路到达上海。一部分师生已抵达江西萍乡，一批图书设备已运抵台湾台北（存放台大）。由于学校流亡在外，战火仍在蔓延，何去何从，争论未已。而与学校共患难同存亡的七百名师生员工，特别是已届高龄、在全国久著盛名的罗忠忱、伍镜湖等多位老师，均携眷随校同行，连月来均困顿不堪。如果再辗转天涯海角，难免束手无援，陷入难以挽回的困境。在这风雨飘摇、经费无着、食宿无处、群情惶急的时刻，1949年2月1日由唐振绪主持的第一次院务会议上做出决定，不再前进，下定决心，就地克服一切艰难险阻，并设法在沪复课，千方百计把学校先保全下来，先求生存，再图良策。方针既定，校友响应，群情振奋。接着2月15日，在上海国际饭店三楼召开了唐山交大校友年会，筹集到应急大米600担。2月27日，唐振绪和交大王之卓、同济夏坚白、浙大竺可桢等各位校长一起到南京，找到代总统李宗仁，争取到"三个月储粮款"。在上海交大王之卓校长协助下，以不影响上海交大正常工作为原则，唐院在3月28日借上海交大徐家汇校址，正式复课。之后，他又领导师生解决吃住问题，经过几个月的奔波，在校友们的帮助下，排除了各种难以想象的困难，终于使唐院在沪初步具备了复课条件，暂时在上海站住了脚。但不久，4月20日国共和谈破裂，解放军横渡长江，上海全市进入战时状态，实行全面的军事管制。唐振绪带领全体师生艰难地渡过了"四•二六"大搜捕，又千方百计应付了紧急疏散。5月27日上海战事结束，全校于6月下旬又北返，因交通未恢复，路上走了八天八夜，终于回到唐山原校址。

返回唐山后，唐振绪于1949年7月13日被铁道部任命为交通大学唐山工学院院长。在党的领导下，他立志要将新唐院办成面向全国，有铁路特色，既是教育中心，又是科研中心的全国第一流的综合性理工科大学。至1950年9月，在返回唐山后的一年多的时间里，新唐院得到了壮大，建成了土木、建筑、采矿、冶金、机械、电机、化工7个系，增设了铁道工程、号志工程、电讯工程、机车工程、客货车工程等5个专修科和一个预科，还创建了铁道技术研究所。中华人民共和国成立后，海外许多留学生想回国服务，但不了解国内的真实情况，唐振绪撰写了《求贤榜——新唐院近景》，登载在1949年8月《建设事业励进社社报》第100期上，这篇文章于1950年2月全文转载于美国费城出版的《留美科协通讯》第5期上，文章在国外产生了积极的影响。唐振绪日夜操劳，规划新唐院的发展前景，积极动员聘请海内外知名专家学者到唐院任教。当时唐院著名的罗忠忱、伍镜湖、李斐英、黄寿恒、顾宜孙等元老教授们均健在，在各方的共同努力下，先后从国内外聘任了教授、副教授、讲师、助教300余人，充实并壮大了唐院的教学力量，形成了"群英集唐山"的空前未有的兴盛局面，为我校强大的教师阵容进一步打下了基础，也为以后全国院系调整、新办的许多所高等院校输送了大批领导和教学骨干，成为唐院历史上的鼎盛时期。

促进海峡两岸的交流与和平统一

1978年，唐振绪光荣地当选为政协第五届全国委员会委员。1988年又当选为政协第七届全国委员会常务委员，他非常珍惜这份光荣，珍惜这份权利和义务，他根据自己了解的情况和掌握的信息，就祖国统一问题、开发海外人才库问题，积极献计献策，并身体力行，不辞辛苦开展海内外的宣传和联络工作，并积极呼吁成立中国和平统一促进会，使之于1988年7月1日正式成立，为祖国的统一大业尽了一份赤子之心。他参与筹备了交大美洲校友总会主办的第六届联谊会（又称"海外大团圆"）及其全部活动。唐振绪还向全国政协提出书面提案，积极建议并推动创办"海外同学咨询服务中心"，为海外同学服务，以便海外同胞为祖国建设献计献策。

唐振绪利用自己在美国学习工作结识的同事及社会关系，广泛开展工作，并三度赴美，加强与美国同学的联系，增进相互间的友谊和了解。联系海外华裔学者、专家及广大在欧美的同学，发展海外会员，与美国华人知识分子社团和校友会等团体建立联系，邀请他们回国参观访问、讲学、投资办企业，进行贸易和其他交流。在1981年，唐校举行八十五周年校庆时，唐振绪题贺词曰："维吾母校，中外推崇。欣逢八五，声誉期隆。祖国期待，四化立功。愿我师友，造极登峰。良辰美景，盛会融融。学府巍巍，如万年松。"

1984年4月8日在上海，唐振绪被推选为交通大学（上海、西安、北方、西南四校）校友总会名誉会长。在交通大学校友总会成立大会上的书面发言中，他竭力宣传"天下交大是一家"，主张中国虽然还没有统一，但大陆和台湾的交大校友可以先统一起来。他以亲身感受来说明交大校友们饮水思源，对母校的热爱与帮助是没有止境的。他认为我们全民族都渴望中国成为头等国家，使中华民族屹立于世界民族之林，不仅壮大自己，而且要造福人类。这就要求早日建成一个统一、繁荣、富强的现代化国家，为此需要具备四个条件：（一）强大的政治领导和国防力量；（二）勤劳的人民和富饶的资源；（三）高度的科学技术和教育文化水平；（四）一支精明的专家队伍和大批的各方面人才。而我们交通大学五个母校的全体校友，必能以我们固有的优势，兼程前进，全力以赴，为加强交通大学国内外校友与母校、祖国之间的联系、团结和合作，发扬交大优良传统，为母校的发展、为祖国四化建设做出我们的贡献！

资料来源：何云庵、苏志宏主编，《西南交通大学史》（第四卷1949—1972），成都：西南交通大学出版社，2016年，第313–314页；杨树彦主编，《西南交通大学（原唐山交通大学）校史资料选辑（第二十七辑）》，成都：西南交通大学校史编辑室，2005年，第5–8页。

案例分析

唐振绪把自己的人生追求同民族解放和国家发展进步紧密结合起来，在这个正确的人生目的指引下，通过一生不懈努力，实现了人生价值。在唐山交大处于危急存亡之时，唐振绪肩负起保存这所历史悠久的著名大学的重任，面对诸多困难，他依靠全院广大师生员工，成立院应变委员会，团结一切进步师生，在校友的大力支持下，共同管好学校，渡过难关，为保护学校的生存和安全做出了努力，展现了他务实进取的人生态度。他对共产党即将取得全国的胜利充满信心，在他的努力下，流亡在上海的唐院（现西南交通大学）终于没有涣散和迁移台湾，在上海解放前夕，他积极掩护地下党和革命青年，营救被捕同学，于1949年5月上海解放后，率领全院师生员工，带着图书仪器回到唐山，为保全唐院（现西南交通大学），迎来全国解放做出了重要贡献。这既是他对革命必胜的信念的坚持，也是他辩证对待各种人生矛盾，乐观进取的人生态度的生动写照。晚年他多次利用赴美探亲、访美的机会，宣传中国社会主义建设的巨大成就，动员海外学人、校友回国观光访友，进行学术交流，参加社会主义建设，为振兴中华贡献力量。他还积极促进海峡两岸交大的交往交流，为祖国统一大业贡献力量，诠释了"既是交大人，毕生为交大"的拳拳之心，充分体现了爱国爱校的高尚情怀和终身服务于祖国建设事业的积极的人生实践。

教学设计建议

1. **案例呈现**：本案例可用于第一节第二目"人生观的主要内容"、第二节第一目"高尚的人生追求"、第二目"积极进取的人生态度"的教学。

2. **案例分析与讨论**：引导学生结合案例人物材料，研讨唐振绪如何顺应时代潮流和服务国家建设及学校发展需要，带领唐院（现西南交通大学）在战火中绝境求生并创造辉煌。

3. **引导问题**：

①唐振绪为交大发展做出了哪些重大贡献？体现了怎样的人生价值追求？

②唐振绪在战火中为保存唐院（现西南交通大学）克服了巨大的困难，展现了怎样的人生态度？

③唐振绪终身服务于祖国建设事业的人生实践给当代大学生树立正确的人生观带来了怎样的启示？

总结提升建议

1. **如何确立科学高尚的人生观**：唐振绪的一生始终把个人的追求与国家的命运、民族的解放紧密联系在一起，展现了崇高的理想信念和坚定的人生目标。我们应该结合他的经历，思考如何在新时代背景下，自觉地培养和确立科学、高尚的人生观，将个人的成长与国家的前途命运紧密联系起来，实现个人价值与社会价值的统一。

2. **如何践行爱国爱校的精神**：唐振绪用一生的行动诠释了对国家、对学校的深厚情感和无私奉献精神。他在不同历史时期，始终心系国家和学校的发展，积极为祖国的统一和社会建设贡献力量。我们应以唐振绪为楷模，思考如何在日常学习和工作中，践行爱国爱校的精神，积极投身国家和社会的发展事业，成为有责任、有担当的新时代青年。

3. **如何在国际视野下促进文化交流和国家建设**：唐振绪晚年积极促进中美之间的文化交流，动员海外学人参与祖国建设，体现了他胸怀宽广、关心国家发展的高尚情怀。在全球化时代，我们应借鉴他的经验，思考如何利用自己的学识和能力，积极推动国际文化交流与合作，为祖国的繁荣发展贡献力量。同时，思考如何在世界舞台上展示中国的风采，增强文化自信，推动中华文化的全球传播和影响力提升。

案例5 "两弹一星"功勋科学家陈能宽

案例呈现

陈能宽（1923—2016），湖南省慈利县人，1946年毕业于唐山交通大学（现西南交通大学）矿冶系。中国共产党党员，中国核武器事业的奠基人之一，"两弹一星"功勋奖章获得者，中国科学院院士。1960年从中国科学院调入第二机械工业部北京第九研究所（中国工程物理研究院前身），历任实验部主任、副院长、院科技委主任、院高级科学顾问，核工业部科技委副主任，国防科学技术工业委员会科技委副主任等职。长期从事金属物理和物理冶金的基础研究，对中国材料科学的发展做出了重要贡献。他是中国核武器爆轰物理学的开拓者，多次在技术上参与领导和组织国家核试验，为中国核武器的研制和国防尖端科学技术的发展立下功勋。20世纪80年代，他参与领导、制定和实施国家"863"计划，任国家"863"计划激光领域首任首席科学家，为推动中国相关技术领域研究做出了重要贡献。1982年获国家自然科学奖一等奖，1984年获国家发明奖二等奖，1985年获三项国家科技进步奖，1999年9月获"两弹一星"功勋奖章。

艰难求学，冲破阻力回到祖国

1923年，陈能宽出生在湖南省慈利县江垭镇一个普通士绅家庭。1942年，陈能宽以优异成绩高中毕业，获得保送资格。中央大学、浙江大学、交通大学等几所知名大学向他敞开怀抱，陈能宽最终选择了交通大学唐山工程学院（现西南交通大学）矿冶工程系学习。从1936年进入初中开始，到雅礼读高中，再到贵州读交通大学，一直到1946年大学毕业，陈能宽的十年求学路，大部分是在抵抗日本侵略者的抗争与忧患当中度过的。抗日救亡呼声激励着这位热血少年立下"救我中华"的志向。

1946年，交通大学唐山工程学院迁回唐山。同年，大学毕业的陈能宽被分配到天津炼钢厂当化学分析员。当时的中国百业萧条，面对理想与现实的巨大落差，陈能宽不断探索，寻求出路。

第二年春天，陈能宽与妻子裴明丽同时考取了政府支持的自费留学，前往美国的耶鲁大学深造。仅三年时间，他相继拿到了耶鲁大学物理冶金系的硕士和博士学位。这一惊人成就，记录了陈能宽在这座享誉世界的大学里如何书写东方人的智慧。材料的微观世界总是那么迷人，那些被称为缺陷的东西却有可能使金属强度更强，甚至对新材料的产生有巨大的影响，也许就是这种魅力深深地吸引了陈能宽，在此后的近10年里，陈能宽一直在和金属缺陷打交道。

学成之际，受国际形势的影响，陈能宽和许多留学生一样被迫滞留美国，在约翰斯·霍普金斯大学机械工程系工作五年。其间，曾与三位美国同事合作发表多篇论文。1955年，受邀到西屋电器公司研究实验室担任研究工程师。

此时的陈能宽一心只想回到祖国。他们夫妇像当时的众多知识分子一样，怀着科学救国的理想，对国家和民族有着十分朴素而真挚的情感。有些美国朋友不理解他想回到落后的祖国的心情，他回答道："科学是没有国界的，但科学家是有祖国的。"陈能宽认为，中国是他的祖国，他没有理由不爱自己的祖国。正如鲁迅的诗句所说："灵台无计逃神矢。"

不同于邓稼先在拿到博士学位第九天后就迅速回国，陈能宽夫妇的回国路走得较为曲折。

1955年秋，陈能宽在与美国移民局多次斗争后，终于寻得机会，带着家人登上"威尔逊总统号"客轮。为了回国后能尽快开展工作，他带回了大量用于研究的资料和仪器，包括电炉丝、电热偶、磨光纸、金属单晶体、修理工具、太空泵等，随身只带了很少的必需衣物、书籍上船。从旧金山经檀香山、日本、菲律宾，经过了漫长的海上航行，1955年12月16日，最终抵达香港，陈能宽一家和同船的其他归国人员步行从香港赴当时也只是个小村庄的深圳。远远地，当看见行进前方树丛顶上飘扬的五星红旗，一行人心情激荡，手挽手，一同唱起了《义勇军进行曲》，眼含泪水，不能自已。

回国后的陈能宽和其他爱国学者受到了周恩来总理的亲切接见。回到祖国的陈能宽选择到中国科学院应用物理所工作，投身于中国材料科学的研究，此时的陈能宽充满了动力，感叹道："为自己的祖国做事，真好啊！"

1960年3月，他与陶祖聪等人赴苏联进行为期两个月的考察。陈能宽以前学的是英语，到美国之后也一直用的是英语，从来没接触过俄语。为此他自学俄语，在去苏联之前，在白天还要上班的情况下，他挤出时间认真学习，一天能背一百多个单词，只有一个俄文家教稍稍辅导过他。可见，陈能宽是个非常有学习精神的人，是个扎扎实实学习的人，是个非常聪明的人，他的语言能力和学习能力都是超越一般人的。陈能宽只花不到三个月时间，就把俄语从一无所知提升到能够作学术报告的水平。

以身许国，隐姓埋名25年

1960年6月，37岁的陈能宽在其学术事业即将达到高峰之际，突然从同事和朋友的视线中消失了。

陈能宽刚从苏联考察归来，便接到了一则改变其人生轨迹的消息：时任二机部九局局长的李觉将军要与他会面。5月底，他见到了这位富于传奇色彩的将军。令他惊讶的是，在座的还有朱光亚、钱三强两位科学家。

当时李觉将军开门见山地说："陈能宽同志，国家要研制一种'新产品'，我们想让你负责爆轰物理方面的工作。"凭借自己多年的学术敏锐度，再想想李觉将军的职责，以及朱光亚、钱三强两位科学家的专业领域，陈能宽略一思索，就分析出这个"新产品"大概是什么。他试探着说："是原子弹的研制工作吗？我是搞金属物理的，搞过单晶体，可从来没有搞过原子弹，是不是调错人了？"

李觉笑了起来，参加座谈的几个人七嘴八舌地说，调陈能宽来没错，中国人谁也没有研制过原子弹，现在国家有志气自己造，请他来加入。

陈能宽意识到，这是一项非常光荣、非常重要的工作。当别人在你的家门口玩弄原子弹时，"以战止战、以核抑核"是必然选择。他还想起上大学时，重庆上空飞来飞去、狂轰滥炸的日军飞机以及他在美国所遭受的不公平待遇，这是心中永远的痛。中国想要摘掉贫穷大国的帽子，国防事业一定要强大，落后就要挨打。

为了国家的利益，陈能宽决定放弃个人感兴趣的研究领域，服从祖国召唤。就这样，1960年6月6日，陈能宽跨入了二机部第九研究所的大门，受命担任实验部主任，领导组织核装置爆轰物理、炸药和装药物理化学等研究工作。这是他科学生涯中的一次重大转折。此后，他隐姓埋名，全身心投入这一全新的科学探索领域，在学术界销声匿迹长达25年。连妻子对他的工作性质和具体地址也一无所知。对她来说，那只是一个信箱号码。其实，陈能宽何尝不知道他面临的危险和艰辛，他在给妻子的信中写道："如果我有什么不幸，你要想得开，当年我们抛弃洋房轿车，带着儿女回国，正是为了干一番事业，让祖国富强。"

多年后，陈能宽这样回忆当时的情景："我连炸药是什么东西都没看到过，甚至连雷管都没碰过。"团队里有从矿山上调来的人，也有使用过普通常规武器和手榴弹的人。"他们就比我经验多一点，他们是我的老师。"

陈能宽自己将那段岁月叫作"自力更生"和"能者为师、互相学习"的岁月。在我国第一颗原子弹、氢弹及核武器的发展研制工作中，他领导组织了核装置爆轰物理、炸药和装药物理化学、特殊材料及冶金、实验核物理等学科领域的研究工作，还组织并参加了聚合爆轰波人工热核反应研究以及核装置球面同步起爆的方案制定和研究，成为我国核武器爆轰物理学的开拓者。

对于我国核武器事业的成功，陈能宽常提到不能忽视"攻关人员的献身精神和集体主义精神"。他们是不同学科、不同专业的人，是因任务而结合的一群人，"夜以继日地奋战在草原、在山沟、在戈壁滩。即使在城市，也过着淡泊明志、为国分忧的研究生活"，这是他们共同的生活状态。

陈能宽回忆，在艰苦的环境里，"那么就互相鼓励吧，写诗写词"。在青海的戈壁滩，陈能宽想起了"王师北定中原日，家祭无忘告乃翁"的陆游，于是挥笔写道："八百年前陆放翁，一心但欲九州同。华章夜读精神爽，万里西行意气浓。"他把这首诗赠予同仁共勉。他还在核试验现场的讨论会上，慷慨激昂地与于敏朗诵诸葛亮的《后出师表》，心潮与事业一起澎湃。

即使在生活归于平静后，陈能宽仍然难以忘怀曾经的激情与奋斗。1992年冬，在中国工程物理研究院召开的发展战略研讨会上，陈能宽受朱光亚、王淦昌、彭桓武等科学家的推举，写下了这样的词句："许身为国最难忘，神剑化成玉帛酒，共创富强"。

2011年以后，陈能宽长期卧病在床，常让身边人给他念诗。有一次，小儿子为他念起了毛泽东的《沁园春·长沙》。当听到那句"问苍茫大地，谁主沉浮？"时，躺在床上的陈能宽右手紧握成拳，锤击自己胸口，回答："我们，我们！"

艰苦探索，"东方巨响"惊世界

那时，我国学术界在爆轰物理方面的实践经验和学术积累几乎为零，陈能宽来到九所后，担任了二室的主任。二室担负两项重任：一是设计爆轰波聚焦元件，二是测定特殊材料的状态方程。这两项任务都是核武器事业最为关键的组成部分。陈能宽带着一帮不满30岁的年轻科研人员，从零开始，一边学习一边实践，开启了极为艰难的探索之旅。

20世纪60年代初是我国经历了"大跃进"后国民经济最困难的时期。物资极度匮乏，粮食定量供应，很多年轻人都吃不饱，浮肿病在饥饿的人群中蔓延。而从事专门的爆轰试验场地的17号工地，条件更是艰苦，不仅吃不饱，气候条件还很恶劣。每到冬季和春季，北风甚至可以把地上的小石子刮得到处乱跑。"塞北九月风夜吼，一川碎石大如斗，随风满地石乱走。"

17号工地冬天温度达到零下二三十度。在炸药工房里工作不能穿鞋，怕带进去沙子，大家只能穿袜子，冻得脚上都长了冻疮。有时遇到做计算，工房任务紧急，他和研究人员一起算到凌晨4点多。困了就拿出一个窝头，一分为二和同事分食，吃了再加油干。"起码要算上三遍，他才觉得数据是可信的。"尽管物质生活艰苦，但是大家的精神生活却非常充实。大家都想早点完成原子弹研制工作，经常晚上开夜车加班。那时候，领导最头疼的事是动员大家赶快去休息睡觉。

短短三年，通过在野外实验场进行的数百次爆炸实验，他们逐步掌握了开启核能之门的"金钥匙"，并在最短的时间内成功研制出第一颗原子弹所需的起爆元件。

1963年3月26日，陈能宽带领180多名科技人员向青海基地转移，义无反顾地放弃了首都的优越生活，远离亲人，隐姓埋名，严格遵守工作性质、地点"上不禀父母，下不告妻儿"的保密规定，满怀激情地投身原子弹攻关的最后决战。

1964年6月，陈能宽领导组织了全尺寸爆轰模拟试验，成功克服了核武器试验前一系列内爆物理学与相关材料工程难题，为我国首次核试验奠定了基础。

1964年10月16日下午3时，东方巨响，寰宇皆惊。后来，陈能宽作词记录了当时的心情《清平乐·记我国首次原子弹试验成功》："东方巨响，大漠天苍朗。云似蘑菇腾地长，人伴春雷鼓掌。欢呼成果崔嵬，称扬举国雄飞。纸虎今去矣，神州日月增辉。"

原子弹爆炸成功后，下一步怎么办？陈能宽遵照上级精神，按照科技发展规律，致力于三件事：深化认识——总结原子弹研制的经验；扩大战果——原子弹要成为部队的战斗力；继续攀登——参与氢弹研制攻关。特别是氢弹研制，要与法国争先，与美、苏比速度，建立有中国特色的核武器研制模式和核威慑能力。

1967年6月17日，大西北的戈壁滩上空又一次出现了惊心动魄的奇异景观。天空中出现两个红彤彤的太阳，那个更亮更美的"太阳"就是中国人自力更生方针的再一次见证——中国的氢弹！

从第一颗原子弹到第一颗氢弹，美国耗时7年零4个月，苏联用了4年，英国花了4年零7个月，法国则用了8年零6个月，而我们只用了2年零2个月成功进行了氢弹原理试验，用了2年零8个月，赶在法国人之前，空投爆炸了一颗氢弹。这些成绩背后，是无数像陈能宽这样的科学家呕心沥血、舍生忘死的付出！

随后，陈能宽被任命为二机部九院的副院长。他继续领导一支主要由年轻人组成的科技团队，重返试验场，在连绵不断的爆炸声中，突破了多项关键技术和工程科学难题。

1985年春，全国科学技术奖励大会在北京人民大会堂举行。在颁奖仪式上，陈能宽与邓稼先一同作为领奖代表，代表无数默默无闻的英雄，郑重地接受了国家授予原子弹突破与武器化、氢弹突破与武器化的"国家科技进步特等奖"。

1999年9月18日，陈能宽院士被党中央、国务院、中央军委授予"两弹一星"功勋奖章。

陈能宽在自述中写道："我个人有幸和国家需要的这份工作联系在一起，虽然只是沧海一粟，但也聊以自慰。"

1987年4月，64岁的陈能宽出任863计划激光领域首任首席科学家。对于陈能宽而言，又面临了一次转行，就像当初从金属物理领域转到爆轰物理研究领域一样，这一次国家又要他从熟悉的爆轰物理领域转到定向能技术领域。这是他科学生涯中的第二次大转折，又要从"零"开始起步了。以花甲之年履新，他不禁感慨："不甘迟暮，壮心不已；迎接挑战，奋飞莫停。"

陈能宽曾说过一句感染了无数人的话："让我们共同为中华人民共和国写好一篇大文章。"他的如炬目光与远见卓识激励着后辈们突破"卡脖子"技术难题，不断推动高水平科技自立自强，在勇攀高峰的路上矢志前行。

资料来源：西南交通大学官网；吴明静、凌晏、逢锦桥，《许身为国最难忘——陈能宽》，上海：上海交通大学出版社，2015年。

案例分析

陈能宽的一生，从留学海外到归国报效，其间涉足多个科研领域。无论是选择金属材料学，还是投身核武器研究，抑或领导863激光领域研究，他始终以国家需求为导向，以国家目标为指引。在他看来，个人的研究兴趣和对研究前沿的把握固然重要，但科学研究最重要的是要立足于基础研究，立足于国家需要。

他为我国核武器事业发展而"隐身"戈壁、深山峡谷，攻关两弹，牵引强光，以身许国，俯仰无愧。他那"为国奉献、澎湃一生"的诗人情怀，宛如一首永不止息的长歌，恒久悠扬，回声绵长。我们深切缅怀陈能宽院士对我国科技事业和国防现代化建设建立的杰出贡献，学习他为国家富强和民族振兴不懈奋斗的崇高品格，学习他不畏艰辛、淡泊名利、甘于寂寞的科教报国精神，学习他大爱无疆的青年人才培养、科学传承精神，学习他乐观无畏的积极的人生态度。同时要传承和弘扬陈能宽院士"爱国、创新、求实、奉献、协同、育人"的科学家精神，把个人理想追求融入党和国家事业之中，让爱国始终成为人生最鲜亮的底色。让严谨治学、严格要求的"双严"传统在新时代激发出更加优良的学风，焕发出更为蓬勃的活力，培育出更多的创新人才，转化为更尖端的科技成果，为加快中国式现代化建设做出应有的贡献。切实行动，砥砺前行，为国家振兴奋斗！

教学设计建议

1. **案例呈现**：本案例可用于第一节第一目中"个人与社会的辩证关系"与"人生目的"、第二节第一目"高尚的人生追求"与"人生价值的评价与实现"、第三节第一目"辩证对待人生矛盾"、第三目"成就出彩人生"的教学。

2. **案例分析与讨论**：引导学生结合案例人物材料，具体分析并感悟陈能宽一生经历，尤其是他为了国家利益，放弃个人研究领域的兴趣，服从祖国召唤，两次转行，从零开始科技攻关，为我的的国防事业隐姓埋名，体现了他为国奉献的高尚的人生追求；在和世界先进科技水平较量中，他从我国实际出发，攻坚克难，艰苦奋斗，展现了他作为科学家认真务实进取的人生态度；从而在分析中增强对本章内容的深刻理解。

3. **引导问题**：

①陈能宽曾说过一句感染了无数人的话："让我们共同为中华人民共和国写好一篇大文章。"谈谈你对这篇"大文章"的理解，以及你准备如何书写这篇"大文章"。

②陈能宽从熟悉的金属物理转向爆轰物理，再从爆轰物理转向定向能技术领域，这两次研究领域的转型给我们带来哪些深刻启示？

③陈能宽一生如何体现科学高尚的人生目的、端正的人生态度，在哪些方面做出了重大贡献和价值？

④青年人为什么只有把自己的小我融入祖国的大我、人民的大我之中，与历史同向、与祖国同行、与人民同在，才能更好地实现人生价值、升华人生境界？

总结提升建议

1. **如何在复杂的人生抉择中坚定信念**：陈能宽多次面临研究领域的转型，但他始终以国家利益为重，无论是从金属物理转向核武器研究，还是从核武器研究转向激光领域，他都坚定地选择了服务国家。人生中常常会面临重大的抉择，我们应当学习陈能宽的坚定信念和奉献精神，勇于承担起社会责任，做出有益于国家和社会的选择，从而在重大抉择中实现人生的价值。

2. **如何践行科教报国的精神**：陈能宽一生淡泊名利，甘于寂寞，始终以科教报国为己任。他不仅在科研上取得了巨大的成就，还在人才培养方面做出了重要贡献。我们应当学习他的精神，在自己的职业生涯中，始终保持对国家和社会的责任感，积极投身科教事业，为国家的科技进步和教育发展做出贡献。

3. 如何在新时代下书写人生的"大文章"：陈能宽提出"为中华人民共和国写好一篇大文章"，这是一种将个人价值与国家命运紧密结合的理念。我们应当以他的精神为指导，思考如何在新时代下，通过努力工作和积极奉献，为国家的发展和进步书写属于自己的"大文章"。只有将个人理想融入国家和社会的发展中，才能真正实现人生的价值。

三、实践设计

 实践项目

项目1：弘扬科学家精神

‖实践目标‖

围绕实践主题实践，结合自身对科学家精神的学习、理解、研究、认识、体会等，形成书面实践报告成果；发现、感悟和学习我校科学家身上体现的高尚的人生追求、端正的人生态度，以及他们如何辩证对待各种人生矛盾，为学校发展、人才培养、教育事业国家和社会做出的多方面巨大贡献；增强理论联系实际能力、团队协作精神；通过实际学习、体会、感悟科学家精神，将科学家精神融汇于自身学习、奋斗历程中；通过实践成果的交流、展示、汇报，在相互学习、汇报大比武中提升德法课综合素养等。

‖实践方案‖

1. 依据实践主题，结合本课程第一章、自身成长实际等，选择具体切入点，具体化为多方面、多形式的实践。

2. 依据实践主题，构建实践框架，组建实践团队，开展实践活动，形成实践报告，进行实践成果总结、汇报、交流。

3. 新媒体的微活动：利用现代新媒体手段，可以采取微电影、情景剧、随手拍、公益服务、直播、访谈节目等方式。

4. 交流辩论：通过探讨和辩论分析问题等。

5. 热点追踪：对与实践主题相关的热点问题、热点事件、热点人物进行深入追踪、分析等。

6. 可以自行组队，也可以单做，自由分组讨论实践作业如何开展，要求分工明确、有机协作。

7. 实践必须坚持正确导向，不得违背党和国家的大政方针。

8. 实践活动必须安全第一。

9. 每位同学必须参与，严禁任何搭便车行为。

10. 必须保证实践质量，期末将由各小组对实践过程、实践成果进行系统展示和班级汇报。

11. 实践务必结合自身实际、以小见大，切忌长篇大论、泛泛空谈。

‖ 实践记录 ‖

思想道德与法治实践课

课堂报告

报告主题：＿＿＿＿＿＿＿＿＿＿＿

院　　部：＿＿＿＿＿＿＿＿＿＿＿

专业班级：＿＿＿＿＿＿＿＿＿＿＿

学　　期：＿＿＿＿＿＿＿＿＿＿＿

课堂报告考核		
考核内容	考核评价（符合标准的在对应的方框里打"√"）	考核成绩（满分100分）
内容是否紧密切合主题，内涵挖掘是否深刻，是否坚持正确导向	优□良□中□差□	
形式是否新颖、适当	优□良□中□差□	
内容与形式的契合度	优□良□中□差□	
团队成员参与度、协作度	优□良□中□差□	
提交成果形式是否规范	优□良□中□差□	
成果展示是否充分	优□良□中□差□	教师签名： 年　月　日

小组成员		
姓名	学号	组内分工

课堂报告
题目:
正文:
教师点评

实践项目

项目 2: 辨识身边的 "人生观"

‖实践目标‖

人生观并不是抽象的,而是蕴含、体现在个体的言谈举止、社交行为、兴趣爱好、学习态度、生活态度中,人生观就在我们的身边、我们的生活中。本主题实践的目的,就是要通过发现、发掘自我及身边同学的言行体现出来的人生目的、人生追求、人生态度、人生价值评判标准,并通过对比、辨析、思考,不断总结、修养、改进、提升自身人生观。

‖实践方案‖

1. 问卷调查:围绕人生观的人生目的与追求、人生态度、人生价值三个方面,具体设计系列有意义的调查问卷问题;通过问卷调查、结果总结与分析,发现身边同学在人生目的、人生态度、人生价值评价方面的高尚、积极、端正、正确之处,以及存在的拜金主义、个人主义、享乐主义现象。

2. 话语和话题分析、归类:通过对新时代青年大学生日常学习、生活常用语,以及大学生集中关注的话题的分析和归类,辨识哪些显示了正确的人生观,发现存在的突出问题,为自我及大学生改进和加强人生观修养提供有效建议。

3. 比较分析：通过对身边同学不同人生观的比较、对不同年级同学人生观的比较、对不同学校同学人生观的比较，发现展现科学、高尚人生观的朋辈，对存在的不足和需要改进之处提出中肯建议。

4. 无论采取哪种形式，都要紧密围绕挖掘和展现自我、身边同学、当代青年大学生人生目的与追求、人生态度、人生价值评价三个层面进行。

5. 紧密基于青年大学生话语、言行、平常关注焦点、学习和生活态度进行。

6. 问题设计须具体，且能够比较准确反映青年大学生人生观的真实问题。

‖ 实践记录 ‖

思想道德与法治实践课
调研报告

报告主题：＿＿＿＿＿＿＿＿＿＿＿＿＿＿

院　　部：＿＿＿＿＿＿＿＿＿＿＿＿＿＿

专业班级：＿＿＿＿＿＿＿＿＿＿＿＿＿＿

学　　期：＿＿＿＿＿＿＿＿＿＿＿＿＿＿

调研报告考核		
考核内容	考核评价（符合标准的在对应的方框里打"√"）	考核成绩（满分100分）
真实反映青年大学生集中的人生目的与追求特征	优□良□中□差□	
群体性人生态度及人生价值追求与评价特征	优□良□中□差□	
调查基础上发现青年大学生人生观中存在的真问题	优□良□中□差□	
辨识出对青年大学生人生观存在的根本性问题	优□良□中□差□	
对青年大学生加强和改进人生观修养提出有建设性的有益建议	优□良□中□差□	
其他	优□良□中□差□	
		教师签名： 　　年　月　日

调研报告
题目： 正文：
教师点评

 实践项目

项目3：观看纪录片《一所大学的抗战》

‖实践目标‖

由西南交通大学拍摄的六集文献纪录片《一所大学的抗战》讲述了抗战期间交通大学唐山工程学院（现西南交通大学，以下简称"唐山交大"）在烽火中薪火相传、弦歌不辍的办学故事，呈现了唐山交大以专业之长竦实扬华、自强不息，践行报国之志，为抗战胜利做出重大贡献的历史。通过观看《一所大学的抗战》，体会大学之"大"，深度感受交大人的巨大贡献，学习自强不息、果毅力行的民族精神和知识分子品格。

‖实践方案‖

1. 任课教师宣布观看纪录片《一所大学的抗战》作为实践活动的内容，并明确学生需要体会和学习的目标。

2. 教师选择适当的时间和场地，安排学生集体观看纪录片。

3. 教师在观影前简要介绍纪录片的背景和重要内容，引导学生关注与学习的重点。

4. 观影结束后，组织学生进行讨论和交流，分享他们的观影体会和学习收获。可以安排小组内部或全体讨论，让学生从不同角度思考和分析。

5. 要求每名学生根据观影体会撰写一篇观后感，反映学生对纪录片内容的理解和感受。

6. 组织学生进行分享或汇报，让每个人有机会表达他们的观影心得和见解。

‖实践记录‖

思想道德与法治实践课

观影报告

姓　　名：_____

学　　号：_____

院　　部：_____

专业班级：_____

学　　期：_____

观影报告
题目： 正文：   教师点评

第二章　追求远大理想　坚定崇高信念

‖ 导 言 ‖

　　这一章主要论述了关于理想和信念的基本理论。重点体现习近平新时代中国特色社会主义思想的世界观和方法论，习近平总书记关于马克思主义和共产主义信仰、中国特色社会主义信念和实现中华民族伟大复兴信心的最新重要论述。第一节主要论述理想信念的内涵及重要性，充实"发扬斗争精神、提高斗争本领，依靠顽强斗争打开事业发展新天地"等思想，进一步深化对理想信念重要作用的阐述。第二节主要论述坚定信仰信念信心，在关于增强马克思主义、共产主义的信仰，中国特色社会主义的信念，实现中华民族伟大复兴的信心三个方面进行教学。融入"人民性是马克思主义的本质属性"等重要观点，深入探讨信仰马克思主义的必要性；讲解中国式现代化道路及其主要特征等方面的内容，增强青年大学生对以中国式现代化全面推动中华民族伟大复兴的认识和信心。第三节主要论述在实现中国梦的实践中放飞梦想，充分融入新时代十年的历史性成就，引导大学生把个人理想与社会理想有机结合起来，在实现中国梦的生动实践中放飞青春梦想，在为人民利益的不懈奋斗中书写人生华章。

一、教学分析

教学目的

　　帮助大学生确立在中国共产党领导下走中国特色社会主义道路，为实现中华民族伟大复兴而奋斗的共同理想和坚定信念，把握实现理想需要具备的基本条件，引导大学生坚持社会理想和个人理想的统一，在建设中国特色社会主义、实现中华民族伟大复兴的实践中化理想为现实。

教学重点、难点

1. 当代青年应该树立什么样的理想与信念？（重点）

2. 如何理解个人理想和社会理想的关系？（重点）

3. 辩证看待理想与现实的矛盾。（难点）

4. 如何在实现中国梦的实践中放飞青春梦想？（难点）

二、教学案例精选与设计

案例1　立志长江源头首次飘起五星红旗的"长江漂流第一人尧茂书"

案例呈现

尧茂书生前是西南交通大学电教室摄影员，他是世界上第一位漂流长江的人。1985年7月24日在漂行了1270公里后，于金沙江段触礁遇难。

1985年，尧茂书被评为"全国青年十杰"之一。1986年4月，共青团四川省委授予尧茂书"首漂长江、勇于献身祖国的优秀青年"光荣称号，1986年四川省委追认尧茂书为共产党员，民政部批准其为革命烈士，共青团四川省委授予其"四川省优秀青年"称号。

尧茂书是家中最小的孩子，上面有三个哥哥和四个姐姐。姐姐尧显峰记得，夏日的夜晚，她常和幺弟尧茂书围坐在父亲身边，听《西游记》的故事。"书弟不明白为什么西天那么苦，唐僧还要去取经。父亲就说，一个人要做事就不能怕苦。这种教育方式，对书弟的影响非常大。"家在岷江边上，尧茂书从小就和哥哥们在江中玩耍。初中时他参加了乐山3000人渡江比赛，名列第28。爱探险的他，最喜欢读的书是《鲁滨孙漂流记》和《格兰特船长的儿女》。尧茂书有极强的好奇心，他从旧货商店买来电子元器件，组装收音机和黑白电视机，还动手制作了天文望远镜。

1972年，尧茂书被分配到西南交通大学，做起了专职摄影员负责在电教室内制作幻灯片和电教片配合教学。他喜欢到大自然中采风，不少摄影作品在报刊上发表，成为国家摄影协会会员，作品还登上了《中国摄影》的封面。那幅表现九寨沟风景的《解冻》，被定为国际影展作品。进入西南交通大学电教室后，尧茂书被学校送去峨眉电影制片厂进修，学习电影摄影。在拟定"长漂"计划的时候，他就打算漂流归来后拍一部电影，他甚至给电影取好了名字，叫作《龙的传人号》。

"长漂热"唤醒沉睡的思想　激发理想主义

"没有尧茂书，就不会有长漂热。没有尧茂书，漂流在中国的发展可能要推后很多年。"冯春是尧茂书去世后1986年"长漂"的主力队员，如今是一名职业漂流探险家。他说，尧茂书的故事，改变了很多人一生的命运。《四川日报》资深记者戴善奎是最早报道尧茂书事迹的记者之一。他写的《长歌祭壮士》长报道引起巨大反响。从北京到青海，从军人到医生，全国各地的人写信或找到报社，要求续漂长江，甚至还有人寄来了汇款单。"那是改革初期，中国社会正处在前所未有的变革中。尧茂书的行为，如同思想启蒙，唤醒了人们沉睡的思想，激发了人们的理想主义。"

六年准备　立志长江源头飘起五星红旗

1979年，西南交通大学电教室的摄影员尧茂书就有了"长漂"的想法。20世纪70年代，漂流在许多发达国家已专业化，但对中国人来说还是陌生事物。长江边上长大的尧茂书受到启发：中国人为什么不能漂长江呢？不久，尧茂书到北京，向国家体委（国家体育总局前身）提出建议进行长江首漂。长江长6000余公里，落差5400米，是世界第三长河，也是所有长河中落差最大的。因为深悉其中的危险，体委没有明确回复，但尧茂书没有放弃。回到学校后，他开始了准备工作。先是收集了大量有关长江水文和地质地貌的资料，然后去实地考察、试漂。一放假他就出去训练，几年下来，在大渡河、金沙江漂了有上千里。系列片《话说长江》在中央电视台播出后，创造了收视奇迹，掀起了国人对长江的巨大热情。尧茂书在感动之余，觉得有些遗憾：片中源头部分只有航拍镜头。作为铁道出版社的特约记者，尧茂书想用自己的镜头填补这个空白。1984年底，尧茂书起草了一份报告，计划次年8月进行长江漂流考察。"如果漂流探险成功，将出一部影片、一本摄影集和一本探险文字记录。"去北京提交报告时，他得知，长江首漂权已转让给美国探险家肯·沃伦，对方的出征时间和他一样。"姐姐，我打算提前到5月开始漂流。"尧显峰记得，弟弟告诉她这个决定时，声音激动。"长江的发源地和入海口都在我们华夏大地上，我认为，在各拉丹冬冰川上首先插上的应该是五星红旗，而不是星条旗。"尧显峰知道，一切劝阻都是苍白的。她用绒线织了防寒帽和绑腿，并按弟弟的要求，在帽子上用中英文绣了"中国长江"的字样。西南交通大学支持尧茂书的计划，但经费需他自筹。在重庆定做两艘橡皮船，3000元；在上海购买新型救生衣，950元；还有器材、交通……和肯·沃伦的上百万美元预算比，这不算多，但对于月收入70多元的尧茂书来说，数目惊人。最后，乐山科艺影像公司借他7000元及一套玛米亚相机和美能达相机，峨眉电影厂提供了一台16毫米的电影摄像机。经费解决了，本来要参与"长漂"的两个同伴却改变了主意。尧茂书只得前往成都，希望当医生的三哥尧茂江请假一个月，送他一程。"为了首漂长江，就算他不是我弟弟，我也会支持的。"尧茂江说。临行前，尧茂书向老父告别。跪在瘫痪的老人床前，他泪流满面。

克服险阻　"龙的传人号"激荡长江水

5月29日，尧茂书和三哥乘火车离开成都。抵达青海格尔木后，转车到雁石坪。当地领导找来了马和牦牛，在向导的陪同下，他们翻小唐古拉山，越岗陇强巴高山草甸，在无人区行走多日后，终于到达长江之源——各拉丹冬雪峰西南侧的姜古迪如冰川。"各拉丹冬，你的儿子来了……"尧茂江说，走到姜古迪如冰川跟前的弟弟兴奋得大叫了起来，打了几个滚，仰面躺在雪地上，热泪盈眶。登上峰顶后，尧茂书把西南交通大学的校旗插在冰峰上，挥舞着五星红旗，让三哥给他拍照留念。沱沱河被认为是长江的正源。6月20日，沱沱河上游纳钦曲，尧茂书和三哥乘着"龙的传人号"橡皮船，开始了漂流之旅。强烈的紫外线加上严重缺乏维生素，两个人的脸和嘴唇都溃烂脱皮。4天后，他们到达了沱沱河沿。此时尧茂江假期已满，尧茂书托他把在源头拍摄的影像资料带回成都。三哥刚走，大哥尧茂森又赶到沱沱河沿，送来胶卷和食物。"看到书弟的脸变成了紫黑色的，嘴和鼻子都烂了，我心里很难受。"尧茂森说，弟弟和他商量了下一步的漂流方案，稍作休整后，便独自驶向通天河。通天河横贯青海玉树藏族自治州，全长800余公里。《西游记》里，用"千层凶浪滚"形容它。从5月底出发起，尧茂书坚持每天记漂流日记。在他的日记里，这段路程的坎坷最多。通天河水情复杂。"越过浪峰，又陷入浪谷。"（7月7日漂流日记）"山岭连绵，湾连湾，水势汹涌，船几次进水。"（7月13日漂流日记）由于两岸多山，野兽经常出没其间。尧茂书曾见到狼群渡河，遇到棕熊到他船上觅食。危险不止于此，他在日记中记载了几段遭遇：在一户人家歇脚时，男主人是逃狱犯人，企图杀他谋财，幸亏女主人提醒，他才得以逃脱；在一渡口附近，他险些被一冷枪子弹射中。漂流日记里，记下的不仅是磨难，还有帮助。热情的藏民为他烧开水，江边的淘金人请他吃面皮汤，善良的喇嘛为他念消灾经，县政府的人为他找车，西南交通大学的同事为他送来防兽的猎枪。此时，随着中央人民广播电台、国际广播电台、《四川日报》等媒体的介绍，越来越多的人开始关注尧茂书。尧茂书抵达川、青、藏交界处的直门达时，一位旅日华人专门发去电文，向他致敬。

壮志未酬　漂流勇士梦断金沙江

7月23日，告别了直门达水文站的工作人员和前来送行的藏族同胞，尧茂书驶向金沙江。金沙江，主要穿行于川、藏、滇交界的深山峡谷间，比通天河水流更急，尤其是其中的虎跳峡，峡谷垂直落差3000多米，是世界上最深的峡谷之一。尧茂书曾在金沙江试漂，他把这段航程视为此次漂流成败的关键航段。当天的日记里，他记道："两岸二十至三十公尺内阶地，都是大型岩石，故江中浪花激发，水流湍急，江面宽约四十至六十公尺。"这是他最后的文字。24日下午2点40分，金沙江通珈峡附近，村民们在江面暗礁上发现一艘倒扣的橡皮船，上面写着"龙的传人号"。装有证件、日记、相机的背包还在，但背包的主人已经消失在江水中。在漂流了1270多公里后，尧茂书的漂流之旅画上了悲壮的句号。尧茂书遇难的消息公布后，在社会上掀起了不小的波澜。有人称他是"国魂"，是"80年代青年人的骄傲"；有的人则认为他是在出风头，是媒体把他"吹捧"得过于闪光。"首漂"是否有意义，为此献身值不值得，也成为争论的焦点。《成都晚报》1985年8月至9月还开辟了专版，对此进行讨论，最后得出的结论是"首漂长江，为国争光，虽死犹荣，长漂捐躯值得"。姐姐尧显峰始终觉得，弟弟"敢为天下先"的精神，是值得钦佩的。尧茂书大胆地迈出了一步，他想为国家做一些事情，面对生与死的考验，做出了完全的奉献。尧茂书的遗作摄影展让人们见到了长江源头的自然风光和风土人情。遗憾的是，他在源头拍摄的18盒彩色电影胶片，在托人送往北京冲印的路上被盗，至今下落不明。1986年，在尧茂书精神的感召下，由中国人自己组建的中国长江科学考察漂流探险队和洛阳长江漂流队完成了"首漂"。这一年，尧茂书被民政部批准为革命烈士，在著名的乐山大佛对面，竖起了他的雕塑，尧茂书不应该被人遗忘。

资料来源：《尧茂书：第一位漂流长江的英雄》，西南交通大学微信公众号，2015年5月29日，https://mp.weixin.qq.com/s/x33UifSFYJMYn9tQa2b0Nw。

案例分析

长江漂流勇士尧茂书，1985年7月24日于金沙江段触礁遇难，是漂流长江第一人。他虽身高1.62米，还缺少右手中指，却立志要用摄影机向全世界展示长江的雄伟瑰丽。为实现理想，他常年坚持锻炼体能，并整理出从长江源头地区到渡口市（今为攀枝花）的地理详图，为漂流长江打下基础。

1985年6月，当得知美国著名急流探险家肯·沃伦要来漂长江时，他决定提前实施长江漂流计划，抢先打破"长江自古无人漂"的空白。1985年6月20日出发，却在7月24日不幸于青海、西藏和四川三省交界地区玉树县巴塘乡相古村遇难。

尧茂书的牺牲，掀起一股人漂流长江的热潮，由中国青年组成的探险队继承了他的事业，与美国人在长江上展开竞争，最终完成长江漂流。当年，尧茂书入选全国青年十杰。1989年9月12日，勇士碑——首漂长江烈士尧茂书纪念碑在肖公嘴建成，以纪念英雄"为国争先"的精神，后移至长江市场。

尧茂书的行动揭开了长江漂流的第一页，并掀起了一股漂流长江的热潮，也唤醒了当代中国民间环境意识。

尧茂书的事迹被媒体报道以后，立即在四川燃烧起了许多青年人内心深处的一种莫可名状的激情，这样的激情后来又燃烧到了全国其他地区。他的壮举向世界宣告：中国人并不缺乏征服大自然的勇气和力量，中国人完全具备为实现宏伟理想而勇于探索、勇于开拓、不怕艰难、不怕牺牲的勇气！

透过尧茂书的事迹，我们可以看到坚持理想、不畏艰难险阻的决心和高尚的爱国主义情怀。他为了实现中国人首次漂流长江的理想，最终付出了自己宝贵的生命，同时也激发了后来许许多多青年人的勇气与决心，他是我国漂流事业的先驱，是青年人追求远大理想的例证。

教学设计建议

1. 案例呈现：本案例可用于第三节第二目"坚持个人理想与社会理想的有机结合"以及第三目"为实现中国梦注入青春能量"的教学。展示尧茂书的事迹，结合新闻媒体的报道展示他在那个年代为中国青年人带来的精神震撼，展现他为理想信念不断前进的精神。

2. 案例分析与讨论：学生分组讨论对尧茂书案例的理解，教师引导学生分析为什么尧茂书要立志做"长江第一漂"，同时分析尧茂书的事迹对整个社会的精神价值。组织学生针对以上问题展开讨论，引发深入思考。

3. 引导问题：

①尧茂书的事迹在你看来是否有意义，其意义和价值体现在哪些方面？

②你认为青年人应当如何实现个人理想与社会理想的有机结合？

③为实现中国梦注入青春能量，我们能做些什么？

总结提升建议

1. 深入思考以下问题：尧茂书只身漂流长江，不幸遇难牺牲。尧茂书的壮举引起社会强烈反响，但也存在不解、质疑与争议。尧茂书单人漂流是鲁莽草率还是勇敢？尧茂书与美国人争长江首漂，是狭隘的民族主义还是爱国？尧茂书抛下年老的父母以及妻子，甘愿以身涉险值得吗？

2. 分析以下内容：尧茂书这次漂流长江准备完成三项任务：一是漂完长江全程，打破植村直己的世界漂流探险纪录；二是出一本画册；三是写一本考察长江见闻的书籍。足见尧茂书并不仅仅是想与美国人争先，更是想让世人更完整地了解长江的伟大。

众所周知，长江源头地区海拔高、缺氧，即便身强体壮的年轻人空手走在那里，都有可能气喘吁吁，而尧茂书却为拍摄长江沿岸的山川风貌、文化古迹，仅摄影机、照相机就带了5架之多。

1986年6月，肯·沃伦率领装备精良的中美联合漂流队，准备正式漂流长江。消息传出，中国人群情激昂，纷纷表示难道龙的传人只有尧茂书吗？10余支装备简陋，基本没有任何漂流经验的中国队伍，欲与肯·沃伦一争高下。最终两支中国队伍坚持下来，一支是民间自发组成的洛阳漂流队，另一支则是四川省政府支持的中国长江科学考察漂流队。两支中国民间漂流队与中美联合漂流队在长江抗争，最后中国队以牺牲10条生命的代价，于11月12日到达上海吴淞口。而中美联合漂流队却因内讧，只得中途放弃，肯·沃伦黯然返回美国。

当时中国改革开放方兴未艾，各行各业都大干快上、奋力前行。长江生死漂流、洛杉矶奥运会首金以及女排三连冠，成为鼓舞中国人团结起来，振兴中华的榜样与动力。时隔三十多年，虽然很少有人再提起尧茂书等人的长江生死漂流，但尧茂书作为那个年代的激情符号，仍然值得我们铭记，因为任何时代都需要英雄精神的鼓舞。至于尧茂书用生命换取长江首漂荣誉是否值得，相信每个人都会有自己的答案。

围绕问题使学生准确理解理想信念的含义，同时在问题中进一步思考在实现理想与追求的过程中可能付出的代价。同时进一步思考代价与实现理想、实现个人价值和实现社会价值之间的平衡问题。

3. 思辨性问题旨在引导学生思考理想信念以及在实现过程中的意义，促使他们通过深入思考来理解、评价并提出解决方案，这有助于培养学生的批判性思维和道德判断力。

案例2 詹天佑情系铁路学堂

案例呈现

詹天佑被周恩来总理誉为"中国人的光荣"。1872年7月，年仅11岁的詹天佑到香港报考清廷官派首批赴美留学幼童班，赴美国留学。先后就读于威士哈芬小学、纽哈芬希尔豪斯中学和耶鲁大学土木工程系铁路工程专业。1881年获学士学位后回国。1888年，27岁的詹天佑出任中国铁路公司帮工程师，在英籍工程师金达率领下，参与修筑津沽铁路，这是詹天佑献身铁路事业的开始。在詹天佑30年铁路建设生涯中，中国的铁路建设几乎没有一条不与他有关。尤其是他主持设计、修建的京张铁路以工程艰巨著称于世，由于在铁路工程方面的杰出贡献，他得到国际同行的赞许。他曾被选为英国土木工程师学会（1894年）和美国工程师学会（1909年）会员。1909年，清政府授予他工科进士第一名。1913年，他被公举为中华工程师会

（1915年7月改为中华工程师学会）首任会长。1916年，詹天佑又分别接受母校授予的荣誉硕士和香港大学授予的荣誉法学博士学位。他被誉为"中国铁路之父"。

1919年2月，詹天佑赴海参崴，出任协约国"联合兼管远东铁路委员会"技术部中国代表。4月15日，因病离任。4月24日，名震中外的杰出铁路工程师、近代留学生与科技界的先驱、近代伟大的爱国主义者詹天佑在汉口逝世，终年58岁。他的逝世举国震惊，中外同悲。他生前工作过的地方都举行了隆重的公祭仪式。中华民国交通部为他在青龙桥建造铜像，在铜像旁另立碑亭，由大总统徐世昌亲自写成碑文。中华人民共和国成立后，詹天佑继续受到中国人民的怀念和崇敬。1961年，北京科技界举行纪念詹天佑一百周年诞辰大会。1982年，铁道部、北京铁路局与中国铁道学会依照詹氏后人意愿，将詹天佑墓由北京西郊海淀迁至青龙桥车站，依照中国传统的前堂后墓的形式重建，后又在八达岭修建了詹天佑纪念馆。

詹天佑魂系中国铁路，情系山海关北洋铁路官学堂。

小凌河实习，初识中国铁路之父

山海关北洋铁路官学堂成立之初，就与中国铁路之父詹天佑有了密切的联系，这种联系成为西南交通大学校史中的光荣篇章。

作为杰出的爱国主义者，詹天佑热爱祖国，把他的一生都献给了中国铁路建设事业，他不满外籍工程师把持中国铁路科学技术。他说："现在全中国都要求修筑铁路，而我们的主张中国之事应办自国人，故非常需要中国工程师。"詹天佑从投身中国新兴铁路事业之日起，不仅关注修路，同时也注意育人，培养中国工程师。正是这条爱国主义的纽带把詹天佑与我校紧密联系起来。

我校学子初识中国铁路之父是在1900年。老校友邱鼎汾有过这样深情的回忆："我是1899年山海关铁路学堂学生。1900年夏，由总教习英国人葛尔飞（D. P. Griffith）带领1898级和1899级两班学生，由山海关乘车出发，参观山海关外新筑线路大小凌河工程。当时，詹公任锦州附近小凌河主任工程师。他在工地接见我们，并指讲东岸桥台拦水坝工程，是用以防洪水直接冲击桥台。我辈青年学子很侥幸地一睹詹公风采，他没有一点洋化习气。1900年以前，詹公是山海关内外铁路局一位副级普通工程师，还受西籍二级工程师节制，所受待遇不相同。虽是同级工程师，西人薪给倍之。且詹公子女多，总感不敷，穷字印象很深。最感薪级待遇之中外不平等。""詹公做事不怕劳苦，为人谦和简朴，没有官僚习气，一望而知诚实厚道，十足广式派老先生，对外不爱发言，也无应酬门面语言。"

延聘毕业生参加京张铁路建设

1905—1909年修筑的京张铁路是以詹天佑为首的中国技术人员与中国工人，完全用自己的技术与力量，用中国自筹的款项，独立自主建成的第一条铁路干线。为了解决建路所需的工程技术人员的问题，他千方百计地把散居在中国各地的铁路学校毕业生与工程技术人员延聘至京张铁路。而山海关北洋铁路官学堂的毕业生是詹天佑关注的重点对象。

在詹天佑初测京张线时，他率领的勘测队里就有我校毕业生徐士远、张鸿诰两人，是他的主要助手。到京张铁路正式开工之前，他又通过各种途径延聘了我校10多名毕业生和肄业生在他手下工作，詹天佑高兴地说："在开工时，我已有足够多的工程师进行我们的工作。"

詹天佑在4年左右的京张铁路施工建设中，既修成了京张铁路，又使工地成了育人的大课堂，使一些出校门不久的学生成为有作为的优秀工程技术人才，在以后各条铁路的修建上能独当一面，成为重要的技术骨干力量。在詹天佑的培养下，山海关北洋铁路官学堂毕业生张鸿诰、徐士远、苏以昭、耿瑞芝等就是其中的佼佼者，后来成为有成就的铁路专家。徐士远先后任江苏铁路公司的领袖工程师，洛潼铁路总工程师。1909年末，清朝邮传部上奏朝廷，给予奖升的帮工程师五人中有四人是山海关铁路学堂的毕业生：张鸿诰、苏以昭、张俊波、刘琦。1909年12月，詹天佑主持修建的川汉铁路宜昌至万县段开工，共划分为10个工段，其中有6个工段的主管工程师是山海关北洋铁路官学堂的第一届学生，他们是张鸿诰、耿瑞芝、苏以昭、王国勋、周良钦、周琳等。后来詹天佑在督办粤汉铁路时，在勘测设计以及施工中也有许多山海关北洋铁路官学堂的学生参加，除上述参加川汉铁路修建者外，还有张孝基、邱鼎汾等人。

詹天佑与唐山交大校友会和眷诚斋

1919年2月9日，我校北京校友会集会时，议定校友会简章，选举校友会理事、干事。校友会简章规定：除在我校肄业或毕业的同学，过去或现任的教职员均为校友会会员外，凡在工业界夙有声望或热心赞助母校者，可选为本会名誉会员。

詹天佑虽然不是我校的毕业生，但对我校十分关心。出于他在铁路界的名望，北京校友们推举他担任我校北京校友会理事。北京校友会理事为章宗元、詹天佑、关赓麟、华南圭、赵世瑄、唐在贤，总干事为陆自靖。

中国科学技术发展基金会设立了詹天佑铁道科技发展基金和詹天佑铁道科学技术奖，共设4个奖项：大奖、成就奖、人才奖、青年奖。自1993年开始，每两年评奖1次，截至2011年共评奖6次，西南交通大学获得大奖的有：曹建猷、沈志云；获得成就奖的有：沈志云、任朗、钱清泉、张卫华、郝瀛、关宝树、王夏秋、陈小川、翟婉明、赵永翔、彭其渊、高仕斌、姚令侃。自1997年起，西南交通大学开始评选本校的詹天佑专项奖，奖项有科技奖、教学成果奖、青年科技奖、管理奖、研究生奖，每年评选12人。

　　凡是在唐山、平越和成都九里校区学习过的交大学子，都知道学生宿舍有以眷诚斋或天佑斋命名的。这首先是为了纪念我国杰出的铁路先驱詹天佑；其次，1931年，在唐山校园新建的第一座学生宿舍大楼被命名为眷诚斋（詹天佑号"眷诚"），这是因为得到了詹公亲属的资助。

　　1934年毕业的校友李温平在《忆念杜镇远》一书中提道："詹公并非唐山交大出身，却在民国初年捐资10万，在交大建眷诚斋楼一座，供后继青年使用。"1900年第一届毕业校友邱鼎汾的书面材料中提到"詹天佑捐资修建眷诚斋"。1933年毕业校友李汉生前接受笔者访问时谈道："眷诚斋系詹公家属捐款修建，建成后我们班级是第一班住进去的。"

　　如今在我校的峨眉校区与九里校区都竖立有詹天佑的塑像，九里校区体育馆被命名为詹天佑体育馆（江泽民题字），詹公的卓越成就，詹公的爱国精神，詹公的道德风范，永远激励鼓舞着西南交通大学师生自强不息，开拓创新，勇攀高峰，再创辉煌。詹天佑的思想和精神已经成为西南交通大学精神的重要内容，他的生命之光照耀着西南交通大学不断前进。

　　资料来源：李万青主编，《竢实扬华　自强不息——从山海关北洋铁路官学堂到西南交通大学》（上），成都：西南交通大学出版社，2007年，第37-44页；《中国杰出的爱国工程师——詹天佑》，西南交通大学立德树人教育发展中心"立德树人网"，2019年8月28日，https://ldsrw.swjtu.edu.cn/info/1115/1739.htm。

案例分析

　　詹天佑是我国卓越的科学家，他从小立志献身中国铁路事业并始终践行。詹天佑为维护民族工业主权，在帝国主义列强面前不畏强暴，威武不屈，提出的口号"各出所学、各尽所知，使国家不受外侮，以自立于地球之上"，既是对青年工学家的号召，也是那一代饱受列强欺凌的中国有识之士的共同心声。他代表了中华儿女百折不挠、永不屈服的高尚民族气节，永为后世楷模。

　　他首订全国统一而又严格、科学的铁路技术标准与铁路法规，倡议成立中华工程师会，许多曾受到詹天佑教导、帮助与影响的会员后来成为中国工程技术界卓有建树的专家与骨干人才。他对中国本土工程技术人员的培养，不仅弥补了当时中国各工程专门学校培养人才在数量和质量上的不足，而且还为中国传统教育改革与近代教育的建立健全开辟了道路，提供了经验。詹天佑被尊为"中国铁路之父"，而西南交通大学则是承继昔日"交通大学"的五所交大中以铁路为鲜明特色及根本的高校；继詹天佑先生报国之遗志，扬詹天佑先生自强之威风，西南交通大学当责无旁贷。

詹天佑与我校的渊源颇深，他曾担任我校北京校友会理事，我校校舍也曾得到其捐赠。更重要的是，我校许多杰出校友也曾受其指导，在他的影响下立志投身国家铁路事业，从此走上了铁路救国的道路。

一代又一代的铁路工程师将永远铭记前辈艰苦创业，立志科学救国、强国，自强不息，敢为天下先的精神，继承他们锲而不舍、勇于奋斗的民族精神与科学精神高度融合的品质。他那投身实业、立志铁路救国的远大理想以及自力更生、艰苦奋斗、勇于创新的爱国主义精神，将永远激励交大学子为建设繁荣富强的现代化祖国而努力。

詹天佑的事迹以及他与我校的各种联系为我们所铭记，特别是他以其卓越的科学家身份，通过他的学习经历、实际工作、立志科学救国的思想影响了一代代交大人。他是我们树立远大理想，投身国家发展事业的杰出楷模和榜样。

教学设计建议

1. 案例引入与概述：本案例可用于第一节第三目"理想信念是精神之钙"以及第三节第二目"坚持个人理想与社会理想的有机结合"的教学。开篇通过介绍詹天佑的事迹及其与我校之间的小故事，激发学生对案例的兴趣。同时引入主题，通过詹天佑立志投身国家铁路事业和与我校校友之间的故事，概括陈述理想信念的重要性以及如何坚持将个人理想与国家和社会理想有机结合。突出理想信念对于精神境界提升的重要作用。旨在引导学生深入思考、深刻理解理想信念对于青年精神的塑造作用，激发学生投身国家建设发展事业的决心和动力。

2. 引导问题：

①通过詹天佑的事迹，你发现他对我国铁路事业的贡献有哪些？

②你认为詹天佑对我校的精神有哪些影响？

③通过了解詹天佑的事迹，你认为他能取得这些成就的原因有哪些？

④詹天佑是如何将个人理想与社会理想相结合的？

3. 展开小组讨论与分享：分享对其中关于理想信念等问题的个人理解和感悟，激发学生深入思考理想信念的具体应用，增强授课内容的感染力和说服力。让学生了解詹天佑的科学成就，突出案例人物的真实性，激发兴趣。融入我校校史的真实、熟悉场景，使学生能够结合我校历史与精神脉络进行进一步思考。引入理想信念问题，通过讨论更加增强理想信念作用的说服力。习近平总书记讲道："历史和现实都告诉我们，青年一代有理想、有担当，国家就有前途，民族就有希望，实现我们的发展目标就有源源不断的强大力量。"通过案例思考引入这一问题，使学生能够更加深入地理解习近平总书记重要讲话的深刻含义。

4. **角色扮演与案例演绎**：学生将分成小组，模拟詹天佑在不同历史情境下的表现，通过角色扮演还原他在学习、教学、创办实业、影响我校师生等方面的事迹。这一活动旨在帮助学生更加深刻地理解讨论的问题，增进对这些价值观的实践性认知。

总结提升建议

1. **反思与自我认知**：学生应深入思考詹天佑案例中个人理想与社会理想的关系。教师要引导学生自觉投身中华民族伟大复兴的中国梦，树立立志建设祖国各项事业的高远目标，思考人生的价值和意义。

2. **培养个人责任感**：鼓励学生思考未来从事职业和工作的规划，激发主观思考和个人社会责任感，树立自觉投身祖国各项建设事业的目标和决心。

3. **强化个人理想实际应用**：建议学生通过参与志愿活动、社会实践等方式，将个人理想或短期小目标付诸实践行动。倡导学生在各自的专业领域不断攀登，推动国家与社会的各项发展与进步。

4. **促进同学间的合作与分享**：鼓励学生分享制定个人理想的详细规划。通过课程实践活动，培养学生的学校荣誉感以及树立远大理想的自觉性。

5. **长期性评估与调整**：学校应建立长期性评估机制，通过对学生的综合表现、社会反馈等多方面考量，调整和改进理想信念教学与实践方案。这有助于监督学生在整个学习过程中持续深化对理想信念的理解，使其深深扎根于学生内心，化为成长的源动力，贯穿个人发展的始终。

案例3　胸怀坚定信念献身革命事业的校友

 案例呈现

马增玉、冯亮功、武胡景、李特、刘文华

西南交通大学校友积极参加中国共产党领导的新民主主义革命，涌现了马增玉、冯亮功、武胡景、李特、刘文华等一批为救国救民而抛头颅、洒热血的革命烈士。

我校第一位革命烈士——马增玉

马增玉（1906—1927），字谨庵，号佩之，河北孟岭村人（当时属河北平山县）。1926年，马增玉考入交通部唐山大学，因不满奉系军阀的反动统治，入学后不久，经邢予洪介绍到天津进行党的活动。随后，马增玉被当地中共党组织安排在国民党天津市党部从事国民运动，由于他积极负责，有能力，有见解，中共天津地委分配他在国民党天津市党部任组织部部长。由于叛徒告密，国民党天津市党部的地址暴露。天津市英租界当局为了报复在北伐战争时中国人民收回汉口、九江英租界一事，逮捕了马增玉等15人，后很快引渡给当时奉系军阀统治下的天津警察厅。马增玉在狱中坚贞不屈，表现了共产党人的英雄气概。1927年4月18日，马增玉被奉系军阀杀害，年仅21岁。与马增玉同时被捕的其他14人亦同时牺牲。

马增玉是河北平山县历史上第一位为革命献身的共产党员，也是我校历史上的第一位革命烈士。

红军英烈——冯亮功

冯亮功，湖北省麻城县人。红军烈士。1923年在交通部唐山大学上大学时加入中国共产党，任支部书记。1927年后转战江西，第五次反"围剿"中牺牲于宁都。

1922年，毛泽东、刘少奇、李立三发动了安源煤矿工人大罢工。在北方，则由邓中夏、邓培、罗章龙等发动了唐山开滦煤矿工人大罢工，唐山交大党支部就是这场运动的一个重要据点。1924年，冯亮功留校负责支部工作。1927年白色恐怖中北方党被破坏，大批党员被杀。冯亮功利用毕业分配到南京交通部任职之机，秘密安插五名党员到交通部，恢复了党的组织。1927年10月，冯亮功在西安最后拜过岳父李问渠（中国同盟会会员、著名书画家、收藏家），告别了年轻的妻子李安祥和不满周岁的儿子冯雨苏，毅然南下上海。途经北京大北照相馆时，留下了最后一张影像。

1928年春，冯亮功与表兄陈氏一起，来到南京的姑姑李佩若家，只停留片刻，便匆匆告别。这也是他最后一次与亲属见面。按照党的纪律，也为了不给家族带来危险，他从此化名并与家族切断一切联系，遵照党的派遣，赴江西到中国工农红军中任职，投入武装斗争，第五次反"围剿"中牺牲于宁都。

永远的丰碑——武胡景

武胡景，原名武怀让，1921年，考入唐山工业专门学校（今西南交通大学）预科。1922年，考入唐山交大本科（现西南交通大学）。学生时代，他就积极接受进步思想，多次参加反帝反封建的学生运动。

1923年，武怀让加入中国社会主义青年团，不久成为中共党员，1924年任唐山社会主义青年团地委书记。从此，他披肝沥胆、出生入死地为党工作。他是中国共产党首批党员之一，曾任上海中央执行局军委书记、上海临时中央军事部长、共产国际监察委员等要职。

1934年12月1日，联共（布）中央政治局委员、中央书记、列宁格勒（现为圣彼得堡）州委书记基洛夫被暗杀，引发了苏联全国性的大规模的肃反运动。1936年，在苏联肃反期间，因反对王明、康生的错误，武胡景受到诬陷受迫害牺牲，时年37岁。

1953年，苏共中央为武怀让平反。中共中央认为武怀让是"好党员、好干部"。1957年，经毛泽东主席签发，中央人民政府追认武怀让同志为革命烈士。1957年，由毛泽东主席为武胡景同志家属签发光荣纪念证。

红军大学教育长——李特

1921年，李特考入唐山工业专门学校预科班。他积极投入声援唐山铁路大罢工的斗争。1924年，中共党组织选派李特到苏联学习。李特个头不高，在苏联，同学们爱用英语戏称"Little"，从此，他就改名"李特"。

1924年起，他先后在莫斯科东方共产主义劳动大学、基辅军官学校、列宁格勒军政学院学习，兼任翻译。1925年，李特加入中国共产党，并担任在莫斯科的中共旅冀（河北在留苏人员）支部负责人。

1930年秋，李特奉命回国。次年被分配到鄂豫皖苏区工作，先后担任彭（湃）杨（殷）学校教育主任、教育长，红二十五军副军长，随营学校、红军学校教育长。其间，李特为训练部队、培养军事人才做出不懈努力。土地革命战争时期，李特为鄂豫皖、川陕革命根据地的创建和发展，为红四方面军的发展壮大，做出了重要贡献。红军长征时，他任红四方面军副参谋长、红军大学教育长，随右路军行动。1936年11月，李特担任西路军军政委员会常委、西路军参谋长；西路军失败后，与李先念等一起指挥西路军余部转入祁连山打游击。后在中央代表的接应下，进入新疆。

1937年11月，李先念等人从新疆返回延安不久，李特被王明诬指为托派分子，于1938年初在新疆迪化（今乌鲁木齐）惨遭杀害。

李特遇害58年后，1996年6月5日，中共中国人民解放军总政治部委员会、中国人民解放军总政治部下发文件，为其平反昭雪，追认为"革命烈士"。

八路军总司令秘书——刘文华

刘文华于1929年考入国立交通大学唐山土木工程学院。在校期间，除完成所学专业学业外，还自修了法语，阅读了大量的进步书籍，受到进步思想的影响，积极参加学校组织的爱国运动。1932年以优异的成绩考取了德国柏林大学水利工程系。1936年在德国加入中国共产党。

刘文华1937年大学毕业时，正值中国的抗日战争全面爆发，本计划继续在德国深造的他，怀着满腔的爱国热情立即回国，经武汉转赴延安学习3个月后，被分配到八路军前方总部任朱德总司令、彭德怀副总司令的机要秘书。1941年冬，前方总部派他到晋中建立情报站并任站长。情报站负责搜集太原、榆次、阳泉3个日寇据点的情报。当时生活条件的艰苦，加上工作的繁忙，终因积劳成疾，于1942年6月30日病逝，时年30岁。

资料来源：《致敬交大先烈》，西南交通大学新闻网，2020年12月17日，https://news.swjtu.edu.cn/info/1011/3634.htm。

案例分析

在西南交通大学办学历史上，一代代交大人不忘初心，奋勇前进，涌现了一批为国家和民族独立、国家繁荣富强抛头颅、洒热血的革命烈士，马增玉、冯亮功、武胡景、李特、刘文华就是其中优秀的代表。

1921年7月中国共产党成立。在中国共产党领导下，中国人民反帝反封建的革命运动蓬勃发展起来了，唐山交大的广大师生中也行动起来。在1922年11月到1923年1月的唐山开滦工人罢工运动中，唐山交大许多学生参加。蔡和森同志曾在1922年11月15日第十期《向导》周报《唐山学生援助罢工之模范》一文中指出："据今日消息，唐山路矿大学学生二百名，为援助罢工于十三日在街市巡游，募集罢工基金。这样的消息不但在劳动运动史上更为重要，在民族运动史上尤为重要。而且是中国知识阶级到了真正觉悟的路上之证明。全国压在国际帝国主义之下的知识阶级和学生们都要学唐山路矿大学学生的模范呵！"由此可见，唐山交大除了有着严谨治学的优良传统，还有着反帝反封建的优良革命传统。

2021年4月19日，习近平总书记在清华大学考察时指出：当代中国青年是与新时代同向同行、共同前进的一代，生逢盛世，肩负重任。广大青年要爱国爱民，从党史学习中激发信仰、获得启发、汲取力量，不断坚定"四个自信"，不断增强做中国人的志气、骨气、底气，树立为祖国为人民永久奋斗、赤诚奉献的坚定理想。要锤炼品德，自觉树立和践行社会主义核心价值观，自觉用中华优秀传统文化、革命文化、社会主义先进文化培根铸魂、启智润心，加强道德修养，明辨是非曲直，增强自我定力，矢志追求更有高度、更有境界、更有品位的人生。要勇于创新，深刻理解把握时代潮流和国家需要，敢为人先、敢于突破，以聪明才智贡献国家，以开拓进取服务社会。要实学实干，脚踏实地、埋头苦干、孜孜不倦、如饥似渴，在攀登知识高峰中追求卓越，在肩负时代重任时行胜于言，在真刀真枪的实干中成就一番事业。我们的青年，应该是心中装有人民、立志服务人民的好青年。

马增玉、冯亮功、武胡景、李特、刘文华等杰出校友在他们的青年时代就开始对中国革命前途和中国社会命运的关切，通过深深思索最终选择了马克思主义、共产主义信仰，在大浪淘沙的革命岁月中始终如一地坚守革命理想和信念，勇敢投身革命，积极传播真理，为了创建一个更加美好光明的中国不懈努力，不惜抛头颅、洒热血，献出自己年轻的生命。马增玉、冯亮功、武胡景、李特、刘文华，这些在百年党史中留下奋斗身影的青年，是一代代青年人的榜样，他们的革命精神穿越时间，激励我们一代又一代的年轻人为了祖国繁荣和人民幸福而努力奋斗。

教学设计建议

1. **案例呈现**：本案例可用于第二节"坚定信仰信念信心"的教学。首先通过展示校友案例，向学生讲述革命先烈马增玉、冯亮功、武胡景、李特、刘文华的事迹，引导学生分析这些革命先烈在青年时代从众多的思潮和主义中选择了马克思主义、共产主义的理想信念的原因。从中感悟青春信仰，启发大学生对理想信念在人生道路上的必要性和重要性的思考，从而导入本章内容的教学。

2. **案例分析与讨论**：本案例介绍了革命烈士马增玉、冯亮功、武胡景、李特、刘文华的事迹，教师要结合中国革命史、中共党史及校史等多媒体素材展示革命先烈们对马克思主义、共产主义理想信仰坚定不移的追求，革命先辈抛头颅、洒热血，探索救国之路的内在动力和精神力量，组织学生就"是什么支撑着这些革命先辈们鞠躬尽瘁，慷慨赴义"这一问题进行讨论。

3. **引导问题**：学史增信，就是要增强信仰、信念、信心，结合革命先烈用生命去追求共产主义远大理想的光辉事迹，帮助学生认识马克思主义信仰的科学性、崇高性和它经久不衰的旺盛生命力，教育引导青年大学生从中国共产党的百年奋斗中感悟信仰的力量，认识到马克思主义是中国共产党和中国人民不断奋进的力量源泉，认清马克思主义的理论自信，进而引导学生自觉确立对马克思主义、共产主义的信仰。

总结提升建议

理想信念对大学生成长成才具有重要意义。作为新时代的青年，作为中华民族的一分子，大学生不仅要提高专业知识水平，增强实践才干，更要树立报效祖国造福人民的崇高理想信念,用青春和激情谱写中华民族伟大复兴的新篇章!

习近平总书记在2021年4月25日至27日赴广西壮族自治区考察时,首站来到桂林市全州县的红军长征湘江战役纪念园,强调理想信念之火一经点燃就会产生巨大的精神力量。通过认真研讨我校革命先烈的成长历程和革命事迹,结合自身实际情况,谈谈为什么要坚定信仰信念信心。

案例4　著名的机车车辆专家和教育家孙竹生

 案例呈现

孙竹生,我国著名的机车车辆专家和教育家,长期从事铁路科学技术研究及人才培养工作,创建了我国的机车车辆学科,倡导并推动了我国铁路的牵引动力改革。近年来积极倡导在我国发展铁路重载运输及双层客车,并在铁路牵引理论、重载列车动力学的研究中取得重要成果,为我国铁路的现代化做出了突出贡献。孙竹生坚持理论联系实际,大力培养学术新人,对铁路教育事业的发展有深远的影响。

孙竹生1914年10月22日出生于浙江省绍兴县同康村,6岁时随母进城入县立第二小学读书,因母亲及曾祖母相继病故,13岁时由父亲孙越崎带往东北,于哈尔滨许寰澄纪念中学(许公中学)住校就读。1929年初中毕业后考入哈尔滨工业大学预科,1932年升入哈尔滨工业大学机械系。当时的教师皆为俄国人,学生亦多为俄国人。1930年日本强行接管中长铁路,赶走俄国人,哈工大由日本人接管,并组织在校的中国学生去日本参观一个月。通过参观,孙竹生对日本的工业发展有了了解,坚定了科技救国的思想,决心努力学习,以便将来收复东北,建设国家,回校后即开始做毕业设计并准备答辩。

1937年春孙竹生到俄国人办的律师事务所办理了哈工大的毕业证明,并到美国领事馆取得其签证的承认,然后克服重重困难设法进关到了北平,不久便发生"七七事变",抗日战争全面爆发,他在武昌机车车辆工厂实习一年,1938年秋随工厂迁往湖南彬县参与生产的恢复工作,随后又到衡阳机务段实习。1939年夏季,由衡阳路政司帮办杨毅安排去昆明川滇铁路机务室。孙竹生当了两年实习生,辗转数处,但也经受了实际的锻炼,先后在机车、金工、锻造、木模等车间实习,在蒸汽机车上做过看炉、洗炉、烧火及司机等实习工作,并参与了工程的拆迁、组装及生产恢复工作,丰富了他的实际知识,也使他感到了课本知识的不足。

1939年秋,鉴于孙竹生实习超期,由川滇铁路机务室总工程师程孝刚(我国著名的机车专家,中华人民共和国成立后曾任中国科学院学部委员,上海交通大学副校长)向重庆路政司打报告,将其转为工务员,在川滇铁路机务室,直接在程孝刚

领导下工作，帮助翻译英、俄文资料，代抄程孝刚的论著，并经常在程孝刚的领导下与其他同事一起研讨学术。在此期间孙竹生研读了程孝刚主编的考察日本修理机车的调查报告，受益殊深。由于资金紧张，叙昆铁路难以建设，程孝刚遂介绍孙竹生去西北公路局任职。临行前，程孝刚交代："因我的介绍，西北公路局可能任命你为帮工程司，你还年轻，最好婉言谢绝，仍当工务员，以便于学习。否则，你有什么问题，诚心下问时，人家还以为你有意考人家呢。"虽然到兰州后仍被委任为帮工程司，但程孝刚的谆谆教诲，使孙竹生悟出了做人的道理，终生未忘。因汽车专业与铁路相差甚远，四个月后，孙竹生回到重庆，到湘桂铁路工作了几个月。这时程孝刚已调任全国公路局总工程师，当时中国正在筹办滇缅铁路，可派中国留学生赴美实习。经程孝刚介绍，1941年11月，孙竹生赴美留学。与程孝刚的相识及在其手下的工作，对孙竹生的一生产生了重要的影响，程孝刚正直朴实的作风，为国为民的高尚情操，对晚辈的虚怀若谷、谆谆教诲、极尽提携，使年轻的孙竹生看到了表率，也成为他一生中严于律己，追求高尚人格的楷模。

孙竹生到美国后，由当时在洛杉矶加州工学院的钱学森代办了入普渡大学研究生院就读的手续和证件。他先到芝加哥通用车辆厂做了一年的设计和实习工作，后去普渡大学就读，一年半后取得硕士学位。又由当时宋子文的代表尹仲容介绍，去费城鲍尔温机车公司实习一年半，当时鲍尔温公司董事康佛司介绍孙竹生去纽约通用电气公司任职，但孙竹生急于学到机车车辆技术回国效力，予以回绝。他又去加拿大蒙特利尔机车公司工作了一段时间。这时，德国已经投降，孙竹生急于回国，除在美国考察以外，回国途中又考察了西欧铁路。经中国驻英购料委员会介绍，到英国、法国、比利时、瑞士四国考察学习。1946年5月，在英国搭轮船回国到上海。在国外的几年经历，使孙竹生接触了国外的先进技术，收集了大量资料，奠定了以后业务发展的基础。

孙竹生回国后，即去沈阳参加接管日本满洲机车株式会社，筹办沈阳机车车辆制造公司，并任该公司总工程师，因恢复生产有功，受到了公司的嘉奖。1948年，该公司委派孙竹生赴上海创办冷铸车轮厂，并任台湾机械公司顾问，孙竹生因而赴台。那时，其父孙越崎为资源委员会委员长兼经济部长，准备在香港起义，乃约孙竹生离台赴港。在港期间，除编辑出版铁路机车车辆工程名词外，决定接受当时唐山工学院院长唐振绪的聘任，并于1950年初到唐山交通大学任教授，1952年任机械系主任。

1956年，孙竹生与程孝刚一起，参加了全国十二年科学规划会议，一起在交通组织进行制定牵引动力发展规划的工作，共同建议国家大力发展大功率蒸汽机车并不断改进蒸汽机车，争取生产内燃机车、电力机车，内燃机车采用电传动及液力传动同时并举，研究开发煤粉燃气机车。1956年，孙竹生因改造蒸汽机有功，被评为全国铁路先进生产者，并出席了全国先进生产者代表大会。

1957年，孙竹生在反右派斗争中受到关于"教授治校"的批判，从此经历劫难，但他仍以国家需要为己任，在促进铁路科技发展及人才培养方面坚持不懈。

20世纪80年代以来，孙竹生一方面在西南交通大学积极组建科研队伍，建立了专职从事科研攻关的机车车辆研究所，一方面大力倡导发展铁路、重载运输及双层客车。他发表了大量文章，并四处奔走呼吁，深入现场调查研究。他还与学生孙翔一道，主持进行了重载列车动力学研究，为我国重载列车的开行奠定了理论基础。1990年5月，由孙竹生创建的研究班子作为一支主要力量，参加了大秦铁路万吨单元重载列车纵向动力学试验，取得了圆满成功。1989年8月，我国第一列双层旅客列车在上海—南京间投入运营。目前，大秦铁路的万吨列车，京沪、京广线的5000吨列车均已陆续开行，双层客车也得到了越来越多的应用，对我国铁路发展起了重大作用，产生了深远的影响。孙竹生的主张逐渐变成了现实。

近年来，孙竹生参加的"组合列车研究试验推广应用"项目获1988年国家科技进步二等奖，主持的"重载列车动力学研究"项目获1990年铁道部科技进步奖二等奖，作为主研人员的"双层旅客列车研制"项目获1991年国家科技进步奖一等奖，于1991年获得"全国铁路优秀知识分子"荣誉称号。

我国内燃机车技术发展的奠基者

先进工业国家牵引动力现代化的高潮始于第二次世界大战以后，孙竹生早在留美期间就关注着汽车发展的这一动向，并考察了酝酿中的牵引动力改革，搜集到了世界第一台燃气轮机车的资料，回国后专程去南京向程孝刚先生汇报了他的想法。

1957年，孙竹生在唐山铁路学院组建了我国第一个内燃机车专业，开始编写我国第一部"内燃机车总体与机械部分"的教材。

机车的牵引力是通过车轮与钢轨间的黏着力传递的，黏着重量与机车功率必须恰当匹配。孙竹生在我国首次提出了黏着功率的概念，分析了黏着牵引力、持续牵引力、计算牵引力的关系，提出了不同用途汽车关键牵引参数的选择法，至今仍是我国机车设计的理论基础。

孙竹生还率先将国外机车车辆动力学理论的新发展介绍到国内，使机车走行部的设计由单凭经验提高到可利用理论进行先进定量分析的新水平。1980年，他又主持编写了一部新的《内燃机车总体及机车走行部》教材，加入了大量反映技术发展的新内容，至今仍是我国铁路高等院校教学中的唯一一本内燃机车总体教材。

倡导发展铁路重载运输

"低装备率、高使用率与高强度运输"是中国铁路面对的现实。工厂以运定产、难以发展、老百姓坐不上车，怨声载道，中国铁路在呻吟。孙竹生意识到自己的责任，饭吃不香、觉睡不着，他在寻求一条使中国铁路摆脱困境的途径。

中国因受限于投资能力难以修建大量新线，既有路线的运输密度也已提高，少有发展余地，而提高运行速度又受到各种条件的限制，只有在提高列车重量上下功夫。20世纪80年代初期，孙竹生与老专家孙宝融一起，提出在我国发展重载运输，大幅提高货物列车重量的建议。重载运输在北美、澳大利亚、南非等幅员较大、散装货物运量大、流向集中的国家已有很大发展，发挥了巨大作用，其发展条件同样适合中国国情。但传统思想、传统习惯、传统技术束缚着这一新事物的发展，孙竹生对重载运输及其在中国的发展前景进行了深入的研究，使发展思路逐渐具体化。他在西南交通大学组织多方面的专家，主持撰写了《铁路运输发展对策》，对发展重载运输做了深入的阐述，同时四处奔走游说，说服了各级领导，打通各个环节。孙竹生通过认真分析，提出重载列车开行中必须解决的一些关键问题，包括改造现有车辆并发展新型的车钩、缓冲器、制动装置、研究列车纵向冲动的成因及其各种解决方式（重载列车动力学），并组织西南交通大学及有关研究单位进行了研究。

在孙竹生及一批具有真知灼见的专家及领导的倡导下，大力提高列车重量，明确写入了铁路技术政策，"重载列车成套技术"相继列入"六五"和"七五"国家重大攻关及国家重大装备项目。

两个五年计划过去了，重载运输技术装备的攻关结出了硕果，我国也建立了第一条双线电气化重载铁路——大秦铁路。1990年5月，铁道部组织在大秦铁路进行了我国第一次万吨单元重载列车试验，对多年来的攻关成果进行了全面检阅。作为高等院校，西南交通大学第一次在这种大规模的综合性实验中承担了重要的试验任务。孙竹生不顾年事已高，风尘仆仆地来到大同，登上了试验列车，这是中国的第一列重载列车，获得了圆满的成功，其中倾注了他大量的心血。

孙竹生并没有以此为满足，他提出，除了运煤专线，中国更应当在其他繁忙干线上大力提高列车重量，并争取"八五"期间在这些线路上较为普遍地开行5000～6000吨整列式重载列车，但还有一系列技术问题要解决，孙竹生提出了一个又一个实验方案，不顾近80的高龄，仍在操劳着。

发展重载运输，终于在我国铁路科技发展的"先行计划"中被列为"中国铁路扩能提效的主体技术"。"八五"期间，"重载运输技术发展的研究"再次列入国家攻关计划。铁道部制定的中国铁路科技"八五"计划主目标"十二条龙"中大秦铁路万吨级重载运输技术扎根配套和京沪、京广铁路开行5000吨级重载列车列为龙头（第一条及第二条龙）。孙竹生还在思考着开行中可能出现的问题及如何进一步发展。

提出研制双层客车

面对我国铁路旅客买票难、乘车难的问题，孙竹生也在思考着解决方法。他首先提倡扩大旅客列车编组，提出过各种扩编方案，组织进行过扩编后出现技术问题（特别是制动问题）的研究。近年来，我国旅客列车的编组已由过去的12～14辆增加到18辆，甚至更多，已在一段时间内较有效地缓和了铁路客运的紧张局面。

在积极推动扩编的同时，孙竹生同时思考着更好的解决方法。1982年6月，他率先向铁道部提出了发展双层客车的建议。但我国在1958年"大跃进"中研制的双层客车存在一些问题，使不少人对他的建议提出了疑问及异议。孙竹生一方面组织工厂及高校的力量对各种技术问题进行研究，反复探索各种可行的方案，另一方面四处奔波，打通各个环节。经过了不少的曲折与反复，研制短途客运用双层客车被列入国家"七五"科技攻关计划，交由浦镇车辆工厂研制。从总体设计方案到具体实施方法，孙竹生多次到现场指导，为解决每一个技术问题反复查阅资料、分析计算及研究技术方案。1986年，他利用赴加拿大及美国参加国际会议的机会，特地对国外的双层客车进行了考察。1989年，我国第一列双层客车在南京—上海间正式投入运营，载客量比普通列车增加了60%以上。座位宽敞，乘坐舒适，受到了乘客的热烈欢迎。铁道部决定扩大生产，全面推广。孙竹生并未沉溺在胜利的喜悦中，他又在思考着新的问题：如何将双层客车用于长途运输？他提出发展硬卧车、软卧车，找工程技术人员认真地讨论各个技术环节，现正在投入试制。双层客车现已在我国的一些客运繁忙区段上开行，我国铁路客运的紧张局面有望得到缓和。

教书育人，精心培养科技新人

多年来，孙竹生已是桃李满天下，他的学生构成了我国铁路机车车辆事业发展的几代技术骨干。孙竹生一再教育他的学生，作为一个中国人，尤其是一个中国的知识分子，要具有高尚的人格。他身体力行，为学生们树立了榜样。早年，他谢绝了国外的高薪挽留，回到了饱受日本帝国主义摧残的中国，投身于经济的恢复工作。中华人民共和国成立后，又毅然由台湾返回大陆，致力于发展教育事业。1957年以后，正当他踌躇满志，准备全身心地投入祖国铁路牵引动力改革的时候，却经历了一次又一次的磨难。在各种政治冲击甚至人格侮辱面前，他对国家的忠诚、对事业的追求没有变。他常常说，人是历史长河中的一滴水，人类的进步趋势是不可能阻挡的，个人的得失无关轻重，只希望能在短暂的人生中，为社会多做贡献。他积极组建了铁路院校的内燃机车专业，深入工厂，亲自指导了内燃机车的发展。晚年，党的改革开放政策唤起了他新的热情，为中国铁路重载及双层客车的发展做出了重要的贡献。

孙竹生作为一位知名教授，仍过着俭朴的生活，他的房间中只有简单的陈设，却四处堆满了书籍。年近八旬的他，每日仍然工作不止。他的人格为学生们所传颂，成为他的学生们效仿的榜样。人总是要老的，孙竹生想的不是为自己营造一个安乐窝，安度晚年。他想的是为国家、为学校留下一点更为宝贵的财富，他要推出一代新人。他的学生孙翔曾是唐山铁道学院有名的高才生，学习期间曾受到孙竹生教授多方照顾，但被划为"白专"，毕业后分配到工厂基层班组"劳动改造"。在工厂工作期间，孙竹生始终关心着他的成长。实践的锻炼使他增长了才干，1982年孙翔破格晋升，成为铁路系统最年轻的高级工程师。1984年，孙竹生力荐并奔波，将孙翔调回西南交通大学，他很快做出了明显成绩，并于1986年晋升为正教授。孙竹生一方面不断地为孙翔指明方向，循循善诱，另一方面四处为孙翔鸣锣开道。近年来，孙翔先后主持了多项国家重点科技攻关项目，多次获得国家级及部级奖励，并被评为国家级有突出贡献的中青年科技专家，并在孙竹生的支持下，组织起了一支几乎全部由年轻人组成的科研队伍，在机车车辆的研究中获得了明显进展。西南交通大学的机车车辆学科先后设立博士点，被评为国家级重点学科，并由国家确定建立"牵引动力国家开放试验室"，一个老学科出现了朝气蓬勃的局面。"西南交通大学后生可畏"，已给铁路科技界留下了深刻的印象。

执着坚持求实的学风

孙竹生始终倡导面向实际，要求发挥高校的优势，将目前与长远相结合，进行一些高水平的研究开发工作，但最后应落实在对国民经济发展的实际效益上。对于机车车辆这样一个产品学科，这一点无疑是十分重要的。

早在20世纪50年代，孙竹生便要求学生首先要掌握基本操作技能，并以身示教，在带领学生去戚墅堰机车车辆工厂实习时，亲自为学生做钳工操作技能示范。

1984年，孙竹生倡导在我国发展重载运输的同时，为了解决影响重载列车安全运行中首要的纵向冲动问题，他提出进行重载列车动力学的研究，研究冲动机理及其解决措施，并实现冲动过程的计算机模拟。他指出，这一研究应成为重载列车装备及运用技术研究的基础。他的建议受到了主管部门的重视，将这一课题列入了国家"七五"重点科技攻关项目。西南交通大学的课题组很快完成了理论及软件研究。按照常规，此课题可以交差了，但孙竹生坚持采用一套理论与实际相结合的研究路线，深入现场，用理论研究结果解决实际问题。郑州铁路局初次开行组合列车断钩以后，他亲赴郑州了解情况，并对断钩全过程进行了计算机模拟，与实际情况十分符合，并指出了断钩原因及解决措施。在他的倡议下，铁道部召开了车辆三大件（车钩、缓冲器、制动装置）研讨会，研究了改进三大件的措施和步骤。他指导研制了司机操纵模拟装置，为培训重载列车司机及提高操纵技术提供了新的手段，该装置被批准为国家级新产品。西南交通大学主持了"大秦铁路万吨单元重载列车的纵向动力学试验"，成为铁路高校参与的最大规模的综合性科学试验，获得圆满成功。在铁路科技发展的市场上，处处留下了孙竹生的脚印。

资料来源：孙翔，《孙竹生传略》，选自杨树彦主编，《西南交通大学（原唐山交通大学）校史资料选辑（第四辑）》，成都：西南交通大学校史编辑室，1993年，第24–28页。

案例分析

孙竹生教授，中国机械领域开拓性的领军人物，西南交通大学的杰出校友，著名机车车辆专家、教育家，我国内燃机车技术发展的开拓者之一。孙竹生教授早年就读于由俄国人创办的哈尔滨工业大学机车科，该校实行五年学制，使用俄语教材，用俄语教学。孙教授受到扎实的工程基础教育，毕业后赴美国学习。之后在美国、加拿大、印度机车工厂工作，积累了丰富的实践经验。20世纪50年代初回到祖国，编写《蒸汽机车工程》高校教材，该教材理论结合实际，内容丰富，特别介绍了俄国学者创建的机车热力学过程的研究成果，使机车设计从经验计算提高到理论计算高度，为工程界广为采用。50年代初，孙教授对我国主型货运机车提出了系列建议，改进后的机车效率提高，增加了运能。改革开放初期，孙教授主编了《内燃机车总体及机车走行部》统编教材，该教材介绍了国外高速动车组和机车转向架的发展成就，内容新颖，为机车界所关注。80年代孙教授关注国外"重载列车"，专门赴美进行考察，其考察报告为我国开行重载列车提供借鉴。

孙竹生教授经常对学生说的话：没有伟大的品格，就没有伟大的人，甚至也没有伟大的科学家。孙竹生已是桃李满天下，培养学生注重培养恢宏的气概、广阔的世界观和坚定的毅力，他的许多学生都有建树，构成了我国铁路机车车辆事业发展的几代技术骨干。孙竹生一再教育他的学生，作为一个中国人，尤其是一个中国的知识分子，要具有高尚的人格。他身体力行，为学生们树立了榜样。早年，他谢绝了国外的高薪挽留，回到了饱受日本帝国主义摧残的中国，投身国家建设工作，在"文化大革命"中饱受各种政治冲击甚至人格侮辱，孙竹生初心不改，始终坚守他对国家的忠诚、对事业的追求。

杰出校友孙竹生不愧为心系祖国人民爱国敬业的优秀典范，是青年大学生学习的楷模。

教学设计建议

1. 案例引入与概述：本案例可用于第三节"在实现中国梦的实践中放飞青春梦想"的教学。通过概述案例，介绍孙竹生在青年时期就立下科技救国的远大理想，远渡重洋，学习先进科学知识，学成归国，用自己一生的努力去实践交通强国的理想，为发展中国铁路交通事业，在机车车辆和轨道交通大领域中做出了卓越贡献。孙竹生的案例充分说明将个人的理想与国家和民族的需要相结合的重要性，在教学中进一步引导学生认识到新时代青年肩负的历史使命，激发学生树立为实现中华民族伟大复兴奉献青春和力量的远大理想。

2. 案例分析与讨论：结合杰出校友孙竹生教授的案例，再现孙竹生的人生历程，青少年时期孙竹生在日本铁蹄下的东北求学，就萌发了科学救国的理想，历尽艰辛的海外求学生涯，科技创新中一道又一道的难关，无论遭受怎样的磨难他都不曾动摇对交通强国理想的孜孜追求，引导学生深刻理解实现远大理想的艰巨性、长期性和曲折性，认识到锲而不舍、艰苦奋斗在追求理想的征途中的重要性。

总结提升建议

1. 反思与自我认知：引导学生通过深入学习校友孙竹生案例，将个人理想和人生追求与祖国和人民的命运紧密联系起来，并使其在成长成才中发挥方向性的引领作用。

2. 培养历史使命感：鼓励学生以孙竹生校友为榜样，结合所学专业，与社会实际相联系，认真思考在自己未来的职业领域如何发挥自己的专业技能，为建设祖国和服务人民做出更大贡献。

3. 从个人理想与社会理想辩证关系的角度，引导学生认识到祖国的富强、民族的复兴、人民的幸福，需要每一个社会成员的努力，美好的青春只有在为祖国和人民的真诚奉献中才能更加光彩夺目，个人只有融入国家和民族的伟大事业中才能拥有真正充实幸福的人生。

4. 以孙竹生校友为榜样，培养学生的团队精神。孙竹生校友在追求交通强国远大理想的过程中，不仅自己刻苦钻研、锐意创新，还非常注重学生梯队的培养和科研团队的建设，为我国轨道交通领域培养了众多优秀的学者，打造出引领国际先进水平的轨道交通科研团队。

案例5　电磁理论家和天线专家任朗教授

案例呈现

任朗，电磁理论家和天线专家，教授。他在20世纪50年代提出的"线形天线阵辐射图"被学术界重视和引用。20世纪80年代他提出的"和差变换"，突破了过去的学术藩篱；他在《中国科学》（外文版）和《物理学报》同时发表的科学论文《线性天线阵辐射图中单位圆上零点分布的一个普遍函数》，被应用于低旁瓣雷达和远程雷达的设计中，有效地减小了旁瓣，在国际上解决了旋转抛物面天线和火箭、卫星、航天飞行器上常用的长椭球天线的严格问题，并为类似偏微分方程的求解开辟了新途径。他的专著《天线理论基础》总结了他多年的科研成果，为天线理论的发展做出独特贡献。在致力于科学研究的同时，他长期从事高等教育工作，致力于人才的培养。他培养的大量博士、硕士中，有的已成为学术骨干、国内外知名学者。

任朗1913年出生于辽宁省沈阳市（原籍山东蓬莱），父亲以务农为主。幼时他曾协助父亲干些农活，从小体验到老百姓生活之艰辛。1920年进入市立第五小学，就学途中经过日本租界时，见到耀武扬威的日本军人和盛气凌人的日本侨民，也常听到、见到中国老百姓受欺压的事情，逐渐认识到民族灾难之深重。这时他也从师长处受到"知识救国""教育救国""工业救国"等爱国思想的影响。他立志努力学习，充实自己，以便报效国家，强国富民。1926年小学毕业后，他考取辽宁省立第二工科学校，一学期后又转考辽宁省立第一工科学校。他之所以都选择工科学校，是受到"工业救国"思想的影响。他了解到当时中国最好的工科大学是南洋大学和北洋大学，于是决心投考这两所大学。为了达到此目的，在辽宁省立第一工科学校读了两年半以后，就转考进入北洋大学预科。

任朗从青少年时代起，学习异常勤奋，肯下苦功夫。在沈阳时，他经常攻读到深夜，学校每晚10点熄灯，他就在路灯下看书到12点才回宿舍就寝，而且每天如此，从不懈怠。在天津北洋大学预科时，他刻苦学习，成绩优异，尤其是数学、物理两门功课经常得满分。除课堂学习外，他自学了很多参考书，将多年来英国剑桥和牛津大学的入学试题中的数学和物理题目——加以收集、演算和解答并装订成册。为此，他花费了北洋大学预科两年生活的约一半时间，收获极大，为他日后攀登科学高峰打下了坚实的基础。

1931年九一八事变，日本帝国主义侵占东北三省，家乡沦陷。刚到天津北洋大学仅一个月的任朗和同学们义愤填膺，疾呼抗日救亡。当时北洋大学教务长王继绪教授以绝食来请求国民政府抗日，任朗也随同大批同学卧轨拦火车去南京请愿。预科结束后，他直接进入北洋大学土木系本科学习，1933年又投考了南洋大学（此时已改名为上海交通大学），被电机学院录取。虽在北洋大学土木系已就读一月，由于当时天津形势不稳，于当年9月转往上海交通大学读书。

在大学三年级时，任朗和同班的八名同学发起成立了"一社"，宗旨是"发展实业，振兴中华"，走"工业救国"的道路。1936年暑假，"一社"组织了一个考察中国实业的考察团，申请到了铁路二等免票，沿津浦、北宁两条路线进行参观、考察一个多月。沿途参观和考察了面粉厂、煤矿、铁路机车厂、电报电话局、北京大学、清华大学、北洋工学院、南开大学、交通大学唐山工学院。考察后，他感受颇深，看到中国实业基础之薄弱，百业待兴，专业人才之匮乏，教育待办，从而令他立志将来要献身于教育事业，以培养专业人才，振兴中华。"一社"后来发展成为有200多名成员的社会团体，其成员都是各大学的高才生，遍布国内外。20世纪60年代"一社"自行解散。大学毕业前夕，由于成绩优异，交通大学保送任朗报名参加中美庚款的留学考试，但因"七七事变"，考试未能举行。

1937年任朗从上海交通大学电机学院电信专业毕业，取得工学学士学位，电机学院院长张贡九介绍他去国民党军委工作。1937年至1944年间曾任无线电教员、工程师和技师。1944年考取机关留美。1945年取得美国哈佛大学科学硕士学位。任朗在哈佛大学学习时，数学经常满分。有一次考试他获得满分，其他30多位研究生的分数都远低于他。教授在课堂上当众表扬他，说任朗对数学难题的解法与众不同，既简捷又清晰，方法之妙，教授自己也从未想到过。

当时哈佛大学实行每年两学期制，暑假近三个月，而麻省理工学院（MIT）每年是三个学期，他为了抓紧时间多学一些，暑期去麻省理工学院攻读。他主攻该校的应用数学课程，如数学系系主任Philips教的高等矢量分析，Feshback教授教的理论物理方法以及函数论等。1945年10月开始在哈佛大学攻读博士学位，并获得了哈佛大学奖学金和华美协进社的奖学金（这是管理中美庚款的单位所设的奖学金，获得者的待遇与中美庚款留学生一样）。1946年初，他以优异成绩学满了16门研究生课程（包括在麻省理工学院的课程，两校课程成绩是相互承认的），经过考试通过了博士初试。接着，1946年秋完成了博士论文的理论部分，仅实验尚未做完，因留美期限已到而归国。

学成归国后，他就以渊博的学识和拳拳报国之心投身于研究工作和教育事业。他曾先后任上海沪江大学物理系教授、系主任，上海交通大学电信研究所教授，中国交通大学唐山工学院电机系教授、系主任，中国科学院电子学研究所研究员，唐山铁道学院电机系教授，西南交通大学物理系教授、电磁研究所所长，西安交通大学兼职博士生导师，南京理工大学名誉教授，北京广播学院兼职教授。近五十年来，他悉心培养的博士生、硕士生、本科生多有建树，桃李满天下。他潜心研究天线理论,在学术上和科技应用上都有独特的贡献。他是全国铁路优秀知识分子,也是第一批享受国务院政府特殊津贴专家。

投身工科高等教育事业,精心培养科学技术人才

1946年,任朗回国后担任上海沪江大学物理系教授、系主任,并兼任上海交通大学电信研究所教授,全面主持物理系的工作,同时给八名硕士生讲授天线课程。在指导硕士研究生撰写论文时,他一丝不苟,从理论和实验两方面严格要求。第一位硕士研究生李嗣范(生前是东南大学教授、博士生导师,指导博士后),在1948年经答辩后获得硕士学位。

1949年5月上海解放,不久,全国解放。这时,他才深刻地认识到所谓"工业救国"是救不了中国的,只有在中国共产党领导下打倒反动派、建设新中国,才能使国家富强、人民幸福。1950年,应中国交通大学唐山工学院的邀请,于8月来到唐山担任该校电机系教授、系主任。早在30年代就已经沿铁路考察过的任朗,对中国交通大学唐山工学院早有了解。这是一所严谨治学、严格要求、培育英才、蜚声中外的高等工科大学。他一到任就抓了两件事,一是筹措经费,购置实验设备;二是从国内外广揽优秀人才,延聘教授。像曾为中国科学院学部委员的曹建猷教授和其他几位教授,就是他力聘到校任教的。1952年全国高校进行院系调整,中国交通大学唐山工学院更名为唐山铁道学院。任朗此时辞去系主任职务,专心致力于青年教师的培养、基础理论的教学和指导硕士研究生的工作。

1957年他兼任中国科学院电子学研究所研究员,并教授全所的电磁理论课和天线课。从20世纪50年代末起,他在中国科学院和唐山铁道学院指导多名研究生,在教学和指导研究生过程中严于律己,严谨治学,深受教师和学生的爱戴。他经常鼓励学生多用脑多思考,灵活运用物理概念和数学物理方法,激发灵感,勇于创新。他培养出来的博士、硕士,有些已成为学术界的知名骨干,有的已在国际学术界崭露头角。

1990年,他受聘为西安交通大学兼职博士生导师,并在西南交通大学给博士和硕士研究生开设"高等电磁理论"课程,指导博士生和硕士生的论文撰写,主持三项科研项目,其中一项是中德国际合作项目。

除了繁重的教学、科研工作,他还积极参加各种学术活动,曾任中国电子学会理事、编委,中国通信学会理事,铁道科学院学术委员,国务院劳动人事部留学生派遣工作顾问,西南交通大学学术委员会委员,中国电子学会会士,天线学会副主任委员,《天线学报》主编。

发展了天线科学理论,取得了应用上的成果

几十年来,任朗潜心于电磁理论和天线学科的研究。1957年10月他组织了接

收苏联第一颗人造地球卫星信号的工作，进行了缩小天线尺寸的理论研究和实验工作，服务于远程雷达而减小线形天线阵辐射图中旁瓣的研究工作，研究了广泛应用于雷达、卫星、宇宙飞船、微波接力、通讯、广播、射电望远镜等的旋转抛物面天线和长椭球天线的严格理论以及表面波天线的严格理论等，取得了一系列丰硕成果。例如，他在《中国科学》（外文版）和《物理学报》同时发表的科学论文《线性天线阵辐射图中单位圆上零点分布的一个普遍函数》，被应用于低旁瓣雷达和远程雷达的设计中，取得了令人满意的效果。英、美、苏各国学术刊物上纷纷署名摘登其成果。他先后发表在《中国科学》（外文版）和《物理学报》上具有开创性的学术论文还有《长旋转椭圆介质球中的半波阵子天线》《表面波天线的一个严格理论》和《长金属椭球体顶点处单极子天线的辐射问题》等。

任朗在电磁理论和天线的研究中的许多创见，系统地总结在他的专著《天线理论基础》中。书中包含了他个人的许多独特贡献，被国内外学术界所推崇和引用。该专著曾获四川省重大科研成果奖、铁路高等院校科研成果和优秀论文特等奖、世界通信年优秀通信类图书奖、电子工业部全国工科电子类专业优秀教材特等奖、国家教委全国高等学校优秀教材奖（国优75号），并参加了日内瓦的国际书展和德国莱比锡的国际书展。

研究成果突破学术藩篱，学术见解促进国际交流

1980年，国家对重点项目"长河二号"的选定方案十分重视，特邀任朗参加在中南海怀仁堂召开的评定会议。在六个导航天线塔方案的选定中，他极力主张"单塔绝缘"方案，得到采纳。实践证明，该方案性能稳定可靠，为国家节省了投资，比美国的"四塔"方案先进。天线塔建成使用一年后，他又应邀参加鉴定会并乘专机去现场观察运行情况，美国专家对此评价很高，并要向我国订购天线塔。

20世纪80年代，任朗除精心指导博士、硕士研究生外，还专心研究卫星、火箭和其他飞行体常用的长椭球天线以及应用极为广泛的旋转抛物面天线的理论，取得了重要成果。论文发表在世界性学术刊物 *IEEE Trans. on AP* 和 *Journal of Applied Physics* 上，以及美国 IEEE-APS 国际会议的论文集上。他的学术论文中提出了"和差变换"，使矢量亥姆霍兹方程在长椭球坐标下，可以用分离变量法求出严格解。这一项研究解决了实用价值很大的天线理论问题，更重要的是突破了长期以来公认的不可能用分离变量法求解的学术藩篱，圆满地解决了长椭球天线和旋转抛物面天线的严格理论，并给类似的偏微分方程的解法开辟了新途径。这是任朗最突出的重要贡献。

由于在学术上的成就，1989年8月任朗应邀去德国斯图加特大学讲学，并与该校高频研究所所长、无线系系主任、西德天线学会主席 F. M. Landstorfer 签订了两校

（西南交通大学与斯图加特大学）在天线方面进行科研合作的协议书。国家自然科学基金会批准了该协议，并确定为国际科研合作项目。

1989年，他代表中国电子学会天线专业学会参加了国际无线电科学联盟在瑞典斯德哥尔摩召开的电磁场国际会议的工作会和科学报告会。会上讨论了电磁理论中的一个重要问题，即"等效定理"中的表面S是否可以取在两媒质的分界面上。经过讨论和任朗的论证，最后一致同意他的论证，即S不能取在两媒质的分界面上。很明显的理由是：如果取在两媒质的分界面上，那么，从等效流计算场时，公式中的媒质参数究竟是用哪边的？再者，如果两媒质都是介质（不同的介质），除需满足场的切向分量边界条件外，还要满足场的法向分量的边界条件，否则就考虑不到场的折射问题。当时参加讨论的科学家中有矩量法发明者、对积分方程解法有特殊贡献的R. F. Harrington教授，国际著名电磁理论家L. B. Felsen教授，国际著名天线专家R. Mittra教授和F. Collin等教授。其中R. F. Harrington和F. Collin等承认他们的专著中在这个问题上有误。

任朗的学识和研究成果一直受到国内外专家、学者的推崇。他担任了1985年在北京召开的第一届天线与电磁场国际会议的技术委员会主席，1989年在上海召开的第二届天线与电磁场国际会议的组织委员会主席，1993年在南京召开的第三届天线与电磁场国际会议主席。

任朗长期坚持体育锻炼，常进行长跑、爬山、游泳等运动。他的业余爱好是欣赏古典音乐。他精力充沛，在科学研究中成绩卓著，硕果累累。

资料来源：朱怀芳、孙圣辉，《任朗略传》，选自杨树彦主编，《西南交通大学（原唐山交通大学）校史资料选辑（第四辑）》，成都：西南交通大学校史编辑室，1993年，第29–32页、第37页。

案例分析

任朗教授长期致力于电磁理论和天线领域的学术研究，是第一届（1985北京）、第二届（1989上海）、第三届（1993南京）天线与电磁场国际会议的技术委员会主席。在20世纪80年代，他提出的"和差变换"利用分离变量法，不仅解决了实用价值巨大的天线理论问题，更突破了长期以来公认为不可能用分离变量法求解的学术藩篱，圆满解决了长椭球天线和旋转抛物面天线的严格理论，为类似的偏微分方程的解法开辟了新途径。

1957年，任朗教授勇挑重担，组织了接收苏联第一颗人造地球卫星信号的工作。1980年，应邀参加在中南海怀仁堂召开的国家重点项目"长河二号"选定方案评定会议，他主张的"单塔绝缘"方案最终被采纳，该方案性能稳定可靠，优于美国的"四塔"方案，为国家节约了近亿元资金，得到了中央军委的高度评价。

1989年，任朗教授在"长椭球函数及其在天线理论中的应用"方面的成果荣获铁道部科技进步一等奖。"自动跟踪同步通信卫星平板相控天线阵"的成果得到了美国国家工程院院士戴振铎教授、MIT孔金瓯教授、中国科学院和中国工程院两院院士陈俊亮教授、中国科学院院士林为干教授等专家的高度评价，荣获2000年四川省科技进步一等奖。2021年6月，任朗与我校曹建猷、沈志云、钱清泉、翟婉明等教授一起被授予"四川百年百杰科学家"光荣称号。

校友任朗对待学业的勤奋专业，对待科研学术的孜孜以求，对祖国电子通信事业建设的全力以赴，是与他早年的生活经历分不开的。1931年九一八事变，日本帝国主义侵占东北三省，任朗的家乡辽宁沈阳沦陷，刚到天津北洋大学仅一个月的任朗和同学们义愤填膺，疾呼抗日救亡，对于不抵抗主义无不愤慨，任朗随同大批同学卧轨拦火车去南京请愿的故事广为流传。青年任朗恰逢乱世中国，在日本租界常常看到耀武扬威的日本军人和盛气凌人的日本侨民，东三省的沦陷使青年任朗认识到民族灾难之深重。他还从师长处受到"知识救国""教育救国"和"工业救国"等爱国思想的影响，立志刻苦学习，充实自己，以便报效国家，强国富民。任朗学习异常勤奋，在哈佛大学学习时，数学经常满分。当时哈佛大学实行每年两学期制，暑假近三个月，而麻省理工学院（MIT）每年是三个学期，他为了抓紧时间多学一些，争分夺秒，利用三个月暑期去麻省理工学院攻读，学习勤奋刻苦由此可见一斑。一分耕耘一分收获，任朗获得了哈佛大学奖学金和华美协进社的奖学金。

任朗学成归国后，用自己的科研学术成果为国家电子通信事业的发展和国防建设做贡献，同时在高校辛勤耕耘，致力于青年教师的培养、基础理论的教学和指导硕士研究生的工作，在教学和指导研究生过程中言传身教，严谨治学，他经常鼓励学生多用脑多思维，灵活运用物理概念和数学物理方法，激发学生灵感，鼓励学生勇于创新，深受教师和学生的爱戴。

由此可见，无论是在早年海外留学还是在回国后国家建设以及科研教学的工作中，任朗教授始终把个人的理想与国家与民族的命运相连，关心国家和民族的前途与命运，体现出一位爱国科学家对祖国和人民无限的热爱与忠诚，是坚持将个人理想与社会理想的有机结合的杰出典范，不愧是青年大学生为学、立志以及人生实践的优秀楷模。

 **教学设计建议**

1. **案例引入与概述**：本案例可用于第三节"在实现中国梦的实践中放飞青春梦想"的教学。青年何谓？青春何为？通过我校杰出校友电磁理论家和天线专家任朗教授早年留学和学成归国报效国家的先进事迹，引导学生明确青年人应有的使命担当，新时代青年要将自己的理想融入实现中华民族伟大复兴中国梦当中，并导入本节内容的教学。

2. 联系杰出校友任朗努力攀登科学高峰、用一身才华报效祖国人民的感人事迹，引导学生思考坚持和发展中国特色社会主义、实现中华民族伟大复兴的社会理想与个人理想之间的关系，进而从理论层面探讨个人理想与社会理想，让学生对个人理想和社会理想的关系以及将自己的个人理想与社会理想有机结合才能成就一番事业有深刻全面理解。

总结提升建议

结合校友任朗教授的案例，引导学生明确为实现中国梦应做到立鸿鹄志，做奋斗者；激发学生心怀"国之大者"，敢于担当；鼓励学生自觉躬身实践，知行合一，抓住新时代的新机遇，勇担历史使命，以青春之我，创建青春之校园、青春之家庭、青春之民族、青春之国家，从而达到激励学生树立崇高的理想信念的教学目的，号召青年大学生把最美好的青春献给祖国和人民，为民族复兴的历史洪流注入了青春力。

当代青年无疑是幸运的一代，他们将见证"两个一百年"的奋斗目标成为现实。结合任朗等爱国科学家的先进事迹，进一步强调只有树立高远的志向，把个人的奋斗目标与国家的前途、民族的命运、人民的幸福结合在一起，才能在实现中国梦的伟大实践中放飞青春梦想。

三、实践设计

实践项目

项目1：参观学校詹天佑雕像及詹天佑体育馆

‖ 实践目标 ‖

围绕实践主题，开展教学实践，以增强学生理论联系实际能力、团队协作精神；在实践中激发学生树立远大理想，实现中华民族伟大复兴的中国梦的理想和信念；增进学生对于学校历史的了解，同时树立学校荣誉感和自豪感。通过实践成果的交流、展示、汇报，在相互学习中增进四个自信。

‖实践方案‖

1. **结合在学思践悟中坚定理想信念，在奋发有为中践行历史使命，在历史人物中寻找校史闪光点。**围绕詹天佑的个人事迹以及与我校的联系开展课程实践，参观学校詹天佑雕像及詹天佑体育馆，参观交通强国科学家精神教育基地。可以选择以上任一主题的一个方面作为切入点，具体化为多方面、多形式的实践。

2. **实践作业方式和形式：**

（1）依据实践主题，构建实践框架，组建实践团队（8人以内），开展实践活动，形成实践报告，进行实践总结、汇报、交流，形成汇报PPT及实践报告。

（2）新媒体的活动：围绕主题，利用现代新媒体手段，如微电影、情景剧（小品等）、随手拍、公益服务（拍摄）、直播、访谈节目等。

（3）社会调查与报告：詹天佑与西南交通大学、詹天佑人生轨迹探索等。

（4）交流辩论：通过探讨和辩论分析问题。

注：还可以自行创新形式。

3. **要求：**

（1）由学生自行组队，也可以单做，每小组最多不超过8人。任课教师本教学班的同学可自由组队，讨论实践作业如何开展，分工明确、有机协作。

（2）课外自行实践与教学时间集中实践结合，鼓励各位同学走出课堂，集中开展创新教学实践。

（3）实践必须坚持正能量，不得违背党和国家的大政方针；实践活动必须安全第一；每位学生均须参与，严禁任何搭便车行为；各团队必须保证实践质量，期末将由各小组对实践过程、实践成果进行系统展示和班级汇报。

‖实践记录‖

思想道德与法治实践课

实践报告

报　告　主　题：_____

院　　　　部：_____

专　业　班　级：_____

学　　　　期：_____

实践报告考核		
考核内容	考核评价（符合标准的在对应的方框里打"√"）	考核成绩（满分100分）
内容是否紧密切合主题，内涵挖掘是否深刻，是否坚持正确导向	优□良□中□差□	
形式是否新颖、适当	优□良□中□差□	
内容与形式的契合度	优□良□中□差□	
团队成员参与度、协作度	优□良□中□差□	
提交成果形式是否规范	优□良□中□差□	
成果展示是否充分	优□良□中□差□	
		教师签名： 年　月　日

小组成员		
姓名	学号	组内分工

实践报告
题目： 正文：   教师点评

 **实践项目**

项目2：参观邛崃红军纪念馆

‖实践目标‖

邛崃长征纪念馆位于天台山脚下邛崃市高何镇，是一座以红军长征为主题的革命历史纪念馆。纪念馆包括陈列馆、石塔区苏维埃政府旧址、2.5千米长征小路、和尚崖战斗遗址等。

通过参观邛崃红军长征纪念馆的实践教学活动,强调红军长征是一段理想和信念的伟大征程,是中国共产党人理想的胜利、信念的胜利,提升学生对于树立崇高的理想和信念的重要性的认识,激发学生树立崇高远大的人生理想,自觉投身中华民族伟大复兴的伟业。参观结束后指导学生采取多种形式对本次社会实践活动进行总结和分享,提高学生总结能力、表达能力和服务社会的能力等。

‖实践方案‖

1. 任课教师宣布本次实践活动主题,并明确实践活动要求。

2. 将学生分为若干小组(每组5～6人),每组选定1人为小组长,负责本次参观活动的组织工作以及出行纪律、安全等事宜。学生以小组为单位,选择一个角度搜集相关文字、图片等资料,完成本次实践活动总结报告。

3. 请纪念馆讲解员带领学生参观整个纪念馆,观摩纪念馆内展出的文献资料与历史实物,回顾红军的光荣历史,引导学生重温长征精神,加深对革命历史的理解。

参观完邛崃红军长征纪念馆,带领学生去走一走2.5千米的红军长征小道。两万五千里长征路,虽然邛崃只是其中的一小段,而且这条长征小道现在已经修葺平整,不再是当年红军走过时的崎岖艰险,尽管如此也能让学生更加真切地感受到当年红军长征途中穿越千山万水排除千难万险的英勇气概。

4. 本次实践活动总结报告完成后,由任课教师验收,并给予指导,学生进一步完善。

5. 联系校园附近的中小学,用PPT演讲或者视频展示等形式与中小学生分享本次参观学习的感受,引导中小学生铭记革命历史、珍惜和平生活、传承红军精神,走好新一代长征路,坚定对中国特色社会主义道路的信心,立志为中华民族伟大复兴而努力拼搏。

‖实践记录‖

思想道德与法治实践课

参观报告

地　　点:＿＿＿＿＿＿＿＿＿＿＿

院　　部:＿＿＿＿＿＿＿＿＿＿＿

专业班级:＿＿＿＿＿＿＿＿＿＿＿

学　　期:＿＿＿＿＿＿＿＿＿＿＿

小组成员		
姓名	学号	组内分工

参观报告
题目: 正文:
教师点评

 实践项目

项目3:参观西南交通大学交通强国科学家精神教育基地

‖ 实践目标 ‖

西南交通大学交通强国科学家精神教育基地紧紧围绕服务"交通强国"国家战略,以"交通十交大"为特色,挖掘相关精神资源,依托机车博物馆、科学家广场、科学家长廊相呼应的场地集群,打造具有创新性、示范性和引领性的科学家精神育人高地。组织学生参观西南交通大学交通强国科学家精神教育基地,旨在引导大学生树立为祖国人民,为科学追求奉献自我的远大理想,传承交大人"竢实扬华,自强不息"的精神,学习科学家的光辉事迹和精神力量。作为新时代青年学子,更应该铭记并传承先辈们的精神,积极投身科研,热爱祖国,锐意进取,为实现中华民族伟大复兴贡献自己的一份力量。

‖ 实践方案 ‖

1. 任课教师宣布本次实践活动主题,并明确实践活动要求。

2. 要求学生以学习小组为单位,参观爱国、创新、求实、奉献、协同、育人六个展厅,学习科学家和杰出科技工作者的先进事迹。

3. 观看与科学家事迹和科学家精神相关的图片和实物（如书信、手稿、图纸、证章等），激励、教育和引导青年学子传承弘扬科学家精神，树立爱国奋进、锐意开拓、勇于担当的崇高理想。

4. 参观结束后，在课堂上设置你问我答的教学环节，就爱国科学家的先进事迹、学科领域、重大贡献、科学家精神等问题进行提问，引导学生进一步总结深化科学家精神。

5. 要求每个学生完成一份学习总结，重点选择2～3位科学家的事迹，深入挖掘感悟科学家精神。

6. 具体展开对"爱国、创新、求实、奉献、协同、育人"的科学家精神进行探讨。

7. 在课堂上安排学生进行分享发言。

‖ 实践记录 ‖

思想道德与法治实践课
实践报告

报告主题：＿＿＿＿＿＿＿＿＿＿＿
院　　部：＿＿＿＿＿＿＿＿＿＿＿
专业班级：＿＿＿＿＿＿＿＿＿＿＿
学　　期：＿＿＿＿＿＿＿＿＿＿＿

实践报告考核		
考核内容	考核评价（符合标准的在对应的方框里打"√"）	考核成绩（满分100分）
内容是否紧密切合主题，内涵挖掘是否深刻，是否坚持正确导向	优□良□中□差□	
形式是否新颖、适当	优□良□中□差□	
内容与形式的契合度	优□良□中□差□	
团队成员参与度、协作度	优□良□中□差□	
提交成果形式是否规范	优□良□中□差□	
成果展示是否充分	优□良□中□差□	
	教师签名： 年　月　日	

小组成员		
姓名	学号	组内分工

实践报告
题目：
正文：
教师点评

第三章　继承优良传统　弘扬中国精神

导言

　　本章主要阐述了中国精神，即以爱国主义为核心的民族精神和以改革创新为核心的时代精神，强调在新时代的浪潮中，大学生肩负着实现中华民族伟大复兴中国梦的神圣使命。为了实现这一目标，大学生必须深刻弘扬中国精神，不仅成为坚定的爱国者，更要成为改革创新的生力军，用青春的热情和才智为国家的繁荣富强贡献力量。本章与前后章联系紧密，理想信念是方向，中国精神是动力，社会主义核心价值观是集中体现。就整本教材的框架来看，中国精神教育是思想政治教育的根本内容，人生观、价值观教育是其落脚点和依托，处理个人与国家的关系，必须依靠正确人生观的指引，必须依靠道德规范和法律规范的调节。因此本章内容在全书中起着承上启下的重要作用。

一、教学分析

教学目的

　　通过这一章的学习，重点让大学生了解中国精神的丰富内涵，深刻理解以伟大建党精神为精神之源的中国共产党人精神谱系，了解实现中国梦必须弘扬以爱国主义为核心的民族精神和以改革创新为核心的时代精神，教育和引导大学生胸怀天下，热爱祖国，成大才、担大任，并在实践中不断改革创新，增强苦练实干、开拓进取的能力。在新时代的征途上，大学生努力成为忠诚的爱国者，并担当起改革创新的奋斗者角色，以实际行动诠释中国精神的青春风采，用坚定的信念和不懈的努力，为国家的崛起和民族的复兴贡献自己的青春力量。

　　具体来说，通过把握爱国主义的基本内涵和基本要求，引导大学生在日常生活与实践中，自觉坚守爱国、爱党、爱社会主义的高度统一，坚定不移地维护祖国统一与民族团结，鼓励他们尊重和传承中华民族悠久的历史文化，以文化自信为基石，展现新时代青年的责任与担当。旗帜鲜明地反对历史虚无主义，同时，坚持立足中国又面向世界，增强国家安全意识，推动构建人类命运共同体。通过把握改革创新的基本内涵、时代要求和重要意义，引导大学生懂得改革开放是当代中国的显著特征，改革创新是新时代的迫切需要，并自觉培养改革创新的时代责任感，树立改革创新的自觉意识，增强改革创新的能力本领。

📖 教学重点、难点

1. 中国精神的丰富内涵。（重点）

2. 伟大建党精神的科学内涵。（难点）

3. 中国共产党人的精神谱系。（重点）

4. 实现中国梦必须弘扬中国精神。（重点）

5. 爱国主义的基本内涵。（重点）

6. 做新时代忠诚的爱国者的基本要求。（重点、难点）

7. 维护祖国统一和民族团结。（重点、难点）

8. 旗帜鲜明地反对历史虚无主义。（难点）

9. 改革创新是新时代的迫切要求。（重点）

10. 当代大学生做改革创新生力军的途径。（重点、难点）

二、教学案例精选与设计

案例1 中国现代桥梁的奠基人茅以升

📗 案例呈现

　　茅以升自幼便展现出对知识的渴求和独立思考的特质。在他十岁时，南京秦淮河上举办了一场盛大的龙舟比赛。然而，不幸的是，由于观众人数过多，文德桥不堪重负，最终坍塌，导致了众多无辜生命的丧失。这场悲剧深深触动了茅以升，他心中默默立下誓言，长大后一定要建造出最为坚固耐用的桥梁。

　　自那以后，茅以升对桥梁的关注达到了痴迷的程度。每当他遇见桥梁，无论是古老的拱桥还是现代的悬索桥，他都会从桥面到桥柱，一丝不苟地仔细观察。在学校里，他更是对与桥梁相关的书籍和材料情有独钟，一旦在书中发现有关桥梁的知识，他都会小心翼翼地保存下来，作为自己学习和研究的宝贵资料。

　　1911年，茅以升考入唐山路矿学堂预科。不久辛亥革命爆发，他有意弃学从政，但遭到母亲反对。在学校中，他听了孙中山视察唐山路矿学堂时的演讲，认识到学习与建设也是国家的需要，确定了他走"科学救国""工业救国"道路，立志攻读桥梁专业，把建设祖国作为己任。他在学校学习极为勤奋，青年时代，就能流畅地背诵圆周率小数点后面的百位数字。当时，上课不发教科书，教师用英语讲课，他认真做笔记。课后要看许多指定的外文参考书，再整理一遍课堂笔记，补充讲课内容，扩大知识面。茅以升在唐山的5年中记有200多本笔记，摞起来超过一人高。学校规定有不定期的考试，有时可能一天考几门功课。茅以升订出学习计划表，紧张而有计划，有条不紊地学习。他注意学习方法，重视课程之间的联系，学习起来效率非常高。在唐山5年，学业成绩平均92分，考试成绩总是全班第一名。

"东方康奈尔"

1916年，清华学堂招考庚款留学研究生10名赴美国留学，报名者需由其毕业的高校推荐。唐山工业专门学校保送了黄寿恒（1914届）及茅以升（1916届）。考试后，茅以升认为题目太容易了，人人可取，恐怕没希望。结果他们两人均以高分录取。

茅以升于当年进入美国康奈尔大学。在康奈尔大学注册处报到时，茅以升年仅20岁，是全校最年轻的研究生。注册处主任从没听说过唐山工业专门学校，对学校的教学质量有疑问，提出要经过考试合格方能注册。首先，茅以升接受了大学课程的考核，其成绩之优异令人瞩目。紧接着，他又应邀参加了研究生入学考试的挑战，同样以出类拔萃的表现再次震撼了众人。康奈尔大学的教授们纷纷表示惊讶，对唐山工业专门学校的教育水平和茅以升的才华给予了极高的评价。这一连串的优异表现让茅以升毫无悬念地顺利进入了研究生院，开启了他更为深入的研究之旅。

茅以升在课程学习之外，做了题为《两铰上承钢桁架拱桥的设计及其二次应力研究》的论文。1917年论文完成，获硕士学位。在盛大的研究生毕业典礼上，康奈尔大学校长激动地宣布了一项重要决定：今后，凡是从唐山工业专门学校毕业的优秀学子，将享有免试注册的特权，直接入读康奈尔大学的研究生院。这一决定不仅是对唐山工业专门学校教学质量的高度认可，更是对茅以升等优秀毕业生学术成就和个人能力的充分肯定。茅以升为母校争得了荣誉，唐山工业专门学校蜚声海外。由于茅以升为母校在康奈尔大学争得的荣誉，又由于唐山工业专门学校在课程的设置、教材的使用等方面多借鉴康奈尔大学，因而唐山工业专门学校有了"东方康奈尔"的美称。

茅以升在康奈尔大学毕业后，在匹兹堡桥梁公司实习一年半。与此同时，他又向卡内基理工学院（现卡内基梅隆大学）申请在其夜校攻读博士学位课程。

1919年，他全力投入博士论文的写作，题目是《桁架桥梁的二次应力》。同年

11月，他通过了学位论文答辩，成为该校的第一名工学博士。由于参加祖国桥梁建设心切，没有等到举行毕业典礼，他就回国了。他是我国获得桥梁博士学位的第一人。茅以升的博士论文中展现的独到见解被誉为"茅氏定律"，这一理论在学术界引起了广泛的关注。凭借这一卓越的学术成就，他荣获了康奈尔大学授予的"斐蒂士"金质奖章，这一荣誉不仅彰显了他的学术实力，更展现了他对科学研究的执着追求和卓越贡献。这个奖章是每年颁发给该校特别优秀的研究生的。

钱塘江上造奇迹，国人建桥当自强

钱塘江是浙江省最大的一条河流，这条浙江省的母亲河一直以凶险出名。李白有诗："白浪如山那可渡，狂风愁煞艄帆人。"钱塘江江面宽广无垠，水势汹涌，既受到上游山洪倾泻的强烈冲击，又受到下游海潮高涨的显著影响。特别是在狂风骤起的时刻，江面更是波涛翻涌，犹如千军万马奔腾而来，场面壮观而震撼，江底还覆盖着深达41米的流沙。因而，要在钱塘江上架桥是非常困难的。早些时候，浙江的老百姓常把钱塘江上造桥比作难以实现的事。

20世纪30年代，中国正处于多事之秋。九一八事变后，日本侵占了东北三省。在救亡图存的危难时刻，浙江省无论是经济发展还是国防建设，都急需建造一座跨越钱塘江的大桥，把浙东、浙西连成一体，更重要的是把沪杭、浙赣、萧蒲的铁路公路联络贯通。这个任务落在了茅以升的肩上。

面对这项艰巨的任务，茅以升心中涌起一股强烈的决心。他深知，中国的大江大河上虽已横跨着几座大桥，但遗憾的是，它们都是由外国人建造的——济南黄河大桥由德国人铸就，蚌埠淮河大桥出自美国人之手，哈尔滨松花江大桥由俄国人构筑，云南河口的人字形大桥是法国人的杰作，而沈阳浑河大桥则是日本人所建。然而，茅以升坚信，中华民族拥有独立建造桥梁的能力与智慧。他立下誓言，一定要让中国的大地上矗立起一座座由中国人自己设计、建造的桥梁，以彰显国家的尊严与实力。

当外国专家听说中国要修钱塘江大桥时，狂妄地说："在钱塘江上架桥的中国工程师还没出生。"茅以升更加坚定建桥的决心，他立志为自己的国家造一座举世闻名的桥，外国人能做的，我们中国人也能做到。

1933—1937年，茅以升任钱塘江桥工委员会主任委员和钱塘江桥工程处处长，主持修建钱塘江大桥。茅以升邀请了他在康奈尔大学的同窗好友罗英担任总工程师，让他同自己一起，研究设计建桥方案。

浙江建设厅厅长曾养甫为了得到银行财团的支持，"明修栈道，暗度陈仓"，表面称已请铁道部顾问、美籍工程师华德尔设计大桥，又暗暗地催促茅以升、罗英尽快拿出自己的方案。方案提出后经多方论证，华德尔需投资758万元的建桥计划未被采用；而茅以升、罗英等只需投资510万元的建桥设计，以牢固、经济、实用、美观得到一致认同。这时，曾养甫才敢理直气壮地对外宣告：钱塘江大桥"完全是中国人自己设计的"。

茅以升率领着一群富有才华的工程技术人员，深入施工现场，亲自投入实践，他们废寝忘食，倾注心血。经过详尽的实地调查和严谨的科研分析，他们创造性地采用了一系列革命性的方法，成功攻克了诸多技术难题。面对厚硬的流沙层，他们巧妙地运用了"射水法"，有效地解决了打桩难题，展现了卓越的创新精神。面对水流湍急的江面，他们采用了"沉箱法"，以惊人的毅力和智慧克服了施工中的困难。此外，他们还巧妙地利用了江潮的涨落规律，采用"浮运法"在桥墩上成功架设了钢梁，展现了高超的技术水平。在整个建桥过程中，他们面对了80多个重大难题，但凭借着坚定的信念、不屈不挠的精神和卓越的技术能力，一一克服了这些困难，为中国桥梁建设事业书写了辉煌的篇章。

1935年4月6日开始动工，1937年9月26日钱塘江大桥建成。茅以升与他的团队不顾寒暑、无惧风雨，日夜兼程地投身于这项宏伟工程。终于，在波涛汹涌的钱塘江上，他们铸就了一座长1453米、高71米的铁路公路两用双层大桥，这是一座雄伟壮观的现代工程奇迹。

这座大桥不仅是中国人自主设计和建造的第一座现代化大桥，更是中国桥梁建筑史上的一座里程碑，它充分展现了中国科技工作者的卓越智慧和非凡才能，也向世界宣告了中国人民拥有与世界列强比肩的实力。钱塘江大桥如同一座不朽的丰碑，矗立在中华大地上，见证了中华民族自强不息、勇往直前的精神风貌。

挥泪炸桥为抗日，为国复桥大丈夫

就在钱塘江大桥建成之时，全面抗战已经开始，新建的大桥于处在关乎国家安危的战略地位上，使华东的铁路列车能从此桥开往大后方。为迷惑日军，桥上的公路线暂时不用，铁路线仅在夜间通车。后因战事日紧，仅靠渡船已不能适应疏散人口的需要，1937年11月17日，桥上的公路线开通，当天就有10万难民过江南下。

1937年11月12日，上海不幸沦陷，杭州的形势也岌岌可危。就在这样的危急时刻，茅以升于16日接到了炸毁钱塘江大桥以阻止日军南下的紧急命令。在桥梁建设的初期，茅以升就已经预见到可能发生的危机，因此在南岸第二个桥墩的墩身中巧妙地预留了用于埋设炸弹的隐蔽洞穴。在浙江省政府的极力争取下，炸桥行动的实施时间被推迟。直到12月23日，当桥头已能隐约窥见日本骑兵的身影时，负责炸桥的人员才在下午5点这一时刻，毅然引爆了大桥，比原计划推迟了整整37天。这一决策对于抗战的支持、物资的及时撤退以及难民的安全疏散发挥了至关重要的作用。当杭州城陷落之际，城内只留下了极少数的市民，大多数人已通过这座大桥转移至安全地带，从而避免了侵略者可能实施的一场血腥屠杀。

就在炸桥的前一天，即12月22日，通过这座大桥撤退的机车数量高达300多台，客货车更是达到了2000多辆。

炸毁桥梁不仅展示了茅以升的智慧和决心，也体现了中国人民在战争面前不屈不挠、英勇抗争的精神。这座第一次由中国人自行设计和建造，历经925天夜以继日的紧张施工，耗资531.6万元的1453米的大桥，仅存在89天，就被炸成6截，成了一座伤心的断桥。这座桥也成为世界桥梁史上的唯一——唯一一座开桥时，桥洞里就被埋上炸药，在公路桥通行三十多天后不得不由它的建造者亲手点燃导火线而炸断的大桥。

有人问茅以升，炸桥当时是一种什么心情？他几乎不假思索地回答说："这就好比必须亲自捏死自己的儿子一般。"炸毁大桥当天晚上，他彻夜未眠，悲愤交加，伏案写了8个大字以明志："抗战必胜，此桥必复！"又壮怀激烈地写下了《别钱塘》诗三首。其中第三首是：

> 陡地风云突变色，
>
> 炸桥挥泪断通途；
>
> "五行缺火"真来火，
>
> 不复原桥不丈夫！

日军占领杭州后，因一时无法通过钱塘江大桥，被迫滞缓了侵略的步伐。直至1944年日军才草草修复大桥。

1944年3月28日和1945年2月4日，我抗日游击队对大桥5号、6号桥墩实施爆炸破坏，墩身受损严重，多处裂缝钢筋外露。日军只好向空心的桥墩里浇灌混凝土，墩身外用钢筋打箍的方法来进行加固。直到1945年4月25日才勉强恢复行车，但这时距日本投降的日子已经不远了。

抗战胜利后，1946年春，茅以升再任钱塘江大桥桥工处处长，9月对大桥进行修复，第二年通车，实现了自己的诺言。由于大桥破损严重，只能保护性使用，火车、汽车限速，而且不能同时通行。

钱塘江大桥命运多舛。1949年5月3日，解放杭州的战斗以抢夺钱塘江大桥为中心而展开。经过激战，国民党军队溃退时，将大桥第五、第十二孔爆炸破坏。中华人民共和国成立后，国民党军队来轰炸，5号桥载重达300吨的套箱被炸后沉入江中，所幸桥墩无碍。1953年9月，大桥才完成了永久性的修复。

茅以升的卓越声誉与钱塘江大桥的壮丽身影交织成一幅不朽的画卷。大桥的建造、悲壮的炸毁以及后来的修复历程，不仅是一部波澜壮阔的工程史诗，更是交大之子茅以升深厚爱国情怀和为桥梁事业献身精神的生动写照。他的智慧与勇气、责任与担当，都被永恒地镌刻在钱塘江大桥的每一块砖石中。曾任国务院副总理的陆定一同志，赞誉茅以升是"爱国知识分子的楷模"。

92岁高龄加入中国共产党

茅以升生于风雨飘摇的晚清，成长于军阀割据、战火纷飞的民国初年。他目睹了中国大地在20世纪上半叶所经历的沧桑巨变和风云际会，这段经历使他更加深刻地认识到中国共产党在民族救亡图存、国家独立富强道路上的伟大作用与不可磨灭的贡献。他热诚拥护党的领导。1962年，66岁的茅以升向周恩来总理提出了入党申请，周总理爽朗地笑着说："当然欢迎你加入中国共产党，但像你这样中外知名的科学家，是入党好还是留在党外更便利于工作？应该慎重考虑。"经过深思熟虑，茅以升做出了一个重大决定——他选择留在党外，成为一名"党外布尔什维克"。此后的二十多年间，茅以升始终坚守共产党员的初心和使命，以共产党员的标准严格要求自己。他凭借在国内外的影响力，积极联系并推动海内外各界人士踊跃投身祖国的社会主义建设事业，为祖国的和平统一进程贡献了不可磨灭的力量。直到1985年11月22日，考虑到自己的身体状况和长期以来的坚定信念，90岁高龄的茅以升正式递交了入党申请书，表达了他对党的无限忠诚和对共产主义事业的执着追求。"我已年逾九十，能为党工作之日日短而要求之殷切期望与日俱增……为此，特再次提出申请，我愿为共产主义事业奋斗终身。"字里行间，流淌着一位爱国知识分子对中国共产党的无限憧憬与信赖，这份情感深深扎根于他对祖国和人民的挚爱之中。1987年10月12日上午，在庄严肃穆的中共中央统战部礼堂会议室里，茅以升的入党宣誓仪式隆重举行。时年92岁的他，在党旗下庄严地举起了右手，每一字每一句都铿锵有力，表达着对党的坚定信仰和一生追求的夙愿。那一刻，他仿佛回到了青春岁月，激动之情溢于言表，犹如一个满怀热血的29岁青年。

然而，时间的车轮无情地向前滚动。1989年11月12日，茅以升在北京安详离世，一颗科学巨星就此陨落。但他的精神与贡献如同天空中的绚丽彩虹，永远留在人们心中。为了铭记这位伟大的科学家，2001年，国际小行星中心郑重发布公告，将发现于1997年1月9日的一颗小行星永久命名为"茅以升星"。

这颗天体不仅承载着茅以升的学术思想和科学精神，更将永远在宇宙中遨游，闪耀着人类智慧的光芒，照耀着无尽的苍穹。茅以升虽已离我们远去，但他一生所建造的桥梁和学术贡献将永载史册，永远激励着后人前行。

"思想道德与法治"课案例教学设计与实践

资料来源：李万青主编，《竢实扬华　自强不息——从山海关北洋铁路官学堂到西南交通大学》（上卷），成都：西南交通大学出版社，2007年，第101-102页、第116-126页；《92岁高龄入党，他亲手炸毁自己主持建造的大桥》，共青团中央微信公众号，2023年1月9日，https://mp.weixin.qq.com/s/9Zu2CCiK-zgCirDqFxqH-w。

案例分析

茅以升先生是中国近代桥梁工程的奠基人，是开创工程教育先河的教育家。他从小就有强国之志，一生行事严以律己，敢为人先，讲求实效，为中国的发展与建设，为铁路、教育、科研、科普事业做出了历史性的贡献。他的传奇人生与奋斗历程跨越时空的界限，历经岁月洗礼而愈发璀璨，成为激发一代代国人爱国奉献、矢志不渝、勇攀科学高峰的精神灯塔。茅以升的故事激励着一代代人，以他为榜样，在各自的领域中不懈追求，为祖国的繁荣富强贡献自己的力量。

92岁时，茅以升先生完成了入党宣誓，这是一位爱国知识分子对中国共产党的无限向往与信任，浸润着的是对祖国和人民深沉的爱。信仰产生力量。正因为茅以升先生有崇高且坚定的信仰，所以才具有了披荆斩棘、锲而不舍的强大动力。特别是，他怀揣着一颗炽热的爱国之心，立志为中国人争光，主持并修建了我国第一座完全由中国工程师自主设计并建造的现代化大桥——钱塘江大桥。此举不仅彰显了国人的智慧和实力，更彻底打破了"唯有洋人方能筑桥"的陈旧观念，为中华民族的崛起和自信书写了浓墨重彩的一笔。但他呕心沥血3年建造的钱塘江大桥，仅89天后，为了抵抗日军，保护国家和人民的利益，他又果断下令炸掉。抗战硝烟散去，茅以升携带着精心守护的14箱珍贵资料重返杭州。面对战后的废墟和种种困难，他毫不退缩，以坚定的信念和卓越的才能，成功地将曾经被战火摧毁的钱塘江大桥修复至完美。茅以升先生的"造桥、炸桥"展现了令人动容的家国情怀，也充分展现了中华儿女具有的坚如磐石、无所畏惧的中国精神和强大力量。

教学设计建议

1. 案例导入：本案例可用于第三章导入部分的教学，通过案例介绍，使学生了解到茅以升先生身上所彰显的崇高民族气节，从茅先生身上看到强大的中国精神力量，感悟科学家的情怀，走近高尚的灵魂，从而获得心灵的启迪和精神的洗礼。

2. 案例分析和引导：在案例分析过程中，引导学生思考什么是中国精神，茅以升先生身上有哪些鲜明而具体的精神体现，总结强调"爱国、自强、勤奋、探索、创新"等是茅以升先生的精神特质，从而引出中国精神就是以爱国主义为核心的民族精神和以改革创新为核心的时代精神。

3. 组织学生撰写心得体会：结合茅以升先生的感人故事，认真思考大学生应该如何以茅以升等老一辈科学家为榜样，成为爱国主义的坚定传承者和新时代改革创新的生力军。

总结提升建议

1. 传承和弘扬中国精神： "人无精神则不立，国无精神则不强，精神是一个民族赖以长久生存的灵魂，唯有精神上达到一定的高度，这个民族才能在历史的洪流中屹立不倒、奋勇向前。"中国精神，乃国家兴旺、民族强盛之灵魂。为实现中华民族伟大复兴的中国梦，必须大力弘扬这一精神。当代大学生，肩负民族复兴的时代重任，应矢志不渝地成为忠诚的爱国者，勇立时代潮头，锐意进取，应以其青春的热情和才华，用实际行动诠释中国精神的丰富内涵，展现其独特的青春风采，为国家的繁荣富强贡献自己的力量。

2. 坚定"四个自信"：新时代的大学生，只有自觉弘扬中国精神，坚定道路自信、理论自信、制度自信和文化自信，增强民族自尊心和自信心，才能在实现中华民族伟大复兴的征程中拥有坚如磐石的精神和信仰力量，不为困难吓倒，不为诱惑所动，不为干扰迷惑。

3. 激发创新创造的精神动力：在推动新时代伟大事业的征途上，必须以创新创造为引擎，以向上向前的精神为动力，勇于破旧立新，敢于挑战未知。这种强大的精神力量将是实现目标、攀登高峰的不竭源泉。引导大学生爱党、爱国，创新、奉献，在深刻感悟老一辈科学家中国精神的历史故事中，领悟思想精髓、擦亮初心本色、争当红色传人。

案例2　献身铁路建设的革命烈士伍楚华

 案例呈现

　　1956年4月21日伍楚华在长沙市第五中学参加共青团，同年考入唐山铁道学院铁道工程系，曾担任团支部书记。伍楚华出身于工商业资本家家庭，尽管这一背景在当时可能对他的政治进步构成挑战，但他一直以积极的态度参加党团组织的各种活动，多次被评为班级学习标兵、三好学生。从1958年到1964年，他先后6次向学校和工作单位的党组织提出入党申请，要求加入中国共产党，决心为党的事业贡献自己的一切。

　　1961年，他从唐山铁道学院毕业后，被分配到齐齐哈尔铁路局工作。在工作时，有一次一名工人的孩子急需输血，他就连忙赶到医院献血，当化验出他是O型

血时，他高兴地对周围的人说："我能为病人输血，能为别人创造幸福，牺牲自己的一切也是有意义的。"

1964年10月，为了支援西南的铁路建设，他调到位于成都的铁道部第二勘测设计院，参加了成昆铁路的修建。1965年3月，他被派往成昆线北段，随铁道兵8816部队一起参加施工。

伍楚华虽是路基技术员，但在修建新滩坝隧道时遇到大面积塌方后领导派他到现场协助解决施工中出现的各种问题时，他并没有推辞。他在危险面前知难而上，边干边学，和战士们同吃、同住、同劳动，毫不考虑个人的安危。他曾在日记里写道："为了处理好病害，完成施工任务，自己和战士一起冒着危险到塌方最严重的地段工作，虽然很多时间是危险的，学习了王杰同志的英雄事迹后，自己想，为了革命工作何畏牺牲，要成为一个真正彻底的革命者，就必须一心为革命，哪怕牺牲也是值得的，因而也就泰然自若了。"

1965年12月3日16时，伍楚华来到新滩坝隧道施工现场跟班劳动。18点05分，隧道内实施爆破，当时洞内的硝烟尚未散尽，伍楚华就与副指导员、测量兵等5人进入洞内观察爆破效果。当他正在棚架上测量爆破横断面时，在棚架上9米的高处，一块重约750公斤的石头滚下来击中了他。伍楚华倒下了，心脏停止了跳动。

战士们看到技术员倒在血泊中，不相信这位优秀的大学生就这样牺牲了，他们连忙喊来军医进行抢救。以卫生队副队长为首的14名军医、卫生员轮流为伍楚华进行人工呼吸、心脏按压，并切开气管吹气加压，抢救工作持续了33分钟，但最终未能挽救他的生命，伍楚华永远地离开了我们。

1965年12月4日，8816部队在新滩坝工地为伍楚华举行了隆重的追悼会，铁道兵师政治部副主任、团长、政委、中央卫生工作组成员、铁二院第四现场设计队领导以及铁道兵700多名官兵参加了追悼会。他们以一名解放军军人的规格为伍楚华举行了葬礼，并建议铁道部追认其为烈士，希望将其遗体与在修建成昆线时牺牲的战士们一起安葬在峨边县烈士陵园。

铁道部第二设计院团委根据伍楚华生前的表现，追认他为优秀共青团员。1966年1月，院党委追认伍楚华为中国共产党正式党员。经上级机关批准，伍楚华被授予"革命烈士"称号。当年，铁二院文艺宣传队把伍楚华的先进事迹编成文艺节目，带到北京参加了铁道部举行的文艺汇演，受到好评。

伍楚华把生命献给了成昆铁路，牺牲时年仅26岁。

资料来源：何云庵、苏志宏主编，《西南交通大学史》（第四卷1949—1972），成都：西南交通大学出版社，2016年，第338–339页；何云庵、李万青主

编，《埈实扬华 自强不息——从山海关北洋铁路官学堂到西南交通大学》（下卷），成都：西南交通大学出版社，2011年，第209—210页。

案例分析

"出师未捷身先死，长使英雄泪满襟。"年仅26岁的伍楚华为了中国铁路建设事业，牺牲了年轻宝贵的生命，他是西南交通大学的杰出校友。虽然他离开我们已经几十年了，但是，当年教过他的老师没有忘记他，他的同学没有忘记他，母校没有忘记他，新时代的交大人也不会忘记他。纪念伍楚华，也是纪念以他为代表的无数牺牲在工作岗位上的成昆铁路的建设者。

成昆铁路被认为是20世纪人类征服自然的三大奇迹之首。成昆线穿越之地，山势峻峭，峰峦叠嶂，深涧如织，沟壑交织，地形与地质构造极其复杂，堪称是大自然的"地质宝典"，享有"地质博物馆"之美誉。然而，正是这片曾被外国专家断言为"修路绝境"的险峻之地，见证了人类工程技术的卓越与坚韧。成昆铁路修建历时12年，修建过程的艰难程度超出了常人的想象，当成昆线全线建成通车、各路大军先后撤离时，却在沿线留下了大大小小的烈士陵园和建设者墓碑。这些烈士陵园和墓碑是所有铁路建设者屹立不倒的精神丰碑，它们代表着那个贫弱的年代里，中国人不屈的灵魂和精神。

岁月流逝，精神永恒。伍楚华以及无数个为中国建设牺牲的英烈们，用他们的血肉之躯构筑起了今天强盛繁荣国家的基石，照亮了千万代青年前行的道路，他们的故事和精神将激励着一代又一代中国人不畏艰险、奋勇前行。

教学设计建议

1. **案例导入**：本案例可用于第一节第二目"中国精神的丰富内涵"的教学。通过案例介绍，让大学生了解，中国精神不仅体现在一个个英雄的生命和鲜血里，也蕴含在一代代中国人的拼搏奋斗中，有着丰富的内涵。

2. **组织学生思考讨论**：让学生思考中国精神的丰富内涵是什么，结合大学生的学习和生活实际，思考大学生应该怎样去彰显中国精神，给学生3分钟左右的思考时间，可以鼓励学生举手回答，也可以组织小组讨论并由小组指定一名学生登台演讲。

3. **总结概括**：中国精神不是抽象的概念、空洞的口号，千千万万为国家做出贡献的人，千千万万在生活中闪耀真善美的人，千千万万在自己平凡的岗位上默默付出和奉献的人，都是中国精神的造就者，中国精神的丰富内涵包括伟大创造精神、伟大奋斗

“道德法治”教学设计实践

精神、伟大团结精神和伟大梦想精神。大学生是彰显中国精神的优秀群体之一，创新创造、拼搏奋斗、团结友爱、理想追求等都是对中国精神的最好诠释。

总结提升建议

1. 注重大学生精神气质、精神品格的塑造和培养：在漫长的历史长河中，中华民族不仅孕育出了璀璨夺目、享誉全球的中华文明，更塑造出了一种独一无二的精神风貌与品质，形成了崇尚精神的卓越传统。这一传统如同明灯，指引着中华民族不断前行，推动其不断发展壮大，成为世界的瑰宝。在实现中华民族伟大复兴的征程中，大学生作为中国精神的传承者和弘扬者，应该展现出昂扬向上的精神风貌，以朝气蓬勃的精神状态投身创造中华民族光明未来的实践。

2. 提升大学生的创新创造能力：培养大学生独立的创新思维，激发大学生的社会责任感，鼓励大学生多参加社会实践，培养他们的团队协作意识等。

3. 锤炼大学生奋斗的意志品质：教育和引导新时代大学生树立不懈奋斗的价值观，把个人理想与国家命运结合起来，把奋斗精神作为一种内在动力和助力源泉，使他们充分认识和了解"无奋斗不青春，奋斗的青春有未来"。

4. 增强大学生对党和国家的向心力：教育和引导大学生坚定"四个自信"，拥护党的领导，支持党的基本路线，维护国家基本政治制度，增强他们的国家和民族认同感。

5. 激发大学生的梦想精神：在漫长的人生旅途中，唯有怀揣勇气，急流勇进，毫不畏惧前方的艰难险阻，全力以赴地拼搏，方能在波涛汹涌的激流中稳操胜券，最终抵达那充满光明的彼岸。教育和引导大学生树立科学的理想信念，在为中国梦而奋斗的过程中实现个人梦，在成就个人梦的过程中为实现中国梦贡献青春力量。

案例3 为原子弹装上"心脏"、让"中国芯"跳动的邹世昌

案例呈现

邹世昌是一位杰出的材料科学家，并荣膺中国科学院院士的殊荣。他的学术生涯始于交通大学唐山工学院（现西南交通大学）冶金系，于1952年顺利毕业。随后，他继续深造，于1958年在苏联莫斯科有色金属学院取得了副博士学位。在科研领域，邹世昌的职业生涯充满了辉煌。他曾任中国科学院上海冶金研究所研究员，并担任所长一职，领导并推动了该所在材料科学领域的研究工作。此外，他还曾在

112

1979年至1980年期间，担任联邦德国慕尼黑弗朗霍夫学会固体技术研究所客座教授。在政治领域，邹世昌同样展现出了卓越的才能和影响力。他于1986年被选为中共上海市委员会候补委员，并在1992年晋升为中共中央候补委员，2021年被评为全国优秀共产党员。邹世昌忠贞爱国，热爱科学研究事业，领导了"甲种分离膜的制造技术"的研制，给原子弹装上了"心脏"；开创了国内离子束技术的研究，为我国集成电路核心技术的发展奠定了坚实基础，让"中国芯"开始跳动。晚年仍热衷于集成电路产业发展，是我国集成电路产业的重要奠基人。

少年时代立下报国之志

邹世昌的青少年时代是在战争和动荡中度过的。1937年抗日战争全面爆发，邹世昌目睹了侵略者的野蛮与残暴，痛感国家的贫穷与落后，体会到了落后就要挨打的道理，心中萌生了科技救国的志向。美国在日本投下两颗原子弹，加速了第二次世界大战结束的进程，邹世昌看到了科技进步和尖端武器的重大意义，意识到要靠科技强国救国。抗战胜利后，邹世昌以为"天亮了"，人民可以安居乐业了，中国可以搞建设谋发展了，国民党悍然发动的内战打碎了他的梦想。此时，邹世昌在上海格致中学学习，他进一步认识到，中国要彻底摆脱凌辱和压迫，走上康庄大道，不仅要发展经济和科技，还要推翻国民党的反动统治，建立人民当家作主的国家和政权。中华人民共和国建立后，邹世昌接受了马克思主义，思想认识有了很大提高，学习动机已经不仅仅是为了找一个饭碗和职业，而是要用自己的知识技术改变国家的贫穷与落后，"改变祖国的贫穷和落后，是我们这一代人义不容辞的责任"。为了深耕材料科学领域，邹世昌转学至唐山交通大学（现西南交通大学）冶金系深造。毕业后，他毅然选择加入中国科学院上海冶金研究所，投身各种金属材料的研究工作，从而开启了他以科技服务国家、报效祖国的征程。他的每一步都充满了对科学的热爱和对国家的忠诚，展现了一位科学家的担当与使命。

为原子弹装上了"心脏"。20世纪50年代后期，为了打破美国、苏联的核垄断和核讹诈，我国决定研制核武器。核武器的燃料是铀235，但在天然铀中，铀235只占0.7%，其余99.3%是铀238。制造核武器的过程中，一个至关重要的环节就是铀的浓缩，具体而言，就是要将铀235的浓度提升至90%以上。这项分离铀同位素的技术，不仅是制造核武器中的核心步骤，更因其高度复杂性和挑战性而显得尤为关键和困难。当时分离铀同位素235和238的技术是气体扩散法，先把铀变成容易气化的氟化铀，再让它扩散通过多孔的分离膜，利用铀235和铀238氟化物因分子量不同而扩散速度不同，从而分离并浓缩铀235。在制造核武器的过程中，分离技术的核心在于高度精密的分离膜元件的制造。在当时，全球范围内仅有美国、英国、苏联和法国四个国家掌握了这一关键技术，且由于涉及国防和军事机密，这些国家不可能对外公开或分享任何相关的技术资料。中苏关系恶化后，苏联专家在撤走时曾扬言，没有了苏联的帮助，中国绝对做不出分离膜，没有了分离元件，制造原子弹只能是一个美好的梦想。自主研制分离膜的重任落在了邹世昌等中国科学家的身上。1960年原二机部副部长兼原子能研究所所长钱三强向邹世昌等科研团队下达了研制原子弹所必需的"甲种分离膜"的重要任务，同时分头开展这项研究的还有原子能所等3个单位。1961年，为了集中力量攻克"甲种分离膜"的研制难题，来自四个单位的研究人员和设备被统一调度到上海冶金所，并在此成立了专项研究室，进行联合攻关。该研究室下设三个研究大组，旨在协同工作，共同推动项目的进展。邹世昌领导的第二大组负责分离元件制造工艺的研究，包括粉末成型、压力加工、热处理、焊接、物理性能测量等环节。"我负责工艺，就是要把粉末涂到膜上，试验中碰壁无数。为了让粉有黏度，我动足脑筋，用各种偏方、土方。那可不是一般的调制搅拌，一次调制起码一整天。我带领组员经过一年多'昏天黑地'的攻关方才告捷。调制成功后，整个实验室一片欢腾……"邹世昌后来回忆说。

在邹世昌的领导下，研究组的成员们历经无数次的尝试和实验，终于在1963年成功研制出了符合要求的分离膜元件。然而，就在他们即将取得最终胜利之际，又遭遇了一个棘手的难题——焊接成型。当时，国内生产的焊头材料性能不佳，难以满足甲种分离膜的高标准焊接工艺要求。幸运的是，邹世昌在苏联攻读研究生期间，曾深入研究过一种高强度、高电导、热稳定的铜合金新材料。他迅速意识到这种材料可能是解决焊接难题的关键。经过精心加工，这种新材料被制成了焊接电极，并在实际应用中取得了极佳的效果，成功解决了焊接材料的难题。甲种分离膜制造技术的成功研制，标志着中国成为世界上第五个独立掌握浓缩铀生产技术的国家。这一成就不仅为中国核武器的发展奠定了坚实的基础，更被形象地喻为给原子弹装上了"心脏"，表明中国在国防科技领域取得了重大突破。

让"中国芯"开始跳动

离子注入机在芯片制造过程中占据着举足轻重的地位，是实现集成电路芯片制造不可或缺的关键设备，没有离子注入技术的支持，集成电路芯片的制造将无从谈起。邹世昌是国内离子束研究的先驱，为我国集成电路核心技术的发展奠定了坚实基础，让"中国芯"开始跳动。在1970年代初，邹世昌重返科研岗位，专注于离子束与固体材料相互作用的研究，并探索该理论在半导体材料与器件方面的应用潜力。当时，他所在的研究所设备有限，仅有一台国内制造的20万电子伏特能量的离子注入机，且性能不稳定。然而，邹世昌并未因此放弃。1974年，他与上海原子核研究所合作，利用现有的离子注入机，自行研发并配置了束流准直器和精密定角器，成功建立了背散射能谱测量及沟道效应分析系统。该系统被用于离子注入半导体的表面层组分浓度分布的测定、晶格损伤的分析以及掺杂原子晶格定位，并于1975年完成了氖离子背面注入损伤吸收硅中重杂质的研究，有效改善了p-n结的反向漏电特性。这一成果在国际上引起了广泛关注，令同行们惊讶的是，中国科学家竟能在如此有限的条件下取得如此显著的进展。

1978年，邹世昌又与上海光机所携手，共同攻克了半导体激光退火技术，并在国内率先开展了相关研究。他的这一创举为半导体制造领域带来了新的突破。到了1985年，邹世昌更是创建了中国科学院离子束开放研究实验室，深入系统地研究离子束与固体材料的相互作用，并将其应用于材料的改性、合成、加工、分析等多个领域。他领导的团队相继完成了半导体离子注入、SOI技术、离子束微细加工、离子束增强沉积等多项研究，并取得了显著成果，为我国集成电路的研究与发展做出了巨大贡献。

晚年致力于创建集成电路产业

早在1965年，上海冶金所与上海元件五厂就共同研究试制出了上海第一块集成电路，但由于科研脱离生产、投资分散、政策不配套，到20世纪90年代，我国的集成电路产业在研究水平和生产技术上与发达国家相距甚远，一股强烈的责任感、使命感油然而生，邹世昌决心要改变我国半导体产业落后的面貌。1997年上海市和原电子工业部决定在浦东建设我国第一条8英寸集成电路生产线，年近古稀的邹世昌欣然领命，全程参与了中日合资的上海华虹NEC电子有限公司从谈判到签约、从打桩到建厂房的整个过程。"我是怀着振兴微电子产业的愿望来到华虹NEC的，"邹世昌曾感慨地说。1999年2月，华虹NEC公司提前七个月成功投产，这一里程碑式的事件标志着中国正式拥有了自主研发的深亚微米超大规模集成电路生产线，从而将我国的集成电路制造技术推向了世界先进水平的行列。华虹NEC的显著成功在集成电路产业中引发了集群效应，推动上海在短短几年间构建起一个包含300余家企业、横跨电路设计、晶圆制造、封装测试、设备材料、智能卡等多个领域的综合性集成电路产业链。这一产业链的形成，显著提升了上海的集成电路产能，其产能占全国总量的三分之一，进一步巩固了上海在全球集成电路产业中的重要地位。然而，"发展微电子产业的路还很长，任重而道远"。面对成绩，邹世昌保持着少有的清醒，从国外引进的先进的芯片生产技术还需要消化吸收，更需要自主创新，建立起自己的知识产权和技术队伍，发展我国自主的微电子产业。2009年，当上海市政府决定建设12英寸集成电路生产线时，此时已经78岁高龄的邹世昌还在为上海集成电路产业的发展呕心沥血、出谋划策。

克己奉公，提携后辈

1983年，邹世昌走上了上海冶金所所长的领导岗位。作为所长，他时刻提醒自己要谦虚谨慎，多听意见，一心为公，廉洁自律，坚持原则，率先垂范，多做实事，不计得失。为了推动集成电路产业的进一步发展，他毅然面对各种挑战和阻力，积极倡导并大力推进改革。在分配制度上，他坚持按劳分配、效益优先，同时充分考虑到公平原则，以此激励和调动广大员工的积极性与创造力。在任职的14年中，职工的年收入逐年增长，而他却从不给自己发年终奖，克己奉公是邹世昌一贯的处世原则。20世纪80、90年代，他敏锐觉察到人才的流失、断层等问题，"人才是关系到研究所兴衰存亡的大问题，一个研究单位的竞争能力，归根到底取决于科技队伍的素质与水准。作为所长，我在位一天，就要创造一切条件让年轻人尽快成长起来"。他果断地采取了突破常规的政策和措施，旨在吸引、稳定并长期留住那些才华横溢的年轻科技人才。2021年邹世昌被评选为"全国优秀共产党员"，耄耋之年的他写下了这样一段感言："今天是党的百年华诞，我非常激动！我有幸加入中国共产党65年，是党培养我留学、继而成长为一名科技工作者；是党领导人民开天辟地，建设了繁荣富强的新中国。我深深为此感到自豪，为自己是一名党员而感到光荣！我做了一名党员、一名科技工作者应该做的工作，但还很不够。有生之年，我仍然要在党的领导下，在培养年轻人、支持科研和产业结合上继续努力，为建设我国自主创新的科技事业和芯片产业，不懈奋斗！"

资料来源：《邹世昌传略》，选自杨树彦主编：《西南交通大学（原唐山交通大学）校史资料选辑（第二十一辑）》，成都：西南交通大学校史编辑室，2002年，第1-8页；《全国优秀共产党员——邹世昌》，《上海基层党建》，2021年8月23日；《他为原子弹装上"心脏"，让"中国芯"跳动——记全国优秀共产党员邹世昌》，《上观新闻》，2021年7月12日；《邹世昌："两弹一星"与集成电路研制》，《新民晚报》，2010年3月29日。

案例分析

邹世昌是一个视科研事业为生命的人，更是一个爱国爱党爱社会主义的优秀共产党员。他在一则自述中曾深情地写道："我出生于这块饱经蹂躏侵略、贫穷落后的土地上，我的命运就和祖国的前途紧紧相连，我的历史责任是要竭尽全力去改变她的面貌，建设一个繁荣昌盛、科技发达的新中国"。这是邹世昌在科学事业上拼搏奋进50载的心路历程和真实写照，也是他坚持把爱国与爱党爱社会主义统一起来的鲜明写照与集中体现。如今90多岁高龄的他依然坚持在科研、生产一线，从事集成电路研制，了解原子弹研制的最新进展。他曾经说过这样一句话："我一辈子主要做两件事，一件事是攻克'甲种分离膜'制造工艺，为原子弹装上'心脏'，二是研制'中国芯'。第二件事情还没有做完，我要一直做下去。"

教学设计建议

1. 案例呈现：本案例可用于第二节"做新时代忠诚的爱国者"的教学。结合多媒体素材，展示邹世昌一生的先进事迹，以及在科学研究、集成电路产业发展等方面取得的巨大成就和做出的突出贡献，让学生看到他是如何通过自己的科研事业和科研管理为我国的社会主义现代化建设做出贡献的。

2. 案例分析与讨论：通过邹世昌这一案例，引导学生在认识邹世昌科研爱国的基础上，进一步认识到邹世昌是如何把爱国与爱党爱社会主义统一起来的，从而深刻认识到爱国与爱党爱社会主义的一致性，以及认识到爱国必须与爱党爱社会主义统一起来的必然性。

3. 引导问题：

①邹世昌是如何通过科研工作来"爱国"的？

②邹世昌是如何把爱国与爱党、爱社会主义统一起来的？

总结提升建议

围绕"在当代中国，为什么爱国必须爱党爱社会主义？"这一主题，引导大学生深入思考与探讨：为什么在大力推进中国特色社会主义现代化建设的今天，坚持爱国就必须与爱党、爱社会主义相统一？这既有助于深化对问题的认识，又有助于培养学生的批判性思维和道德判断力。例如：

①有人说："我爱国，但爱国不一定要爱社会主义和中国共产党。"那么，在当代中国，爱国可以不爱社会主义和中国共产党吗？

②国家包括领土、人民、制度三个实体性要素，不可或缺。我们能在割裂出国家构成中的"制度"要素后，仍然声称自己爱"国"吗？

③社会主义和中国共产党的领导已经渗透到我国经济、文化、社会、思想、生活的方方面面，是我国最亮丽的底色，我们能在事实上把它们从"国家"中分离出来，不爱它们，却仍然声称自己爱"国"吗？

④中国走上社会主义道路、坚持共产党的领导，是历史的选择、人民的选择。我们能够离开"历史"进行假设，中国不走社会主义道路、没有共产党的领导也依然能够实

现国家的"站起来""富起来""强起来"吗？

⑤中国共产党领导全国各族人民走中国特色社会主义发展道路，取得了举世瞩目的伟大成就。还有什么样的领导力量和发展道路，得到实践证明能够比社会主义道路和共产党领导做得更好的吗？

案例4　"两弹一星功勋奖章"获得者姚桐斌

案例呈现

在中国国家博物馆内，一枚属于姚桐斌的"两弹一星"功勋奖章被郑重珍藏，它不仅闪耀着辉煌的光芒，更承载着厚重的历史分量。

1947年，姚桐斌踏上了前往英国伯明翰大学工业冶金系的留学之路，并在那里于1951年获得了博士学位。随后，他于1952年继续深造，于1953年在伦敦帝国学院获得了D. L. C.文凭（Diploma of the Imperial College）。1954年，他赴联邦德国亚琛工业大学冶金系担任研究员兼助理教授，继续他的学术追求。1956年，他在瑞士坚定地加入了中国共产党。1957年，他毅然回国，被分配到国防部第五研究院（即导弹研究院）一分院工作，先后担任材料室研究员、主任以及材料及工艺研究所所长等职务，为国家的科研事业贡献了自己的力量。1968年6月8日在下班回家途中不幸遇袭蒙难。1978年被追认为革命烈士，1999年被中共中央、国务院和中央军委追授"两弹一星"功勋奖章。在中国国家博物馆收藏着一枚"两弹一星"功勋奖章，它记载着姚桐斌的卓著功勋。姚桐斌一生赤诚爱国，用自己的生命、才华和奉献，打破了西方的技术封锁，为我国的航天事业注入了无限的力量。

艰难求学，立报国之志

1922年姚桐斌出生在江苏无锡黄土塘镇一个贫寒的家庭。父亲做小生意供姚桐斌上完小学，决定不再让他念书，校长看他学习优异，多次到家劝说，姚桐斌父亲终于同意姚桐斌上无锡县中学。上中学后，姚桐斌因家里开销增大，无奈地中断了学业，凭借父亲给的一点资金，开始在镇上摆起小摊，以售卖香烟、火柴、袜子等日用品来维持家庭生计。然而，他对知识的渴望并未因此而熄灭。1937年，姚桐斌凭借做生意积攒的微薄积蓄，独自一人前往上海求学，决心继续他的高中教育。然而，由于资金有限，他无法承担住宿费用，因此只能选择睡在教室里，以省下这笔开销。全面抗战爆发后，上海、无锡先后沦陷，姚桐斌和几个同学一起辗转来到江西吉安上学，靠学校的贷款交学费。

尽管生活贫困、战乱不断、颠沛流离，姚桐斌的求学报国之志从未动摇，读书十分用功。1941年，姚桐斌以高中毕业生的身份参加了江西全省的会考。他凭借出色的表现，取得了个人总分第一名的优异成绩，使他备受瞩目。因此，他收到了武汉大学等七所知名大学的录取通知。在深思熟虑后，姚桐斌最终选择了交通大学唐山工学院矿冶系（当时该学院在贵州平越办学）进行深造，继续他的学术之路，要"开发中国的资源，以实现孙中山先生的建国理想"。上大学时，"老是穿一件薄薄的灰色土布棉衣"的姚桐斌，通过为学校打扫试验室、分发邮件、做家教等方式勤工俭学。1945年他以全班第一名的优秀成绩顺利毕业，到重庆北碚矿冶研究所工作，任助理研究员。当时抗战刚刚胜利，国内局势动荡不安，姚桐斌想到国外去学习先进的科学技术，以便将来更好地为国家建设出力。

1946年他以优异成绩考取了公费留学，1947年到英国伯明翰大学工业冶金系攻读博士。"来到英国后，我感到祖国很贫穷落后，想多学一些科技知识奉献给祖国。"在英国读书期间，后两年没有公费支持，姚桐斌只好把两年的费用匀作四年使用。在这样艰苦的条件下，1951年顺利获得冶金学博士学位。他原本计划回国，但组织安排他到伦敦帝国学院继续学习深造。在伦敦帝国学院，姚桐斌对铝—硅合金的热裂性能开展研究，先后发表了多篇重要论文，并于1953年获得伦敦帝国学院皇家矿校冶金系文凭。

在英国留学期间，姚桐斌关注国内时局的变化，为中华人民共和国的建立感到兴奋，在学习之余满腔热情地为中国奔走宣传，被称为中国的"红色信使"，他的爱国活动引起了英国有关部门的注意，被列为"不受欢迎的人"而限期离境。姚桐斌心中怀揣着对祖国的深深眷恋，他时刻期盼着能够早日回到祖国的怀抱，为中国的建设贡献自己的力量。然而，面对组织的安排和国家的需要，他再次选择了服从。1954年，他前往联邦德国亚琛工业大学，投身金属黏性及流动性的研究工作，并担任研究员兼助理教授。尽管身处异国他乡，但他的心始终与祖国紧密相连。姚桐斌扎实严谨的学术基础和工作作风给同事们留下了深刻的印象，他写了多篇关于金属黏性及流动性的论文，并自制仪器研究金属黏性，他的研究成果获得了业界的好评，被好几个国家的大学邀请讲学。

在联邦德国期间，姚桐斌接受了马克思主义，1956年在瑞士加入了中国共产党，成了一个共产主义者，回国建设祖国之心更加强烈。1957年姚桐斌终于回到祖国。当时清华大学等单位向他抛出了橄榄枝，但他无条件服从组织安排，到了最需要的单位——刚刚成立不久的国防部第五研究院工作。有人问他，为什么要放弃国外优渥的生活科研条件，回到一穷二白的中国，姚桐斌是这样回答的："我回来不是为了名誉和地位，而是为了将学到的知识贡献给国家建设。我愿意在基层做一些具体事情，和大家一起为我国火箭上天贡献力量。"在一次国际学术会议上，当外国同行问及回国的原因时，姚桐斌坦然回答道："我是中国人，当年出国就是为了现在回国。现在中国还比较落后，但将来中国一定会强盛起来。"

攻坚克难，为航天材料奠基

早在英国留学期间，姚桐斌在铝-硅合金的热裂性能方面的研究，就已经崭露头角。在联邦德国亚琛工业大学工作期间，他关于金属黏性及流动性的研究得到国际同行的一致好评。姚桐斌回国后，毅然选择了到国防部第五研究院工作，负责筹建材料与工艺研究所。1958年姚桐斌到单位报到时，材料研究组只有12名大学生，办公室和科研条件十分简陋。1960年材料研究组扩建为航天材料与工艺研究所（即七〇三所），姚桐斌任所长。

作为我国航天领域的重要奠基人，姚桐斌不仅是第一代导弹与航天材料及工艺的学科带头人，更是研究所的创始者与核心领导者。从科技团队的组建、人员的选调与分配，到研究所整体发展战略与规划的精准定位；从研究室与试验室的布局设计，到先进设施设备的引进与建设；从科研方法的传授，到严谨科研态度的培养，姚桐斌都亲力亲为，严格把关。他倾注了无数的心血与努力，为我国航天材料科研事业的起步与发展奠定了坚实的基础，是当之无愧的开创者与奠基人。他几乎跑遍了国内材料研究单位和生产企业，一项项落实材料生产，跑遍了国内各大图书馆和书店，一页页收集文献资料。姚桐斌在国防部第五研究院发挥了核心作用，他精心组织并制定了材料工艺的研究方向，坚决贯彻"材料要先行"的原则。在他的领导下，材料与工艺的预先研究得到了有序的组织和推进。他向国内多个相关单位提出了大量富有前瞻性的研究课题，不仅促进了航天材料科研领域的深入探索，还成功建立了涵盖材料、工艺、检测研究及相关设备研制的全面航天材料及工艺研制体系，为我国航天事业的快速发展奠定了坚实的基础。在国家科委和国防科委领导下，姚桐斌组织制定了航天材料的近期科研计划和中长期科研发展规划，主持召开了三次全国性的航天材料规划会议，会上签订了很多科研协作项目。这些全国性的协作项目对于推动我国航天材料的发展起到了非常关键的作用。

在国防尖端武器如导弹的研制过程中，火箭材料居于至关重要的"先行"位置。然而，当时我国的航天材料技术相对滞后，连一些基本的低合金钢都难以自主生产，火箭材料的研发几乎是从零开始。面对这一巨大挑战，姚桐斌临危受命，肩负起攻克高温钎焊合金材料这一"拦路虎"的重任。他迅速组织起七〇三所的科技力量，与相关单位紧密合作，通过深入地分析与研究，迅速确定了这种关键材料的成分及其最佳比例。经过无数次的试验与调整，他们成功生产出了所需的钎焊合金，为我国航天材料领域攻克了一个重大难题。火箭发动机在燃料燃烧过程中会产生高达3000℃以上的高温，这对火箭零部件的耐高温性能提出了极高的要求。针对这一问题，姚桐斌设立专项课题，鼓励并支持工程师们开展深入研究。通过应用新研制的材料和工艺，他们成功降低了火箭发动机的高温，同时提高了比推力，进一步增加了火箭的射程。为了提升火箭的飞行性能，姚桐斌还提出了研制轻质高强钛合金气瓶的计划，以替代传统的钢气瓶。经过不懈努力，这一项目取得了圆满成功，每个钛合金气瓶的重量比传统钢气瓶减轻了7公斤以上，而载荷能力则得到了显著提升。这一创新不仅提高了火箭的运载能力，还进一步提升了我国在航天领域的竞争力。姚桐斌任所长期间，领导和主持开展了500余项课题研究和技术攻关，取得了一大批科研成果，打破了外国的技术垄断，为我国火箭及卫星研制提供了材料保证。1985年，因他在液体地地战略武器及运载火箭研究中做出的重大贡献，获国家科学技术进步特等奖。

严格要求，培育航天新人

作为所长，姚桐斌深知科学素养和人才培养的重要性。科学研究必须秉持严谨求实的科学态度、工作作风和办事程序。当时七〇三所的大部分科研人员都是刚从大学毕业的年轻人，对科研方法、科研步骤、科研态度缺乏专门训练。针对这种情况，姚桐斌根据自己在国外从事科学研究的经验，在百忙中写出了25000字左右的《研究工作方法》，对科研工作的阶段和程序、研究课题的提出及技术要求、文献资料的收集整理、科研报告的语言风格等进行了翔实的概括与阐述。钱学森对这篇文章给予了极高的评价，认为它对于导弹研究院的科研工作具有深远的指导意义。他明确指出，《研究工作方法》不仅是导弹研究院开展研究工作时必须严格遵循的纲领性文件，更是每一位新加入七〇三所科研团队人员的必读之作。这篇文章为研究院的科研工作提供了明确的指导方向和规范，确保了科研工作的系统性和高效性。

为了提升研究所科研人员的专业能力，确保他们胜任各自的研究任务，姚桐斌经常亲自授课，深入浅出地传授导弹、火箭的基本知识。同时，他还会从外单位聘请相关领域的专家来授课，帮助科研人员全面了解火箭、导弹对材料和工艺的特殊要求，从而为他们的研究工作奠定坚实的基础。为了提升所里科研人员阅读英语文献的能力，姚桐斌顶着"崇洋媚外"的批判声，组织大家学习英语，让七〇三所科研人员的英语水平成了当时整个导弹研究院的标杆。作为研究所的领导，姚桐斌没有所长的架子，主动拜访科研人员，与大家一起讨论研究工作中遇到的问题。科研人员的办公室有些杂乱，他会指出："一个科技工作者应该养成良好的工作作风和习惯，办公室要做到文明、整洁、有序"，并和科研人员一起进行打扫。

看到新的科技人员不熟悉高精度天平的用法，他亲自示范，并给予详细的讲解。对科研人员的报告都看得十分仔细，技术方面不必说，哪怕是错了一个字、一个标点符号，他都会给改正过来。对普通工人姚桐斌也一样关怀，细致到电机及电气控制盘的打扫、电梯变速箱的润滑油，他都用便笺进行提醒。一位曾经在实验室里学习的年轻科研人员，至今仍清晰地记得姚桐斌亲自示范并传授正确方法的情景，以及那一席深入人心的指导话语。"许多有成就的科学家，当初都从事过小型实验。实验工作琐琐碎碎，点点滴滴，平平凡凡，但没有这些，就没有以后的成果。当好一个实验员，关键是确保所做数据的准确，有使用价值，使科研人员敢于应用你做出的数据，这就很了不起。"

资料来源：宋文茂：《"两弹一星"功臣姚桐斌烈士留下些什么》，《炎黄春秋》2003年第5期；杨留花：《姚桐斌：唯一一位在国外入党的"两弹一星"元勋》，《学习时报》，2023年6月21日；《姚桐斌：赤诚爱国情》，科普郴州，2022年6月30日；《致敬"两弹一星元勋"姚桐斌校友！》，西南交通大学，2019年6月8日；彭洁清：《"两弹一星"元勋姚桐斌的一生》，人民网，2013年04月08日。

案例分析

姚桐斌从小就有科学报国的赤诚之心，亲眼看到日本帝国主义的侵略和蹂躏，想学习冶金技术，"开发中国的资源，以实现孙中山先生的建国理想"。在国外留学期间，"感到祖国很贫穷落后，想多学一些科技知识奉献给祖国"。当国家建设需要他时，他毫不犹豫地放弃国外优裕的生活工作条件，回国投身国防科研事业，"将学到的知识贡献给国家建设……为我国火箭上天贡献力量"。回国后，他把全部身心投入火箭材料的研制之中，攻克了一个又一个技术和生产工艺上的困难，使我国的火箭和卫星上了天，为我国航天材料研制做出了巨大贡献。钱学森称赞他"鞠躬尽瘁为航天，德昭日月感后人"。张爱萍评价他"怀着'学有所成，报效祖国'的强烈愿望，毅然放弃国外优裕的生活工作条件，回国投身国防科技事业。他十年如一日，忠于人民、忠于党的科技事业，为我国航天材料和工艺技术做了开创性、奠基性的工作"。姚桐斌不愧为把爱国与爱党、爱社会主义统一起来的典范。

教学设计建议

1. 案例呈现： 本案例可用于第二节"做新时代忠诚的爱国者"的教学。结合多媒体素材，展示姚桐斌的爱国事迹，特别是他为我国航天材料研制做出的重大贡献，以及把爱国与爱党爱社会主义、立足中国实际与面向世界科技前沿有机统一起来的具体做法。

2. **案例分析与讨论**：分组讨论姚桐斌的爱国事迹，引导学生认识到姚桐斌在科技强国过程中，自觉把爱国与爱党爱社会主义统一起来，自觉把尊重科研规律、面向世界前沿与立足中国实际、面向现实需要有机统一起来。

3. **引导问题**：

①姚桐斌的爱国事迹有哪些？

②姚桐斌是如何把爱国与爱党、爱社会主义有机统一起来的？

③姚桐斌在科研中是如何把面向世界前沿与立足我国实际有机统一起来的？

总结提升建议

围绕"经济全球化条件下如何爱国？"这一主题，引导学生深入思考"经济全球化条件下的爱国"，可以培养学生的批判性思维和道德判断力。例如：

①经济全球化的历史进程及发展趋势。

②经济全球化对爱国主义教育带来了哪些挑战？

③在经济全球化时代，还有加强爱国主义教育的必要吗？

④在经济全球化条件下，我们该如何把尊重传承民族文化与学习借鉴外来文化统一起来？

⑤在经济全球化条件下，我们该如何把发展对外开放与维护国家主权独立统一起来？

⑥在经济全球化的今天，我们在日常生活中该如何去理性地爱国？

案例5 高铁专家王其昌的"创新"人生

案例呈现

"我所有的科研项目都是为了创新，就是要找那些最迫切需求的领域去钻研、最关键的瓶颈去突破、最前沿的问题去跟进。"西南交通大学土木工程学院教授王其昌说。

王其昌是我国著名的高铁专家。60多年来，从东北老家沈阳到西南腹地成都，从唐山铁道学院到西南交通大学，从新型轨下基础到高速铁路超高强混凝土声屏障……王其昌追逐铁路领域科研创新的脚步，如同我国铁路事业的发展速度一样，越跑越快！

1958年，王其昌从唐山铁道学院（后迁至四川，现西南交通大学）毕业后留校任教。从此，王其昌一生致力于大学教学和科研工作。喜欢"新鲜事物"的王其昌较早接触高速铁路，1980年王其昌就开始给毕业班的学生讲授高速铁路知识。

2012年，已近八旬高龄的王其昌开始关注高速铁路环保领域的声屏障。"列车以高速运行，会产生噪声，对沿线的村庄、城镇居民的生产生活造成影响，就需要立一堵'墙'，将声音挡住，这堵'墙'就叫声屏障。"王其昌说，"别以为建这堵'墙'容易，里面的学问大着呢！"

王其昌介绍，2012年，我国没有自主创新的声屏障，高铁建设中主要应用从德国引进的声屏障技术。在晚年，王其昌怀揣着对科研事业的执着追求，决定再次挑战自我，他牵头成都中弘轨道交通环保股份有限公司、西南交通大学等四家单位，共同研发"高速铁路超高强混凝土声屏障"，成功填补了国内在这一领域的技术空白。从设计到生产，从材料到模具，从安装到调试……经过三年多的努力，王其昌率领团队攻克技术难题，最终获得成功，评审结果认为其系统技术总体达到国际先进水平，关键技术达到国际领先水平。

"我国的高速铁路已经领跑世界，铁路事业还将有新的更大发展，要适应新发展，我还有很多新工作要做。"王其昌说。

资料来源：《高铁专家的"创新"人生》，新华网，2021年11月9日，http://www.news.cn/photo/2021-11/09/c_1128047685.htm。

案例分析

王其昌教授早在1993年就已经退休，但他退而不休，不仅继续带研究生搞科研，而且常年奔波在实验室和工地上。西南交通大学的翟婉明院士就曾受教于王其昌教授。王其昌教授深耕高铁领域60余载，一生都在追求创新。因为我国没有自主创新的高铁声屏障，耄耋之年的他毅然开始了此领域的开拓。正如他所言："我所有的科研项目都是为了创新，就是要找那些最迫切需求的领域去钻研、最关键的瓶颈去突破、最前沿的问题去跟进。"

改革作为社会发展的强大引擎，能够清除前行的障碍并激发社会的无限活力。而创新，则是民族不断进步的灵魂，是国家繁荣兴旺的源泉。以改革创新为核心的时代精神，正集中展现了当代中国人民积极向上、勇往直前的精神风貌。正是有许许多多像王其昌教授这样的国人，他们有不甘落后、奋勇争先、追求进步的责任感，有突破陈规、大胆探索、敢于创造的思想观念，有自强不息、锐意进取的精神状态，今天的中国才取得了一系列令世人瞩目的巨大成就。实现中华民族伟大复兴中国梦，需要我们每个人都坚持弘扬以改革创新为核心的时代精神，始终保持昂扬向上的精神状态，从而推动中国特色社会主义伟大事业不断向前。

 **教学设计建议**

1. 案例导入： 本案例可用于第三节第二目"改革创新是新时代的迫切要求"的教学。介绍王其昌教授的创新事迹，并结合短视频等多媒体素材展示他在科研创新方面的贡献，尤其是为中国高铁技术发展所做的努力。

2. 案例分析与讨论： 通过王其昌教授的故事分享，让学生思考讨论对王其昌创新故事的理解，并结合自己所学专业思考和讨论"你对本专业前沿领域的发展有多少了解？""有没有受制于人的情况？""大学生应该怎么做？"等问题，引导他们对创新精神的深刻理解，使他们充分意识到，不管是对国家发展还是个人成长成才，诸多领域、各个方面都需要创新，没有创新就没有发展。特别是当前，全球范围内新一轮的科技革命和产业变革正在悄然孕育，并呈现蓬勃发展之势。在这场变革中，谁能率先在创新领域迈出坚实的一步，谁就能紧握引领未来发展的主动权。

3. 引导问题：

①面对科技创新和产业革命新趋势，我们应该如何进行积极调整应对？

②在新一轮科技革命和产业变革中，我们怎样在未来发展中后来居上，实现弯道超车？

③如何理解改革和创新二者的关系？

总结提升建议

1. 深刻认识在新时代发展中的使命担当： 大学生是新时代社会的中坚力量，是国家的希望和未来，是社会进步和发展的重要推动者，是改革创新的生力军。大学生富有想象力和创造力，应教育和引导大学生在改革创新的实践中奉献祖国、服务人民、实现价值，让改革创新成为青春远航的强大动力。

2. 增强在创新领域的自信： 不少人认为，现代科技文明主要源于西方，而对中国为世界做出的贡献缺乏正确的认知。注重教育和引导学生深刻认识，历史上中国长期处于世界发展的前列，无论是在思想文化、社会制度、经济发展，还是科学技术等方面，都对周边国家乃至全球产生了显著的辐射和引领作用。中华文明为世界文明的进步做出了巨大贡献，并产生了深远的影响。然而，近代以来，中国逐渐从领先地位滑落至落后，其中一个关键的原因就是我们在多次科技和产业革命的浪潮中错失了重要的发展机遇。大学生应该传承和弘扬中华民族创新创造这一宝贵的精神和民族禀赋，在创新创造方面展现出新时代大学生的崭新风貌和强大能力。

3. 活到老学到老，创新不辍： 教育和引导学生向王其昌教授学习，不惧岁月，不畏风霜，坚持学习，不断探索，迎难而上。使学生意识到，创新无止境，创新始终是推动人类社会发展的第一动力；"在激烈的国际竞争中，惟创新者进，惟创新者强，惟创新者胜"；抓创新就是抓发展，谋创新就是谋未来；自觉树立起敢为天下先的雄心壮志和坚定信心，勇于担当重任，不断超越自我。在面临困难和挑战时，要以追求卓越为目标，不畏艰难，勇攀高峰。同时，在改革创新的道路上，要敢于引领世界潮流，以开放的心态和前瞻的视野，推动社会进步与发展。

案例6 铁路电气化领域的创新典范钱清泉

 **案例呈现**

　　钱清泉1936年5月出生于江苏省丹阳县，1956年考入唐山铁道学院电机系，开始了他的学术之旅。1960年，尚未毕业的钱清泉便提前留校，担任预备教师兼助教，展现出了对于学术的热爱与执着。他独具慧眼，将电气化铁路远距离控制作为自己的科研方向，边研究边教学，旨在推动该领域的发展。值得注意的是，当时国际社会对电气化铁路供电远动技术的研究还处于起步阶段，但钱清泉及其团队并未因此退缩。在唐山铁道学院，曹建猷、潘启敬等老一辈专家学者也认识到了远动技术的重要性，并在宝凤段电气化铁路开通之前，就已经开始了对宝凤段电气化铁路远动装置的深入研究。在曹教授的带领下，钱清泉也积极参与其中，共同攻克技术难题。最终，在曹教授的倡导下，课题组的研究成果在1965年的全国工业新产品展览会上大放异彩，荣获发明二等奖，为我国电气化铁路远动技术的发展赢得了国际声誉。

　　改革开放为科研工作带来了前所未有的机遇，钱清泉真正开始放手投入研究便是在这一时期。1977年全国恢复高考后，钱清泉在致力于科研的同时，也积极将研究成果转化为教学内容，编写成教材。1983年，他成功编纂了国内第一本关于远动技术的教材——《电气化铁道远动技术》。这本教材在国内一经发行，便迅速引起了业界的关注，甚至被日本同行所获取。1984年，钱清泉赴日本交流，日本同行告诉他，他们已经看到了他的书，并从技术上认可了中国人的能力。然而，他们也直言不讳地指出，要达到日本的技术水平，中国还需要花费至少八年到十年的时间。这一言论对钱清泉产生了极大的刺激。在日本的四个多月里，他下定决心要弥补这一差距。他每天刻苦研究收集到的资料，废寝忘食，希望能够尽快提升中国在远动技术领域的实力，为中国铁路事业的发展贡献自己的力量。

京秦线是一条首次引进国外技术的电气化铁路，其中的供电远动装置要依赖进口。然而，在项目建设的关键时期，面对我国的迫切需求，日本却采取了技术封锁的策略。面对这一挑战，铁道部屠由瑞总工程师向钱清泉表达了深深的期望和嘱托。他明确指出，虽然京秦线在技术上实现了现代化，但购买一个模拟屏的费用高达上千万人民币，这无疑增加了项目的成本。屠总工程师强调，我们必须走自己的路，在产业化和国产化上取得突破，以降低对外部技术的依赖。

当钱清泉听到领导对他说"拜托了"时，深受感动。这不仅是一份信任，更是一份沉甸甸的责任。他暗下决心，一定要研发出我国自主的供电远动装置，为国家争光，为铁路事业贡献力量。

自1984年起，钱清泉便带领着十余人的团队开始了艰苦卓绝的科研工作。当时，他们在峨眉校区，仅凭从日本带回的有限资料作为研究基础。尽管条件艰苦，但他们凭借着坚定的信念和不懈的努力，夜以继日地投入研发工作中。

经过两年多的不懈努力，终于在1986年，他们成功地研发出了样机。这一成就让曾经断言"中国人10年都做不出来"的日本人也为之震惊。钱清泉和他的团队用实际行动证明了他们的实力，样机在当年就通过了鉴定。随后，这款电气化铁路远动装置被成功应用于西南铁路，极大地推动了我国铁路事业的发展。这项技术不仅填补了国内在该领域的空白，更是达到了国际先进水平。因此，钱清泉团队获得了1987年四川省科技进步一等奖和1988年国家科技进步三等奖的殊荣。这些荣誉的背后，是钱清泉及其团队无数个日日夜夜的辛勤付出和不懈努力。

1991年，当川黔线电气化工程进行国际招标时，钱清泉带领的团队凭借卓越的技术实力和竞争力成功中标。紧接着，在兰州至武威段铁路的电气化项目中，他们再次中标，这一连串的胜利标志着国产远动装置的产业化进程迈出了坚实的一步。这一重大成果不仅彰显了我国在远动技术领域的实力，同时也带动了其他相关技术的进步。例如，电气化铁路检测车的研究工作也受益于这一突破，取得了显著的进展。这些技术成果共同推动着我国铁路事业的蓬勃发展。

进入20世纪90年代中后期，我国在电气化铁路远动装置的应用上，仅有少数几套来自东芝、日立、西门子等国外公司的进口设备，其余全部实现了国产化。这标志着我国在远动技术研究领域已成功走完"引进—消化—吸收—产业化"的发展道路。远动技术的产业化不仅极大地提升了我国在该领域的自主创新能力，还促进了教学和科研的深入发展，为培养一支年轻的、高水平的科研队伍提供了宝贵的实践平台。这一成果无疑为我国铁路事业的持续发展注入了新的活力。

钱清泉和他的科研团队在"微机远动监控系统与综合自动化"的研究上取得了显著成果。他们不仅成功研制了国内首创的"牵引供电仿真培训系统"，而且该系统在部分技术指标上已达到国际先进水平。在钱清泉的卓越领导和深切关心下，团队相继研发出了DWC-01型变电站电气试验车、WGW-62GA型牵引供电系统微机故障点距装置以及牵引变电所主变压器的微机保护装置等一系列高科技产品。这些产品不仅在国内电气化铁道中得到了广泛应用，更在国际投标中战胜了众多强劲对手，成为中国铁路市场上的主导产品，为中国铁路事业的发展做出了重要贡献。

钱清泉在“牵引动力国家重点实验室”的创立与建设中扮演了举足轻重的角色。1988年，他积极参与了由沈志云精心策划和筹备的实验室建设。该实验室依托于两个国家重点学科——“机车车辆”和“铁道牵引电气化与自动化”的深厚研究积淀，通过持续的努力，不断改善和升级其研究与实验设备系统。经过多年的发展，如今，“牵引动力国家重点实验室”已成为我国在高速、重载铁路技术领域的重要研究基地，同时也是培养高级铁路专业人才的摇篮，为我国铁路的高速、重载运输提供了坚实的理论支撑和技术保障，为我国铁路事业的快速发展做出了巨大贡献。

钱清泉教授曾任西南交通大学铁道电气化和自动化研究所所长、牵引动力国家重点实验室主任、电气工程学院院长。1997年当选为中国工程院院士。

资料来源：何云庵、苏志宏主编，《西南交通大学史》（第四卷1949—1972），成都：西南交通大学出版社，2016年，第327–328页；何云庵、李万青主编，《埃实扬华　自强不息——从山海关北洋铁路官学堂到西南交通大学》（下卷），成都：西南交通大学出版社，2011年，第203–205页。

案例分析

钱清泉院士长期在国家重点学科和国家重点实验室从事铁道牵引电气化与自动化领域的理论研究、科技开发和教学工作，取得了重大成就。作为国家重点学科的带头人，他为铁道电气化与自动化学科的发展做出了杰出贡献。

案例中介绍20世纪80年代，钱清泉去日本，当他听到日本同行说的“从技术上讲中国人是行的，但是要达到日本的水平，你们没有十年八年不行”这句话时，深受刺激，他在日本的四个多月里，每天刻苦研究收集到的资料，废寝忘食。这一感人故事让我们不禁想到一句很有名的话：科学没有国界，但科学家有祖国。正是“你们不行”这句非常扎心的话，极大激发了钱清泉的民族自尊心和爱国情。在京秦线的建设中，面对因缺乏自主研发的供电远动装置而受制于人的困境，铁路部门的领导向钱清泉发出了深切的期待：“拜托了。”这句话深深触动了钱清泉，他坚定地立下誓言：一定要研发出我国自己的供电远动装置，打破技术封锁，实现自主创新，为我国的铁路事业贡献自己的力量。他带领十多个人夜以继日地工作，仅用两年多时间就做出了电气化铁路远动装置样机并于当年通过鉴定。民族自尊心、爱国情、责任担当、倾力付出等都是钱清泉院士身上体现出来的优秀品质，但在高科技领域，没有自主创新，没有属于自己的知识产权，没有超越于他人的强大，再强烈的民族自尊心和爱国情或许都没有办法得到充分而有力地体现和彰显。

钱清泉院士在电气化智能监控系统与综合自动化研究领域不仅硕果累累，而且还参与了组织和筹建牵引动力国家重点实验室，使中国具有世界上数一数二的功能全、规模大的铁路整车试验台，为中国铁路提速和高速建设做出了贡献。他是西南交通大学的杰出校友，也是我国铁路电气化领域创新创造的优秀典范。

教学设计建议

1. **案例导入**：本案例可用于第三节第三目"做改革创新的生力军"的教学。通过介绍钱清泉院士的故事，展示他在铁路电气化研究领域取得的丰硕成果、科研创新方面的贡献以及他身上兼具的爱国、担当、奉献、创新等精神品质。

2. **分组讨论**：结合钱清泉院士的事迹，讨论"大学生如何成为新时代改革创新的生力军"。以小组为单位，撰写发言提纲，每个小组推荐一名成员上台发言。

3. **教师总结概括**：当今世界的竞争很大程度上是人才的竞争、教育的竞争，培养创新型人才是国家、民族长远发展的大计。大学生要以钱清泉等杰出前辈为榜样，树立改革创新的自觉意识，增强改革创新的能力本领，以时代使命为己任，把握时代脉搏，迎接时代挑战，始终秉持改革创新的信念，将弘扬改革创新精神深深融入实践中，用实际行动诠释对创新的执着追求。

总结提升建议

1. **增强改革创新的责任感**：改革创新之路充满挑战与艰辛，往往需要付出巨大的奉献，乃至牺牲。没有那份深沉的责任感和坚定的使命感，人们很难有足够的动力去克服和战胜这一过程中的重重困难与险阻。这种使命感和责任感是推动人们不断前行、不断突破自我的重要动力。大学生应像钱清泉院士那样，有强烈的民族自尊心和爱国情，以改革创新的激情与毅力，致力于推动国家与社会的持续进步。在改革创新的浪潮中，无私奉献，积极服务社会，实现个人的价值。怀着时不我待、只争朝夕的责任感和紧迫感，全身心地投入这场意义深远的改革创新实践中。

2. **锻造扎实的专业知识基础**：强烈的创新意识固然难能可贵，但缺乏深厚的专业知识积淀，盲目追求改革创新，往往容易流于不切实际的空想或者是"无知者无畏"的蛮干。大学生作为改革创新的生力军，应在平时的学习生活当中努力上好每一堂课，认真完成每一次作业，以扎实系统的专业知识为基础，练就过硬的专业本领。只有这样，才有可能对专业前沿问题进行系统分析和科学研判，从而发现问题、推陈出新，提出新思想并进行新创造。

3. **积极投身创新实践**：深知实践是智慧的源泉，是能力成长的摇篮。当代大学生正站在新一轮科技革命和产业变革的交汇点上，眼前铺满了展现才华的广阔舞台。把握这一历史机遇的关键在于要做一个有心人，怀揣改革创新的精神，不断强化改革创新的意识，锤炼坚韧不屈的意志，并持续提升改革创新的能力。这样，便能在新时代的浪潮中乘风破浪，实现个人的价值和社会的发展。在大学期间，应充分利用每一次实习、社会实践以及各种科研创新的机会和平台，努力锻炼和提升自己的创新能力。

三、实践设计

实践项目

项目 1：摄影展示：用眼睛发现中国精神

‖ 实践目标 ‖

中国精神是中华民族的灵魂，博大精深，内涵深刻，意义深远。中国精神深深植根于大国脊梁们的默默奉献之中，流淌在几代中国人坚韧拼搏与执着坚守的血脉里，也闪耀在平民英雄无畏的英勇身姿上，更在无数中国人心灵深处绽放着真善美的光芒。正是这千千万万个为国家繁荣富强做出贡献的人，以及那些在日常生活中不断展现真善美品质的人，共同塑造并传承着"中国精神"的崇高与伟大。为弘扬以爱国主义为核心的民族精神和以改革创新为核心的时代精神，涵养大学生的中国精神，丰富大学生课余生活，创新作业形式，开展"用眼睛发现中国精神"为主题的摄影活动。通过大学生的相机或手机，用镜头捕捉身边那些奋战劳碌的身影、爱国奉献的精神、开拓创新的气质、国泰民安的盛世繁华……通过活动，让大学生学会寻找美、发现美，展现当代中国昂扬向上的精神风貌，讲好中国故事，传递正能量。

‖ 实践方案 ‖

1. 任课教师宣布实践活动主题，并明确实践活动要求。

2. 将学生分为若干小组，每组5人左右，选定1人为小组长，负责组织工作。以小组为单位，在校园内外，选择一个视角去拍摄能够彰显中国人昂扬向上精神风貌的摄影作品，把摄影作品进行剪辑、排版、整理，并做成精神凸显、故事完整的PPT。

3.PPT制作完成后，每人撰写一篇参加此次实践活动的活动心得体会。

4.选择一个时间，在课堂上展示各组的拍摄制作成果。

5.由任课教师和学生评委进行验收，并给予指导和打分。

‖实践记录‖

思想道德与法治实践课

摄影展示

摄影主题：_____

院　　部：_____

专业班级：_____

学　　期：_____

摄影展示活动考核		
考核内容	考核评价（符合标准的在对应的方框里打"√"）	考核成绩（满分100分）
摄影制作美观、有吸引力	优□良□中□差□	
摄影内容清晰、主题突出	优□良□中□差□	
展示活动深刻丰富	优□良□中□差□	
活动心得真切、深刻	优□良□中□差□	
其他	优□良□中□差□	
	教师签名： 　年　月　日	

小组成员		
姓名	学号	组内分工

成员活动心得体会

教师点评

实践项目

项目 2：参观西南交通大学校史馆和校史纪念碑

▌▌**实践目标**▌▌

西南交通大学有着120多年的悠久办学史，以及辗转各地艰难办学的曲折历程。组织学生实地参观校史馆和校史纪念碑，一方面让学生了解学校的悠久历史、著名人物、巨大成就和未来前景，增强对学校发展和国家强大的自信心自豪感；另一方面让学生通过对学校在不同阶段发展情况的了解，感受学校的发展进步与国家的发展强大是完全同步的，没有国家的和平与强大，就不可能有学校的发展与进步，从而增强为学校发展和国家强大而努力学习的责任感使命感。

▌▌**实践方案**▌▌

1. 任课教师宣布实践活动主题，并明确实践活动的具体要求，包括参观活动的组织、纪律和安全等问题，以及参观的准备、流程及总结。

2. 将学生分为若干小组（每组8～10人），每组选定1人为小组长，负责小组参观时间、参观方案和具体流程的拟定以及参观报告的收集等工作。

3. 正式参观前，各小组组长提前一周将参观活动方案提交给任课教师审阅。

4. 任课教师应注意考察各小组提交的实践方案中的活动路线是否合理，安全措施是否到位，活动内容是否科学，并提出相应的修改意见。

5. 各小组根据任课教师的修改意见，对相关内容进行商讨并做相应修改。

6. 学生按照计划开展实践活动。任课教师可以视具体情况决定是否进行现场指导。

7. 每名学生在活动结束后，完成一篇参观报告。

8. 组织学生开展分享会，每个小组选派代表上台分享参加此次活动的感受。

▌▌**实践记录**▌▌

思想道德与法治实践课

实地参观

地　　点：＿＿＿＿＿＿＿＿＿

姓　　名：＿＿＿＿＿＿＿＿＿

学　　号：＿＿＿＿＿＿＿＿＿

院　　部：＿＿＿＿＿＿＿＿＿

专业班级：＿＿＿＿＿＿＿＿＿

学　　期：＿＿＿＿＿＿＿＿＿

实地参观活动考核		
考核内容	考核评价（符合标准的在对应的方框里打"√"）	考核成绩（满分100分）
参观过程中态度认真、遵守秩序，集体观念和纪律观念强	优□ 良□ 中□ 差□	
参观报告主题明确、感受真切、结构完整，有自己的独特见解	优□ 良□ 中□ 差□	
其他	优□ 良□ 中□ 差□	
	教师签名： 年　月　日	

参观报告
题目： 正文：   教师点评

📖 **实践项目**

项目3：专业学术前沿调研报告

‖实践目标‖

专业学术前沿是指在某一专业领域中尚未被解决的、关系到本专业发展的重大问题。这些问题通常是该专业领域目前面临的挑战或者未来可能影响专业发展的关键议题，专业学术前沿不仅是学界争议的焦点，而且是推动该专业不断前进的重要动力。基于教学班学生来自不同专业，让他们通过文献检索、人物访谈、社会调查等方法对本专业的学术前沿做一些了解，并撰写相关调研报告，目的是让大学生了解所在专业学科领域的研究热点问题，夯实专业知识基础，锻炼敏锐的洞察力，激发创新思维，提高创新科研技能。

‖实践方案‖

1.任课教师宣布实践活动主题，并明确实践活动要求。

2. 将学生分为若干小组，每组5人左右，选定1人为组长，负责组内各项工作。

3. 各小组成员分工合作，通过文献检索、人物访谈、社会调研等方法，搜集整理与本次活动有关的资料，结合搜集整理的相关资料进行讨论与交流。

4. 以小组为单位，每组撰写一份调研报告，并制作一份PPT，调研报告和PPT按照规定时间提交至任课教师处。

5. 每组指定一名组员，依据PPT汇报调研开展情况、调研报告内容、调研结果以及大学生应该具备什么样的创新素质予以应对。

6. 任课教师对本次实践活动进行总结和评价。

‖ 实践记录 ‖

思想道德与法治实践课

调研报告

报告主题：＿＿＿＿＿＿＿＿＿＿

院　　部：＿＿＿＿＿＿＿＿＿＿

专业班级：＿＿＿＿＿＿＿＿＿＿

学　　期：＿＿＿＿＿＿＿＿＿＿

调研报告考核		
考核内容	考核评价（符合标准的在对应的方框里打"√"）	考核成绩（满分100分）
小组成员配合默契、衔接流畅	优□ 良□ 中□ 差□	
报告主题明确、逻辑清晰	优□ 良□ 中□ 差□	
资料搜集客观、真实、全面、有针对性	优□ 良□ 中□ 差□	
观点正确、证据充足、说服力强	优□ 良□ 中□ 差□	
PPT制作及课堂展示效果好、有吸引力	优□ 良□ 中□ 差□	
其他	优□ 良□ 中□ 差□	
		教师签名： 　年　月　日

小组成员		
姓名	学号	组内分工

小组成员		
姓名	学号	组内分工

调研报告
题目： 正文：   教师点评

第四章　明确价值要求　践行价值准则

导　言

　　本章主要阐述价值观和社会主义核心价值观的基本理论和基本知识，从思想观念层面引导学生提高价值认知和增强价值认同；强调社会主义核心价值观是当代中国精神的集中体现，是中国特色社会主义道路、理论、制度、文化的价值表达。大学生要深刻领会社会主义核心价值观的科学内涵，增强价值自觉，注重价值践行，涵养科学价值观念。本章将深入探讨价值观和社会主义核心价值观的深层含义，并对社会主义核心价值观的核心要素和深远影响进行细致解读，帮助学生深入理解并准确把握社会主义核心价值观的独特特征。扣好人生的第一粒扣子，从日常点滴做起，从细微之处做起，始终走在时代前列，成为培育和践行社会主义核心价值观最积极、最活跃的青年先进代表。

一、教学分析

教学目的

　　通过本章内容的学习，学生们将能够对价值观和社会主义核心价值观形成更为深刻的认识，不仅使他们能够准确掌握社会主义核心价值观的基本内容，更能理解其背后的深远意义和重要性。同时，使学生们能清晰辨识社会主义核心价值观的显著特征。通过本章的学习，学生们将在引导下成长为具备高尚品德和强烈社会责任感的新时代好青年。学生能够认识到，社会主义核心价值观凝结着全体人民共同的价值追求，一个人要健康成长，就必须自觉遵守相应的价值准则，用科学的价值观念指导自己的实践，意识到自身肩负的历史使命，自觉加强价值观养成，树立正确的价值取向；能够增强对价值观的理论认知，认清西方"普世价值"的逻辑悖论和虚假面目。在追求卓越的道路上，自觉培育和践行社会主义核心价值观，坚定地成为其信仰者、积极的传播者以及模范的践行者，时刻铭记并恪守勤学、修德、明辨、笃实的原则，让社会主义核心价值观成为人生航程中的灯塔，指引一言一行。

教学重点、难点

1. 社会主义核心价值观与社会主义核心价值体系的关系。（重点、难点）

2. 社会主义核心价值观的基本内容。（重点）

3. 培育和践行社会主义核心价值观的重大意义。（重点）

4. 社会主义核心价值观的显著特征。（难点）

5. 认清西方"普世价值"的实质。（难点）

6. 如何积极践行社会主义核心价值观？（重点、难点）

二、教学案例精选与设计

案例1　肖纪美：七年坎坷归国路，终生为士不为仕

 案例呈现

在湖南凤凰县的得胜营，一个寒冷的冬日——1920年12月7日，肖纪美诞生了。他自幼便勤奋好学，努力刻苦。但那时的中华正是受苦受难的时期，压迫的屈辱在肖纪美心中留下了深刻的烙印，也坚定了他科学救国的夙愿。1933年，肖纪美进入长沙市明德中学接受现代教育，他热爱学习，常沉浸在图书馆的丰富藏书中。然而，1937年抗日战争的全面爆发使国家和民族陷入深重危机，明德中学因此停课，肖纪美也不得不中断学业一年。学业的中断坚定了他为祖国的繁荣富强而奋斗的决心。在停课期间，高中生肖纪美与党员同学唐知白共同创办了《大众呼声》刊物，积极投身抗日宣传活动。同时，受坦克启发，肖纪美萌生了学习钢铁制造、研发新式武器的想法。

进入大学的肖纪美选择了矿冶工程这一能够为国家建设提供坚实物质基础的专业。四年的勤奋学习后，他带着对未来的憧憬和对知识的渴望，毅然于1948年1月跨越重洋，前往美国深造。1949年1月，肖纪美获美国密苏里大学矿冶学院冶金工程硕士学位，一年后获冶金学博士学位。其博士论文对多种固态金属硫化物蒸气压的深入研究，为真空冶金领域开创了新篇章。他在冶金工程领域取得了开拓性的成就，为的是有一天能够将这些知识带回国，助力祖国的繁荣富强。

学业有成之时，肖纪美最惦念的就是祖国的建设。1951年，一纸来自天津北洋大学的聘书，唤起了肖纪美内心深处对祖国的深情。肖纪美心系祖国建设，欲回国贡献。然而，在订购船票准备回国之际，恰逢朝鲜战争爆发，他在美国移民局遭

遇无理盘问。美国官员问肖纪美："肖先生，假如中美战争爆发，你会站在哪一边？"肖纪美则回答："根据美国宪法修正案第六条，我有权拒绝回答。""先生，如果苏联军队开到墨西哥边境，您将持什么态度呢？"尽管身处风险之中，肖纪美依旧坚守着爱国的信念，但他的回答未能获得美国官员的认可，因此他被迫滞留美国，继续等待合适的回国时机，这一等就是六年。在这六年中，他首先在美国林登堡钢铁热处理公司进行实习，随后在曼柯产品公司和美国温蜗钢公司担任研究冶金师。这些年的研究工作不仅丰富了他的知识，也为他回国后在金属学和冶金学领域的研究和实践奠定了坚实的工业应用基础。

1957年，肖纪美在巨大的压力之下，不畏艰难，成功突破了美国政府的重重封锁与阻挠，毅然踏上了归国的漫漫旅途。但是，美国人的伎俩才刚刚开始。船刚刚离开旧金山，美国移民局的官员便登船来找肖纪美的麻烦，查证件、翻包裹、看资料，实在得不到有用的证据，美的官员便展开了"银弹"攻势："肖先生，如果你肯留在美国，我代表美国政府许诺你优厚的工作岗位和薪酬待遇，请你认真思考个人的发展问题。"怀揣钢铁报国之梦的肖纪美显然不会理睬他的建议，斩钉截铁地拒绝了。

刚刚长舒了一口气的肖纪美，在洛杉矶换船时，又一次遇到了美国移民局的不速之客。两位美国官员再次上船，用相同的话语试图劝说肖纪美，但他依旧坚定地予以拒绝。随后，肖纪美及其家人成功登陆，并立即致电华盛顿的印度驻美大使馆（当时我国政府委托其代办中国留美学生相关事宜），寻求帮助与支持。

美国人的阻挠并未结束，当船抵达美国最西的港口檀香山时，美国移民局人员再次登船进行最后的谈判。他们以中美之间没有外交关系为借口，威胁如果肖纪美坚持回中国，将扣留他携带的约一万美元旅行支票；如果留下，则可避免损失。然而，肖纪美毅然决定回归祖国。于是，美国政府官员扣留了他的一万美元存款，但出于人道主义考虑，返还了一千美元，作为他们一家四口的旅途费用。但即使在这种情况下，肖纪美也不为所动，幽默地说："我先把钱存在你这里，但我要算利息的。"此款到1972年中美建交时解冻，由尼克松访华时带回。就这样，在美国官员的威逼利诱面前，肖纪美唱响了一出"三遭拒美"的爱国赞歌。七年艰难归国路，肖纪美不为利益所驱，终于回到魂牵梦绕的祖国。

回国后，肖纪美立刻投入科研和教育工作中，将自己的知识和智慧奉献给了祖国。1978年，肖纪美被任命为国家科委冶金新材料组和腐蚀学学科组成员，并于1980年当选为中国科学院学部委员（1993年后更名为院士）。从1977年到1985年，他领导的科研团队针对中国建设中的实际挑战和前沿科学发展的需要，深入研究了材料的应力腐蚀和氢致开裂机理。在此期间，他们不仅在国内外学术刊物上发表了上百篇高质量的论文，还取得了突破性的创新成果。其中，他们关于"材料的应力腐蚀和氢致开裂机理的研究"获得了国家自然科学奖二等奖的殊荣。1986年国家科委在报告中这样评价肖纪美的工作："以肖纪美教授为首的科研集体，在'金属材料的应力腐蚀和氢致开裂机理的研究'中，首次提出了'断裂化学'这个新的分支学科，成为继'断裂力学''断裂物理'之后断裂学科三大理论支柱之一。"

更为重要的是，肖纪美院士及其团队在氢致开裂、应力腐蚀、腐蚀疲劳等关键领域，提出了一系列经过严格实验验证的独特见解。这些创新性的研究成果，不仅为工程中出现的断裂问题和产品质量问题提供了重要的解决方案，而且在实际应用中显著地为国家挽回了巨大的经济损失。1974年，我国研制的"轰－6"在执行任务时，因为起落架螺钉断裂而全部停飞。空军将肖纪美请到现场，希望他能"妙手回春"。肖纪美仔细分析、对比裂纹的特征和发生部位，排除了雨水腐蚀。随后，通过一系列精心设计的模拟实验，肖纪美迅速确定了事故的主要原因——"轰－6"采用的苏联工艺中，螺钉的紧固依赖于一种含水黏合胶，而这种水分腐蚀正是导致事故发生的"元凶"。不仅如此，肖纪美还敏锐地指出，螺钉在加工过程中存在的缺口设计缺陷以及应力分布的不合理性，进一步增加了断裂事故发生的潜在风险。因此他针对性地提出了三条改进方案，使停飞了近半年的轰炸机重上蓝天。

在20世纪70、80年代，肖纪美院士以其深厚的专业知识与卓越能力，先后为冶金、机械、石油、化工、航空、兵器、电力、电讯、铁道、建筑、煤炭、原子能等多个工业部门解决了无数重大技术难题。他成功攻克了一大批工程中的断裂问题和产品质量问题，不仅取得了显著的社会效益和经济效益，更为断裂力学理论和断裂学科的深入发展做出了重大贡献。

除了潜心科研，肖纪美院士十分注重人才培养，坚持教书育人。肖纪美院士在其职业生涯中，虽多次获得其他单位担任主要领导职务的宝贵机会，但他始终坚守科研与教育的初心，以科研任务繁重和教育责任重大为由，婉言谢绝了这些职务的邀请，他说："我给自己的定位首先是一个老师，教好书之余我会考虑担任其他职务，但那些我力所不及的事情我绝不去想。"从1957年开始，肖纪美在金属物理专业的讲台上一讲就是半个多世纪。凡是听过肖纪美院士授课的人，都能深切感受到他独特的教学风格。他善于运用示意图来辅助教学，致力于在第一时间给予学生一个清晰明了的概念。在讲授过程中，他不仅注重内容的传递，更重视思路的引导，使得课堂既生动又活泼，充满了幽默感。他的课程从不照搬国内外现有教材，而是都有自己的体系，在课堂上他不仅注重知识的传授，更着力于引导学生了解最新的研究发展，并关注知识的实际应用，他致力于培养学生的实践能力，让学生能够在学习过程中将理论知识与实际问题相结合。

为了将书本上的东西应用到生产实践中，肖纪美常带领学生下厂调查、做科研。

他培养的很多学生都继承和发扬了老一辈科学家的科研精神，在其专业领域继续深入研究，为国家的工业事业发展做出了巨大的贡献。他的学生不仅从他身上学到了严谨认真的科研态度，也学到了踏实奋进的为人处世之道，浸染了深深的爱国之情。

肖纪美曾风趣地将王国维借用古人诗词提出的三境界引用到做学问中。"独上高楼，望尽天涯路"指心怀大志的人生追求，"衣带渐宽终不悔，为伊消得人憔悴"比喻勇于献身的拼搏精神，"蓦然回首，那人却在，灯火阑珊处"表示取得成就的喜悦之情。

肖纪美院士秉持"终生为士不为仕"的理念，始终坚持了认真踏实的工作作风。淡泊名利、士而不仕，正是他一生真实的写照。他的人生轨迹证明了他对科研和教育的热爱以及对祖国的深沉爱恋。他用自己的生活和事业，诠释了对祖国繁荣富强的不懈追求，成为后人敬仰的楷模。

资料来源：《肖纪美》，西南交通大学马克思主义学院科学家精神基地网站，2022年10月4日，https://zzxy.swjtu.edu.cn/info/1243/8898.htm；《记肖纪美院士：为士不为仕》，《中国科学报》，2014年11月7日，https://wap.sciencenet.cn/mobile.php?type=detail&cat=news&id=306980&mobile=1。

案例分析

在肖纪美的成长道路上，他目睹了中国被一个小小邻国欺压、践踏、凌辱，几乎到了亡国的边缘。这段刻骨铭心的历史经历，使得祖国对于肖纪美而言，不仅仅是一片赖以生存的土地，更是他个人精神的支柱和归宿。他从小就生活在动荡与曲折中，这些经历更加坚定了他以科学救国的崇高志向。他在美国期间，虽然拥有优渥的生活和事业发展机会，但他没有忘记自己是中国人，心中始终怀有一份对祖国的深厚情感和归属感。他选择在事业上有着广阔前景的时刻毅然决然地回到了祖国，这种精神令人敬佩。他的行动不仅生动诠释了中国科学家的家国情怀和责任感，也反映了中国科学家的精神风貌。

肖纪美的事迹，就像一颗恒星，穿越时空的长河，照亮了后来者的道路。他的一生，是对科学无尽探索的旅程，是对教育事业无私奉献的诗篇，是对祖国深沉爱恋的赞歌。他的名字和事迹，将永远激励着每一个为祖国繁荣富强而努力奋斗的中国人。

纵观肖纪美的一生，正是由于他将祖国繁荣富强的使命深深融入求学与工作的过程中，他才能够做出如此卓越的成就。因此，我们身为大学生，必须深刻认识到自身所肩负的历史使命，积极自觉地加强价值观的培育，坚定并树立正确的价值取向。

 **教学设计建议**

1. 案例引入与概述：本案例可用于第一节第二目"社会主义核心价值观的基本内容"的教学。通过介绍肖纪美的事迹，激发大学生对社会主义核心价值观的思考。在此基础上引导大学生探讨价值观在人生旅程中的极端重要性。

2. 案例学习：分析肖纪美案例，重点关注他"三遭拒美""士而不仕"的背后实际上蕴含着他从小树立的"科技救国"的夙愿。找出本书中其他类似案例，让学生总结老一辈知识分子在面临相似选择时所采用的共同逻辑。

3. 小组讨论与分享：学生将被组成小组，深入研讨肖纪美案例，分享对其中涉及祖国富强价值观的个人理解和感悟。通过小组互动的形式，有效激发学生的深入思考，使他们认识到大学生的成长成才和全面发展，离不开正确价值观的引领和指引。

4. 角色扮演与案例演绎：学生将被分成小组，模拟肖纪美"三遭拒美"这一事迹，通过角色扮演还原他在爱国之心驱使下做出的正确选择。这一活动旨在帮助学生更加深刻地理解老一辈知识分子对于国家的深厚感情。

 **总结提升建议**

1. 培养家国情怀：学生应当深刻领会肖纪美案例所展现的老一辈知识分子深沉的家国情怀。通过历史的纵深视角，引导学生认识到爱国情怀早已与中华民族的精神气质紧密相连，成为中华文化宝库中的珍贵遗产，转化为中华民族在逆境中坚韧不拔、在困苦中自强不息的持久力量。

2. 探讨个人与国家的关系：鼓励学生思考尽管面临不同的时代背景，但个人与国家的关系始终不变。深入探讨这一问题，引导大学生将个人的人生价值追求与国家和民族的事业紧密融合，始终坚守人民立场，与人民群众携手共进，与祖国同步前行，共同开创美好的未来。

案例2　伍镜湖：六十年以校为家　三千里经湘历贵

案例呈现

在西南交通大学九里校区，镜湖的宁静水面映照着历史的波澜。它不仅是校园中的一处美景，更是对一位杰出教育家——伍镜湖教授的深情纪念。伍镜湖教授的足迹随着西南交通大学的不断迁徙遍布祖国的大江南北，他的故事激励着一代又一代的西南交通大学学子。

他的人生轨迹跨越了两个世纪，见证了中国从清朝末年到中华人民共和国的巨变。他的一生，是对教育事业无限忠诚和热情追求的体现，他的敬业精神至今仍对后来者产生着深远的影响。

伍镜湖的父亲是旅美华侨，家境并不富裕。1897年，年轻的伍镜湖赴美国与父亲团聚，开始了他异国他乡的求学之路。在美国，他边工作边学习，起初就读于麻省西林市立小学，随后升入了西林市立中学。经过不懈的努力和族亲的慷慨资助，他终于有机会报考大学。1908年，他成功考入美国纽约州的伦塞勒工科大学（Rensselaer Polytechnic Institute），并于1912年毕业，获得了土木工程学位。毕业后，他进入了德拉瓦汉河铁路公司，开始了自己的职业生涯。他痛恨美国的种族歧视，又看到中国正在兴建铁路，于是在1913年决定回国投身于中国铁路事业，先后参加了川汉铁路、京绥铁路建设。这些经历对他的人生产生了深远影响，也塑造了他后来的教育理念和职业生涯。

1915年，他应邀来唐山路矿学堂（今西南交通大学）任教，从此终身在西南交通大学任教。他长期致力于铁道工程专业的教学工作，成为我校首位讲授铁道工程专业课程的中国籍教授。自加入我校以来，他不仅认真授课，还曾担任土木系系主任、教务主任、代理院长等关键职务，直到1952年晋升为研究教授，并在1955年荣休。

伍镜湖一生都致力于铁路工程教育，他不仅开创了铁路工程学科的新领域，还极大地丰富了该学科的内容，为铁路工程学科的持续发展奠定了坚实的基础。他对教育的热情和执着在教学实践中得到了充分体现。他非常重视将新技术、新理论融入课堂教学，并特别强调通过野外实习来培养学生的实践能力。他认为，测量、绘图、计算是土木工程技术人员的基本功，因此在教学中特别注重这方面的培养与指导。他的严谨教学和实践指导，使得学生在毕业后能够迅速承担实际工作并取得显著成绩。

伍镜湖指导铁路测量实习时非常认真，对学生、对自己都严格要求。他重视学生的实际操作技能，又有丰富的实践及教学经验，能迅速看出学生操作中不够完善而需改进之处，并能选择适当时机对学生进行教导。伍镜湖秉持着对教育的执着与热情，对每个现场小组都给予了细致入微的指导。他不顾疲惫，整日穿梭于各小组之间，根据具体情况，及时纠正学生的操作错误，或是详细解释学生应当注意的要点，确保每位学生都能获得充分的指导与帮助。学生经过课堂教学后尚未很好掌握的内容，往往听到伍镜湖实习期间的教导后得以掌握并加深了理解。另外，伍镜湖认真负责、严格要求的作风，通过实习期间与学生的接触也对学生起到了潜移默化的作用。

抗日战争期间，伍镜湖教授的坚持和勇气尤为突出。即使在最艰难的时刻，他也未曾放弃教育的使命。他的行动，成为那个时代照亮我校的一座灯塔。1937年"七七事变"爆发后，交通大学唐山工程学院正值暑假，学生大多回家探亲，只有1938届学生正由伍镜湖带领，在北京西山进行铁路测量实习。事变骤起，情势紧急，但伍镜湖仍带领同学坚持完成了实习任务。随后不过10日，唐山交大校园即落入日寇魔掌。1938年11月，日本侵略军攻占武汉，南下湘北进犯长沙。12月2日，伍镜湖在跟随学校迁移过程中遇日军飞机轰炸，学校的图书、档案和同学的行李就此丧失殆尽。正值严冬之际，天寒地冻，伍镜湖深感同学们因行李丢失而面临的困境。为了帮助他们渡过难关，他主动提出预支自己的薪金，为这些困难的同学购置衣物和棉被。这份深厚的师生情谊，令人深感温暖与感动。在平越复课期间，因地处山城交通不便，学校招生变得困难。伍镜湖与往年经手招生的人讨论后，提出先申请入学、到校后进行甄别测验的办法，再报当时的教育部获准后1941年起试行。这种申请入学办法试行成功，学校在平越的那几年通过该方式入校的优秀学生相当多。1939年抗日战争已进入相持阶段，有一次毕业班同学聚会时，伍镜湖教诲学生说："中国需要很多专家，你们要有志气，离校后争取早日成为专家，为国效力。遇到重大技术问题时专家应坚持自己的意见，不轻易让步。须知不坚持正确意见往往导致工程蒙受重大损失，这时在位的专家都有责任。你们要记住：自己既然在位，就有责任；为了不使工作蒙受损失，你们要坚持正确的意见。无法坚持正确意见时宁可辞职，这才是认真负责的态度。"在场学生终身铭记伍镜湖的教诲。

伍镜湖教授在教育领域的贡献不仅限于教学，还非常注重维持学校在教务方面的规章传统，坚持教育公平，不为特殊情况开绿灯。他的严格判分和对学术传统的维护，为唐山交大形成严格认真的学术风气发挥了重要作用。1933年，日军入侵冀东，学校不得不迁至上海继续教学。因此，大多数应届毕业班的学生都在上海完成了考试并顺利毕业。然而，江大源同学因病未能完成水文测验实习的全过程，尽管他在上海通过了所有其他课程的考试，但伍镜湖教授坚持要求他随下一届学生前往塘沽补做实习并签署成绩。在达到这一要求后，江大源最终获得了毕业证书。1938年秋，武可久和池际咸两位学生因参与抗日战争而错过了到杨家滩新校址复学的时间。学校鉴于他们特殊情况，允许他们自行补习后参加毕业考试。尽管两位学生在多数课程中都取得了及格分数，但在铁路号志课的考试中，他们的成绩未能达到40分。根据学校规定，期末考试成绩不足40分的学生不得补考，必须重修该课程。因此，伍镜湖教授决定不给他们补考的机会。最终，武可久和池际咸在1939年11月于贵州平越完成了重修课程并顺利毕业。

1946年3月8日，依据当局要求，唐山工程学院迁回其原址唐山。在3月12日，教务主任伍镜湖从重庆出发，飞抵北平，随后转道前往唐山，以接收校园并主持相关复校准备工作。此后两年，伍镜湖仍负责全部铁路类课程，指导毕业论文，并兼任教务主任。

1948年春，唐山交通大学的学生运动如火如荼地展开，然而反动派却暗中策划着对其进行镇压。当时兼任教务主任的伍镜湖，在得知本校有十几位同学被列入黑名单的紧急消息后，立即与训导主任林炳贤一同紧急约见了驻军负责人进行交涉。他坚决地表示："本校学生运动比较平稳，不会出什么问题，希望当局不要捕人。"4月9日傍晚，军警突然包围了学校，意图打压日益高涨的学生运动。得知消息后，学生们迅速集合在校内，以游行示威的方式迫使军警撤离。到了8月19日晚11时，又有一大群军警突然包围了学校。学生们紧急集结，组成了纠察队，并紧闭校门、加锁，以阻止军警的闯入。次日，训导主任林炳贤紧急提醒学生孙梁："当局已经注意到了你和施不为，你们必须小心行事。"在收到这一警告后，施不为、黄健德、陈秋英、蒋良海等具有先进思想的学生决定于21日清晨秘密离校，投奔解放区。在这个过程中，伍镜湖，这位正直善良的知识分子，始终站在学生的立场，为他们提供支持和保护，尽到了他作为一名教育工作者应尽的职责。

中华人民共和国于1949年成立后，积极向苏联学习建设社会主义的先进经验。在教育领域，教育部号召全国各级学校积极学习苏联教育的经验以推动构建我国现代教育体系。为了学习苏联教育经验，提高俄语能力，白发苍苍的伍镜湖教授当时已经69岁，看讲义和写字都感到很吃力，但仍然坚持每日记诵单词、翻译文段，在每天要求的10个单词基础上又多学30个单词。他的这种学习精神和适应能力，体现了他作为教育者的责任感和前瞻性。

伍镜湖教授常说一句话：学生的成就，就是对教师的最高奖赏。自1915年至1952年伍镜湖教授任教期间，唐山交大土木系毕业生后来成为中国科学院院士的茅以升、汪菊潜、方俊、林同炎、周惠久、张维、严恺、刘恢先、林秉南，成为中国工程院院士的汪菊潜、张维、严恺、佘畯南、谭靖夷等人，均是他的学生，受到过他的教诲。他们对中国铁路建设的卓越贡献，是对伍镜湖教授教书育人辛勤劳动的最好证明，也是对他教育救国这一初心的实现。

1980年西南交通大学在四川峨眉为伍镜湖教授举行追悼会。时已84岁高龄的前校长茅以升献给伍镜湖教授的挽联是：

六十年以校为家，安危不移，一生律己严，课业勤，治学谨。

三千里经湘历贵，风雨共济，长忆梅林秀，漓江碧，黔山青。

这是对伍镜湖教育家深厚爱国情怀和坚定教育信念的生动描绘，他毕生致力于教育事业，其高尚的道德风范令人敬佩。随同学校历经长途迁徙，无论是在湘潭、桂林还是平越，他都与学校共度风雨，共历坎坷，展现了不屈不挠的奋斗精神。这份执着与坚守，不仅赢得了广大师生的深切景仰，更成为教育史上一段传颂千古的佳话。

资料来源：《伍镜湖》，西南交通大学马克思主义学院科学家精神基地网站，2022年10月3日，https://zzxy.swjtu.edu.cn/info/1243/8820.htm；杨树彦，《踬实杨华 桃李春风 西南交通大学教授风采录》（第二卷），成都：西南交通大学出版社，2006年。

案例分析

伍镜湖教授是一位铁道工程专家和教育家，他是铁道工程教育的先驱，为中国培养了大批的铁路建设人才。他在唐山交大（今西南交通大学）任教40多年，治学严谨，爱国爱校，鞠躬尽瘁，被誉为唐山交大"五老"之一。在抗日战争期间，他随学校南迁，风雨同舟，不辞劳苦，坚持教学。他对学生严格要求，又和蔼可亲，深受学生爱戴。他的学生中有许多成为中国科学院院士、中国工程院院士等杰出人物，可谓"桃李满天下"。

通过伍镜湖教授的事迹，我们看到了他对自己的工作有浓厚的兴趣和热爱，能够全身心地投入工作中，不计较个人得失，不畏艰难险阻，不懈怠懒惰，不轻言放弃，而是积极主动，乐于奉献，以工作为乐，以工作为荣。这就是一个人敬业精神的本质体现。

教学设计建议

1. **案例呈现**：本案例可用于第一节第二目"社会主义核心价值观的基本内容"的教学。结合关于伍镜湖教授的一系列历史照片，讲述他爱校爱学生的一个个小故事，体现他为了教育事业献出毕生精力的伟大情怀。

2. **案例分析与讨论**：分组讨论学生对伍镜湖教授案例的理解，引导他们分析敬业的具体内涵，阐明敬业作为一种价值观，既是一种精神，又是一种品质，更是一种社会责任和义务。

3. **深入讨论以下问题：**

①敬业为什么能成为社会主义核心价值观的内在要求？

②敬业价值观的内涵和精神是什么？

③什么是工匠精神？

总结提升建议

1. 培养与践行：社会主义核心价值观的关键在于培养和实际行动。若缺乏培养，敬业价值观将无法形成；若无实际行动，所有理想的理论和规划终将流于空想。

2. 探讨践行的主要途径：

①塑造坚定的职业感和职业精神，是构筑敬业价值观不可或缺的基石。实现这一目标，既简单又充满挑战。简单在于，许多工作的成功并不需要庞大的物质投入或特定的优越环境；然而，其挑战之处在于，它要求个体投入全身心的精神力量，坚持不懈、始终如一地坚守职业信仰。在某些情况下，这甚至需要个体具备忍受孤独、甘于寂寞的坚韧品质。

②践行敬业价值观，个人应不断加强学习，以提升自身的本领和能力。一个人的工作业绩和社会贡献是衡量其敬业价值观的客观尺度。要使工作或事业取得显著成果，仅凭热情、投入和品质是远远不够的，还需要具备扎实的工作能力和本领。正所谓"打铁还需自身硬"，若缺乏必要的技能和实力，不仅可能错失良机，甚至可能做出错误决策，从而导致工作的失败或发展的停滞。因此，不断学习和提升自我，是践行敬业价值观的必由之路。

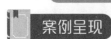 **案例3 竺可桢：教育与科学的求是之路**

案例呈现

在高等教育的园地和科学的殿堂里，竺可桢以其卓越的成就和坚定的求是精神，成为中国近代气象学和地理学的奠基人。他的一生，是对真理不懈追求的历程，也是对高等教育事业深刻影响的见证。

1890年竺可桢出生于浙江省绍兴县东关镇（今隶属于浙江省绍兴市上虞区），一个拥有丰富文化传统的地方。他的求学之旅始于家乡的毓菁学堂，之后他的脚步遍及绍兴东湖法政学堂、上海澄衷学堂、上海复旦公学，最终到达唐山路矿学堂（今西南交通大学）。在这里，他打下了坚实的中国古典文学、新学与英文基础。1910年，他考取了第二批留美"庚款生"，开启了他的海外求学之路。

在美国，竺可桢的学习旅程首先从伊利诺伊大学农学院开始，他深入学习农学知识。之后，他毅然决定转向气象学领域，并成功转入哈佛大学研究院进行深造。他的学术旅程以一篇突破性的论文《远东台风的新分类》获得好评，为他在1918年获得了哈佛大学的博士学位。

　　带着对祖国的深厚情感和对科学真理的执着追求，竺可桢回到了中国。在浙江大学担任校长期间，他不仅形成了以"求是"为主导的竺可桢精神，更将其贯穿于教育和科学实践中。

　　竺可桢所倡导的求是精神，既植根于深刻的历史背景，又有着重要的思想渊源。前者是指20世纪三四十年代中国面临的抗日救亡运动和科学救国背景，后者主要指竺可桢少年时代就饱读四书五经，受到中国传统文化的熏陶与滋养，留学八年，又领略了西方的科学精神。二者的交融与结合，奠定了他终身坚持求是精神的思想基础。

作为教育家的竺可桢

　　竺可桢以其卓越的教育理念，在中国高等教育史上留下了浓墨重彩的一笔。作为民国时期四大著名校长之一，他在浙江大学的办学实践中，坚守"求是"的校训，不仅塑造了浙大独特的学术风貌，更在中国高等教育的长河中激起了波澜壮阔的浪花。

　　竺可桢的教育理念，孕育于20世纪三四十年代那个动荡的时代背景之下。在那个内外压力交织的时期，竺可桢提出了"求是"精神，这一精神不仅体现了他对中国传统文化的深刻理解，也反映了他对西方先进教育理念的积极吸收。他的"求是"精神，成为他教育实践的灵魂，无论是在办学理念、治校方略，还是学风建设上，都得到了充分的贯彻和体现。

　　对于如何创办高等教育事业，他高屋建瓴地指出："第一须明白过去的历史，第二应了解目前的环境。办中国的大学，当然须知道中国的历史，洞明中国的现状，我们应凭借本国的文化基础，吸收世界文化的精华，才能养成有用的专门人才；同时也必根据本国的现势，审察世界的潮流，所养成人才才能合乎今日的需要。""办大学者不能不有哲学中心思想。"

　　竺可桢的办学理念是"追求真理、培育英才"，他坚信大学教育的根本目的在于培养学生的独立思考能力和科学精神。他认为，大学不仅是知识的殿堂，更是道德的高地，应当培养出既有深厚专业知识，又有高尚道德情操，能够为国家和社会做出贡献的"领袖人才"。对于培养什么样的"领袖人才"与如何培养，他有许多精辟论述："大学教育的目标，决不仅是造就多少专家如工程师医生之类，而尤在乎养成公忠坚毅，能担当大任，主持风气，转移国运的领导人才"。"你们要做将来的领袖，不仅求得了一点专门的知识就足够，必须具有清醒而富有理智的头脑，明辨是非而不徇利害的气概，有深思远虑，不肯盲从的习惯，同时还要有健全的体格，肯吃苦耐劳，牺牲自己努力为公的精神。这几点是做领袖所不可缺乏的条件。"

在治校方略上，竺可桢坚持"只问是非、不计利害"的原则。这一原则在他的招生标准、教授治校的推行、教育质量的控制以及科研氛围的营造中得到了体现。他主张严格的招生标准，确保学生质量；实行教授治校，保障学术研究的独立性；注重德智并重，提升学生的综合素质；强化科研，营造良好的学术氛围。

竺可桢对学风建设的重视同样不容忽视，他提倡"慎思明辨、求是笃行"的学风，强调勤奋踏实的学习态度和慎思明辨的思维习惯。他认为，实践是检验真理的唯一标准，因此在教学中强调实验和实践的重要作用，培养学生的实践能力。

简而言之，竺可桢的教育思想是将德育教育、培养学生具有担当国家重任的人生观放在首位，是中国传统文化与西方现代文明相结合的产物，至今仍然具有现实指导意义。

作为科学家的竺可桢

竺可桢做科学研究工作，以发扬"求是"精神作为指导思想，一定要"博学之、审问之、慎思之、明辨之、笃行之"，他要求自己做学问、办事情不盲从、不附和、不武断、不专横。他以渊博的学科知识、丰厚的传统文化造诣，以及腿勤、眼勤、笔勤的勤劳习惯，60年如一日，浇铸出有口皆碑的丰硕成果。竺可桢在气象学研究中坚持严谨的科学态度，他要求自己在收集和分析气象数据时必须准确无误，以确保研究结果的真实性和可靠性。他强调实证主义，即所有的科学理论和结论都必须建立在观察和实验的基础之上。他在气象研究中广泛应用观察和实验方法，以获取第一手的气象资料。他还在气象学领域不断探索新的研究方法和理论，如他对台风的分类研究，成为对传统气象学的重要补充和创新。

竺可桢是较早关注人口问题的科学家。这可以说是他在科学上坚持求是精神的开始。1926年1月，竺可桢发表了《论江浙两省人口之密度》，第一次提出人口问题。此文一经发表，立即在社会上引起了巨大反响。鉴于当时江浙两省的人口密度已达到世界之最，解决这两个省份的人口问题被视为破解我国人口控制难题的关键所在。当时的中国，不仅面临着庞大的人口基数挑战，还伴随着人口素质参差不齐等问题，这使得控制人口增长成了一个亟待解决的难题。竺可桢对当时一些发达国家实施的计划生育政策表示高度认同，并从中看到了缓解中国人口过快增长的潜在途径。1936年竺可桢发表《中国的地理环境》一文，表达了他对解决人口问题的想法。文中说："中国现在人口已经达到了四亿五千万之多，控制人口增长是一种方法，但即使人口不再增加，也已经达到非常严重的地步了，如果想积极地解决问题，开垦国内荒地，迁移到中西部地区去能缓解人口压力。"中华人民共和国成立后，面对人口急剧增长的严峻形势，竺可桢强烈呼吁必须有效控制人口过快增长。

他深知，如果不加以控制，巨大的资源压力和社会负担将对中国的未来发展构成严重威胁，同时也会阻碍人民生活水平的持续提升。

竺可桢针对中国的人口问题，不仅指出了控制人口增长的紧迫性，还特别指出了早婚是导致人口增长过快的一个重要因素。他坚信，国家的强盛并非取决于人口数量，而在于人口的质量。因此，他提倡提高人口质量，强调这是国家繁荣的基石。竺可桢的观点立足于我国的实际国情，站在社会全面发展的高度，提出了对人口控制的新思考。他对当时社会流行的"儿孙满堂、人丁兴旺、人多办法多"的传统观念提出了挑战，呼吁人们重新审视人口增长与社会发展的关系。更值得一提的是，竺可桢勇敢地打破了传统观念的束缚，提出了优生优育的理念，并对重男轻女等传统旧思想提出了坚决的反对。他的这些观点不仅具有前瞻性，也体现了对社会公平和正义的深刻关注。

面对各地滥垦滥伐森林草地的现象，竺可桢强烈呼吁要尊重自然法则，他强调自然环境中的各个要素是相互依存、相互制约的，它们之间存在着固有的规律。他警示人们，一旦违背这些自然规律，必然会遭到大自然的严厉惩罚。为了具体说明这一问题，竺可桢以水土流失严重的黄土高原为例，深入剖析了滥垦滥伐对生态平衡的破坏，并提出了针对性的意见和建议。他考察黄土高原后提出：解决黄土高原水土流失的关键是沟。如果整个治理和改造的过程围绕着沟进行，解决水土流失问题可以说是事半功倍。竺可桢提出，因为沟中含有黄土高原最缺乏的水资源和适合耕种的土壤。因此，在沟中的粮食总产量是最多的。如果能对沟进行适当的改造和利用，再配合梁、塬、坡上的其他措施，就能够从根本上解决黄土高原的水土流失问题。

竺可桢不仅长期关注水土流失和人口增长这两大关键问题，还深切关心着沙漠化等环境问题的治理，并针对不同地区的实际情况，因地制宜地提出了切实可行的解决策略。竺可桢长期关注资源、环境、人口问题。在涉及自然资源的调查、研究、保护和开发，自然灾害防治，水土保持，沙漠治理，南水北调，农业问题，开发海南岛，自然区划与农业区划等重大国策问题上，他都有过深入研究和高瞻远瞩的建言。

此外，他长期关注粮食生产问题。1963年，他发表了《论我国气候的几个特点及其与粮食作物生产的关系》，受到相关部门及中央领导的重视与各界的普遍关注。毛泽东主席看到此文后，特约竺可桢前往中南海卧室面谈。那次应约的还有李四光、钱学森。毛主席邀请科学家到自己卧室广泛交谈科学问题，这恐怕是绝无仅有的一次。

晚年，他尤其关注环境污染与气候异常问题。在竺可桢的著作、日记和谈话中，随处可见"可持续发展"的思想光芒，他堪称"可持续发展"的先觉先行者。

案例分析

科学巨匠竺可桢提出并践行的"求是精神"，被习近平总书记称作浙江精神的重要组成部分。什么是"求是精神"？竺可桢在历次演讲中反复强调："求是精神"就是一种"排万难冒百死以求真理"的精神，必须有严格的科学态度，"一是不盲从，不附和，只问是非，不计利害；二是不武断，不蛮横；三是专心致志，实事求是"。求是精神是竺可桢在中华优秀传统文化和西方科学精神两者的结合之上提出的，与社会主义核心价值观有高度的相融相通点，贯穿于他作为教育家和科学家的一生实践当中。

教学设计建议

1. **引入课堂**：这个案例可用于第二节第一目"反映人类社会发展进步的价值理念"的教学。通过引入竺可桢的案例，吸引学生关注求是精神，为后续深入讨论创设基础。

2. **案例分析**：在讲述案例时，着重分析竺可桢提出的求是精神的两个来源：一个是中华优秀传统文化，另一个是西方科学精神。组织学生讨论分析作为教育家和科学家的竺可桢是怎样用一生的实践来践行他的这一价值观理念的。

3. **分析后的思考**：结合案例，引导学生思考社会主义核心价值观为什么是反映社会发展进步的价值理念。

总结提升建议

1. **对中华传统文化的态度**：社会主义核心价值观深植于中华传统文化的沃土之中，并且与广大民众的日常实践活动紧密相连，映射出人民的期望与追求。因此，我们应当提炼和保留那些有价值的、积极的成分，同时摒弃那些过时的、不适应现代社会发展的陈旧观念。这种扬弃的过程旨在促进传统文化的创造性转化和创新性发展，确保社会主义核心价值观能够与时俱进，更好地服务于现代社会的建设。

2. **对世界文明有益成果的扬弃和吸纳**：社会主义核心价值观的形成与推广，并非一个孤立或自发的过程，而是一个积极吸收和融合的过程。这一价值观体系在构建时，批判性地审视了全球文明的成果，从中提取和保留了那些对于促进社会和谐、推动人类进步具有积极意义的元素。这种吸纳不是对成果的简单复制，而是在深入分析和理解的基础上，结合本国的实际情况和社会需求，进行创新性的整合和提升。

案例4　曹建猷：一生的不懈追求

 案例呈现

1997年9月19日，中国共产党的优秀党员、西南交通大学教授、我国铁道电气化事业的奠基者、铁道牵引电气化与自动化学科的开创者曹建猷院士不幸离世。他的子女们尊重老人遗愿，将他的部分骨灰轻轻地撒在了宝凤线铁路上，那是中国第一条电气化铁路——宝成线的起点，也是他一生辛勤耕耘的见证。他将自己的一生，包括生前与身后，都毫无保留地奉献给了他热爱的铁道电气化事业，使其成为自己生命的永恒延续。

曹建猷出生于1917年的湖南长沙，自幼受到爱国主义思想的熏陶。在小学上学时参加过多次抵制日货的运动和游行。进入初中后，通过姑母曹孟君为他订阅的《生活周刊》，加深了爱国意识。其中，邹韬奋先生的《小言论》对他的影响很大。他看到当时政界的险恶、腐败，厌恶政治，立志学科学，将来当一名科学家，实现科学救国。其间，红军战士曾路过当地，他看到他们街边露宿，秋毫无犯的严明纪律，深受感动。1936—1940年在上海交通大学电机工程系学习，专心读书。1940年6月毕业后，上海电力公司等单位以优厚的待遇聘任他，出于责任感，曹建猷觉得应该到内地去工作。于是经长途跋涉到达昆明。1940年8月开始在昆明西南联合大学工学院任助教，三年后升为教员，担任过电机学及电力系统方面的教学。

1945年，曹建猷与夫人姚哲明均考取公费留学。1945年8月至11月经印度乘船到美国，1945年11月至1950年9月在美国麻省理工学院做研究生，主要方向是电力系统及自动化。1950年9月获博士学位。博士论文题目是《MIT同步电子回旋加速器》（"Betatron Characteristics of the MIT Synchrotron"），其分析与试验方法曾在麻省理工学院应用。1947年8月至1950年9月，曾在麻省理工学院及纽约市立学院兼任过讲师和客座讲师。毕业后，至1951年8月，在纽约市立学院担任客座讲师。早在去美国的途中，以及随后在美国的几年中，曹建猷目睹中国人在国外受人歧视的现象，盼望祖国有一天能强大起来。1949年10月1日，当第一面五星红旗随着雄壮的国歌冉冉升起，飘荡在天安门广场的时候，曹教授感到无比激动，"忽然看到祖国的光明，那种从死灰中复苏的心理是无法形容的"，从此开始考虑回国。1951年，曹建猷院士毫不犹豫地放弃了美国提供的优越生活条件，他面对签证等重重困难，毅然决定乘船绕道印度，最终举家回到祖国的怀抱。后来当有学

生问及曹教授，为什么回国时，教授坦然答道："回国工作是我最大的事，那时候，出于爱国，我还积极响应国家号召买了好多国家的债券，别人不理解。后来夹在书里忘了，'文化大革命'时期，这些债券解了全家的难，我常给后辈讲，要爱国。"

曹建猷的爱国热情和坚定报国决心在他回国后的工作中得到了体现。回国后，他在唐山工学院（今西南交通大学）担任教授，开始了为中国社会主义建设培养技术人才的生涯。1956年，在参加国务院组织的制定我国科技发展十二年规划的工作时，曹教授敏锐地认识到铁道电气化对我国铁路运输发展的重大意义，并决心为这一事业奋斗终身。他曾总结道："加速器和自动化方面领导几次征求我对专业的意见，经过考虑，最后仍决定我已开始的铁路电气化专业。原因是这方面的人很少，国外也没有从事这方面工作的人可以回国。如我改行，将对这个新生的专业起到不小的影响。"

1955年4月，在西南交通大学首次教学和科学研究报告会上，曹建猷教授发表了一篇重要文章，深入分析了不同电流的技术经济状态，并强烈建议我国应采用工频单相交流制。这篇文章因其独到的见解和深刻的分析，被铁道部办公厅特别要求加印20本以供广泛传阅。之后，曹建猷教授对法国交流试验区段的成功实践进行了深入研究，深受启发，信心倍增。他结合我国的实际情况，撰写了《我国铁路电气化的途径和发展远景》一文，并在1956年铁道部举行的科技大会上做了报告。这篇报告因其前瞻性和实用性，引发了与会者的热烈反响，报告材料加印至150本，迅速被一抢而空。此外，这篇报告还引起了苏联铁路代表团成员的极大关注，并在他们中间产生了轰动效应。

1956年，39岁的曹建猷受邀前往北京，参与国务院十二年科学技术发展规划的重要会议。这次参与国家科学技术发展总体规划的讨论，对于身为专家的曹建猷而言，是一次极为宝贵的经历。这次经历不仅极大地丰富了他的专业知识，更对他的总体战略能力的培育和战略视野的开拓产生了深远的影响。他在《参加全国科学规划中的几点收获》一文中写道："通过几个月来的工作和学习，对于我个人的确有不少的收获。首先，在规划工作中，使我进一步加强了全局观点。了解了科学技术问题的广泛和错综复杂及各个科学部门在国家立体科学事业中所起的作用，使我分别出了其中轻重缓急的程度，从而认识了自己所从事的科学工作和每一门科学在整个国家规划中应处的地位和如何正确对待国家具体规划工作……"

在当时的科技界，年轻有为的曹建猷备受瞩目。中国科学院曾两次向他伸出橄榄枝，邀请他参与加速器的研究工作；而当中科院筹备成立自动化研究所时，知名科学家钱伟长也邀请他加入自动化筹备组，共同推动自动化领域的发展。

　　然而，尽管中科院两次发出邀请，曹建猷都婉言谢绝了。他并没有选择继续自己在麻省理工学院博士论文中研究的"高能粒子加速器"方向，也没有回归自己本科所学的"自动化"领域，而是毅然决然地投身于当时国内尚属空白的"铁路电气化"方向。至于原因，曹建猷在日记中如是解释："原因是这方面的人很少，国外也没有从事这个工作的人可以争取回国。如果我改专业，将对这个新生的专业起不小的影响。自动化从业人员较多，国外也有很多可以争取回来。加速器的发展很快，我所知道的东西已嫌陈旧，新生力量较易培养。因此，我认为这个决定还是正确的。"从此，他为中国的铁道电气化事业投入了毕生的精力，并做出了卓越贡献。

　　1957年9月，铁道部正式采纳了曹建猷的专业建议，决定我国铁路电气化将采用25kV单相工频交流制。随后，天津第三设计院根据交流制标准重新进行了第一条电气化线路——宝凤段的设计工作。这一决策不仅奠定了交流制在铁路电气化领域的基础地位，而且在后续的发展中，交流制更是被正式确立为部颁标准，并在20世纪70年代经过审定后，作为国家标准正式颁布执行。1958年6月15日，宝鸡至凤州段电气化铁路开工，曹建猷任试验组副组长兼技术组组长，在现场解决了不少关键技术问题。1961年8月，中华人民共和国第一段电气化铁路宝凤段完成改造，通电试车获得圆满成功，实现了从理论到实践的大跨越，由此揭开了中国铁路电气化建设的序幕。

　　1966年6月，"文化大革命"的风暴刮到了学校，曹建猷当时正在铁道兵某师带领学生进行现场教学，一份电报催他回校。到校后，夫人突然辞世的事件、满墙的大字报和还未坐定就立在他面前的大牌子，像晴天霹雳一样使他不知所措。他曾一时感到绝望。但冷静下来一想，他觉得："党的事业是伟大的，个人，算得了什么呢……想通了，很快便投入了改造，而且劳动很自觉"。在"文化大革命"后期，作为一个年过半百的教授，他与一群青年教师同住在单身教工宿舍，生活十分融洽，成为青年们的良师益友，他怀着对党的事业的信心，坚定地、实事求是地，以自我改造的态度经受住了那一严酷时期的考验。

　　"文化大革命"后，他继续担任电机系主任，又担任了副校长及校学术委员会主任，热情奔放地投入工作，大抓全校的学科建设、教师队伍建设、研究生培养、科研工作、西南交通大学学报等工作。他还亲自讲课，刻写讲义，在机房上机搞研究，每学期都大大地超过工作量。他要把失去的时间夺回来。他的这种老当益壮、孜孜不倦的精神，受到师生们的一致赞扬，他们说"曹教授真不简单"！他还担任了中国科学院学部委员，国务院学科评议组成员，全国人大代表，中国电机工程学会、中国铁道学会、中国电机技术学会的理事等职务。1985年他被授予"四川省劳动模范""铁道部优秀教师""四川省优秀教师"等光荣称号。

　　然而，曹建猷的人生中最令人敬佩的莫过于他在1987年，当时已年过七旬的他，依然怀着坚定的信念向党组织递交了入党申请书。在申请书的开篇他这样写道："敬爱的党：请考虑我这个迟到的入党申请人的请求。其实，这三十多年，我自己以为，一直是跟着党走了过来。即使是自己最困难的时刻，也没有失去过对党的信念。因为，我以为，党的事业是最伟大的。党，这些年来，也从未把我看成'外人'。我也常常这样来看待党……"在入党申请时他说："应当为党做一些有利于中青年人的工作，并且自己应当首先明白无误地表明自己的政治态度，争取入党。"

1987年6月，古稀之年的曹建猷在党旗下庄严宣誓，成为中国共产党的一员。这一时刻，不仅是他个人政治生涯的高光时刻，也是他一生追求和信仰的集中体现。他的入党，不仅是对个人荣誉的增添，更是对中国共产党的坚定支持和对社会主义事业的无限忠诚。曾为曹建猷学生，当时是入党积极分子的冯晓云列席了曹建猷的入党宣誓仪式。她回忆道："我正好站在他边上。因为我就紧挨着他，先生宣誓时那激动的神情，我现在都能记住，他整个人宣誓的时候，一直在抖，就把我给带得很激动，全身都是那种激动的状态。到现在我只要一宣誓，一说，'我志愿加入中国共产党'，我就抖，就特别动情。"

那一年，曹建猷在向党支部汇报思想时写道："过去我总以为是一匹'不赶就跑的马'，在为社会主义工作。现在体会到，一个受制约的马与一个放羁的马有多么不同！还是把心交给党吧！"

1988年6月12日，曹建猷经过一年的预备期之后，转为中国共产党正式党员，更加坚定地为社会主义建设继续奋斗。曾有杂志编辑不远千里，三次从北京专程赶赴他工作的西南交通大学，希望能得到他的题词。在编辑的盛情邀请下，曹建猷教授欣然提笔，写下了一句充满智慧的座右铭。"一切为了祖国，为了祖国建设。"但在日记中他又如是写道："其实平日想得最多的还是诸葛亮那句'鞠躬尽瘁，死而后已'。"

资料来源：潘启敬，《曹建猷传传略》，选自杨树彦主编，《西南交通大学（原唐山交通大学）校史资料选辑（第四辑）》，成都：西南交通大学校史编辑室，1993年，第19—23页；《中国科学报》，2019年12月27日，第8版。

案例分析

曹建猷立场坚定，旗帜鲜明，经常以自己在两种社会及两种制度下的亲身经历向青年们说明只有社会主义才能救中国。他在晚年时加入中国共产党的举动，表明了他发自肺腑对社会主义核心价值观的认可。这一举动也感染了他周围的青年人。

曹建猷院士的一生，以坚定的行动将爱国、爱党与爱社会主义的理念融为一体，并付诸实践。正如西南交通大学原党委书记王顺洪对他的赞誉："曹建猷先生的一生，是精忠报国，为中国特色社会主义事业奋斗的一生；是开拓创新，不断开创中国铁路电气化事业新局面的一生；是勇于担当，为学校发展和人才培养鞠躬尽瘁的一生。"这一评价恰如其分地体现了曹建猷院士一生的光辉事迹。

 **教学设计建议**

1. 案例分析与讨论：这个案例可用于第二节"社会主义核心价值观的显著特征"第三目"因真实可信而具有强大的道义力量"的讲述。详细介绍曹建猷的事迹，并结合他入党的相关内容进行案例分析。引导学生自觉以社会主义核心价值观为引领，坚定价值观自信。

2. 小组讨论和演讲：组织学生小组讨论，就社会主义核心价值观的真实可信性举出若干实例进行论证。鼓励学生结合个人经历，进行小组演讲，分享自己身边的共产党人的先进事迹。

3. 运用网络平台：借助抖音、微信等网络平台积极传播践行社会主义核心价值观的优秀案例，以此作为榜样，让学生在日常浏览中无形中被引导，深刻感受到社会主义核心价值观的崇高与可信。这种潜移默化的教育方式使学生自发地将这些价值观内化为个人的精神追求，并外化为日常生活中的行为习惯。

总结提升建议

1. 对照分析：通过观察西方国家近年来出现的种种社会问题，深入探讨西方资本主义国家所宣扬的"普世价值"的局限性和不足。这种比较不仅揭示了西方价值观念中的矛盾和伪善，也凸显了中国制度的独特优势和有效性。通过这样的对照学习，学生可以更深刻地认识到中国特色社会主义制度的优越性，从而增强学生的价值观自信。

2. 深入探讨：围绕社会主义核心价值观的先进性、人民性、真实性展开深入探讨，有助于我们更加深入地理解社会主义核心价值观的道义力量，进而以更加饱满的精神、自信的姿态开展社会主义核心价值观教育。

案例5　张维：留德八年的酸甜苦辣

案例呈现

作者介绍

张维：1933年毕业于唐山交通大学获工学学士学位，1938年获英国伦敦帝国理工学院工学硕士学位，1944年获德国柏林高等工业学校工程博士学位，同年在国际上首次求得环壳在旋转对称载荷下的应力状态的渐近解。1955年选聘为中国科学院院士。1956年加入中国共产党，1983年创办深圳大学并任首任校长，1994年选聘为中国工程院院士。2001年逝世。

本文是张维1999年所作。

（一）向往

为什么要去德国留学？回想起来，似乎不是偶然的。

我的二叔父张仲苏（早年名张谨）1905年被北大的前身京师大学堂选派，与顾孟余、李仪祉同赴德国留学，在柏林大学攻读法律。1913年，正是我出生的那年，他学成回国。先后任京师学务局（相当于今日的市教育局）局长、同济大学校长、河北大学校长。由于父亲英年早逝，二叔对我们兄弟较为关怀，时常对我们讲述在德求学的情景，并对德国工业产品的质量交口称赞。这使幼小的我对德国有了良好的印象。

1919—1929年，正值我上高小和中学。那时的中国，军阀连年混战，日本军国主义等列强对中国的侵略压迫日益加剧，更兼官员腐败，经济衰落，民不聊生，亡国灭顶之灾似乎就在眼前。救国成为我们那个时代青少年的共同愿望。这一时期在我心中逐渐形成了科学救国，工业救国，教育救国的思想。决心刻苦读书，不但要上大学，而且希望有朝一日到国外去进一步深造，求得更高深的学问回来报效祖国。到哪儿去呢？因受叔叔的影响，隐隐约约地把德国当作了第一目标。

后来，我与父亲的世交陆家的姑娘陆士嘉逐渐有了感情。她那时在北师大念物理。因对德国在物理学方面的贡献十分景仰，很早就产生了去德国深造的愿望。我俩订婚之后，更是志同道合，常常相互鼓励，一定要实现留学德国的梦想。

因为父亲去世较早，全家五六口人只靠一点遗产和哥哥大学毕业后的工资维持生计，家庭经济状况属中等偏下，自费留学绝无可能。可公费留学又没有德国的名额，因此能否一起赴德求学便成了我们经常讨论而又无可奈何的事。

1937年，我有幸考取了中英庚款的留英公费生。与未婚妻士嘉同船出国。可惜一人留英，一人赴德。提及寒假，我决定从伦敦出发前往德国。此行目的有二：首先，我渴望探望久别的未婚妻，我们已经半年未曾相见；其次，我抱着学习的态度，希望深入了解德国在土木工程和力学领域的教育现状。经过一番考察，我得知柏林高工（即现今的柏林工业大学）在土木工程方面享有极高的声誉，其课程设置也颇为先进，如薄壳理论等世界前沿课程均有所涵盖。这更加强了我要到德国深造的愿望。

回到伦敦后，经过一番努力和周折，得到中英庚款管委会的批准，于1938年暑假转学德国，从小留学德国的愿望终于得以实现。能与士嘉同在一国求学更使我高兴，虽然她去了葛廷根，我则留在柏林。

（二）德国的学术思想和治学精神

在教学和科研方面，我从德国学到了不少东西。

研究工作归根结底就是追求（相对）真理和掌握规律。德意志这个民族性格非常严肃认真，做什么事都要求彻底和准确，这也体现在学术上。他们有个很好的传统，就是从事一件工作，研究一个问题都非常彻底。这一点不但体现在学术研究方面，还表现在德国学者擅长撰写的大部头百科全书上。本世纪前半叶德国出版了很多各类成套的百科全书和手册。其数量之大，体裁之广，论述之精辟，在其他国家是少见的。

威廉·洪堡，作为柏林大学的校长以及普鲁士王国的教育部长，他提出的高等教育思想具有划时代的意义。他坚信大学必须同时注重研究与教学，这一理念不仅深深影响了德国大学的办学方向，成为其长期以来的指导思想，更在全球范围内对高等学校的学术研究产生了积极的推动作用。

我个人在德国学术思想和治学精神方面的收获，很大程度上得益于与我的老师们的直接交流。我的德语老师是我接触的第一位学者，他的严谨和专注为我奠定了学习的基础。

而在我的专业领域内，Friedrich Toelke教授无疑是我接触最多、受益最大的德国学者。他的深厚学识和严谨态度，让我对土木工程和力学有了更深刻的理解。

然而，在治学精神方面，葛廷根大学的Ludwig Prandtl教授和Robert Pohl教授对我产生了更为深远的影响。他们的学术态度和追求，使我对学术的敬畏之心油然而生，同时也激励我不断追求更高的学术成就。

（三）二战期间在德生活

自1938年7月到德国至1945年9月离境去瑞士，我经历了整个二战。这段生活经历至今回忆起来仍然历历在目，终生难忘。

八年的留学生活变化很大。战前的一年和战争初期，日常生活尚属正常。在住的方面，当时德国大学极少有学生宿舍，外国留学生根本住不进去。在柏林我们全是租房子住。房东多半是退休职工，月租金在30~40马克。而一般官费生的生活费每月110~140马克（个别国民党高官子弟情况不详）。在食的方面呢，学校设有学生食堂（Mensa），午餐份饭70芬尼。而晚饭则往往到中国小饭馆吃。一来德国政府为照顾中国侨民，配给几个中国小饭馆大米，二来在那儿能碰到同学，聊聊天，交换些大家关心的国内抗战的消息。但因此说德文的机会就比在其他城市少了。这不能不说是一个缺点。

1943年11月，大规模的轰炸开始了。这类轰炸每次半夜12点左右进行，英美往往是出动2000架四个发动机的Lancaster轰炸机。先是四架定位飞机投放照明弹，随后那两千架轰炸机就向四边形之内的地区投炸弹。俗称地毯式轰炸。对于盟军的轰炸，我的心情是复杂的：既希望他们狠狠地炸纳粹，又盼望炸弹长上眼睛，别往我们头上掉，我还盼着能安全地回家呢。

二战到1945年5月宣告结束。此时的德国包括欧洲各国在内均遭到空前的破坏。德国的工业几乎没有了，煤矿完全停产，过冬的采暖成了大问题。葛廷根的盟国占领军司令部发给每家一张券，凭此可以自己去附近的山上伐一棵树，当作冬季取暖的木柴。有生以来头一回上山伐木，还挺新鲜的。我和士嘉拿着斧子，跟房东Pohl教授一家一同上了山，只见凡是达到可伐年龄的树都已做了记号。于是花了半天工夫各自伐了一棵拉回家来。到了9月我得到瑞士一家机械厂的聘书，并获得批准可以出境，便把这棵树送给了Pohl教授。他们一家高兴得不得了，因为这样一来他们就有了比别人家多一倍的柴火，冬天可以暖和一些了。

（四）纳粹的独裁统治

1933年1月希特勒获得了政权，立刻在全国范围内进行法西斯统治和镇压。他对于德国知识界和学术界实行的排挤和迫害真是史无前例，惨无人道的。凡是稍有不赞成纳粹的，或三代之中有犹太血统的知识分子一律开除公职。我的德语老师Linke小姐就是一例。

纳粹对于中国采取了狡猾的两面手法。一方面因为中国在战争初期就站在英美一边，因而对我国采取不友好态度。另一方面，希特勒又幻想蒋介石与日本讲和，好让日本腾出手来向苏联的远东进攻。所以让德国驻华大使陶德曼很长时间仍待在重庆不撤。直到苏德战争打起来，因我国向德国宣战，他才不得不撤回国。

但是纳粹党徒们对待中国留学生基本上是歧视甚至是敌视的。士嘉就曾受过这种敌视。1943年因柏林常受轰炸，她就辞去了工作回到葛廷根。经她导师Prandtl介绍，到了著名的空气动力学试验所（Aerodynamische Versuchsanstalt，简称AVA）。该所当时是世界上最早，也是最先进的空气动力学试验中心。那时的所长是Betz教授，但实际管事的是秘书长Dr. Riegels。那家伙是个顽固的纳粹党员。在士嘉拿着Prandtl教授的介绍信前去商谈工作问题时，他反复询问士嘉对日本侵华的看法。士嘉自然是表示义愤，因此被拒之门外。

我的导师也是一个纳粹党员，他经常在听完我的工作报告后问我中日战争如何了？蒋介石为何还不与日本讲和？我就给他讲一番日本帝国主义的狼子野心等等。两个人各持己见，谁也说不服谁。最后，他总是说："好了，今天不谈这些了。"两人握手再见。过了几周我再次汇报工作时，后半段时间又如此这般地重演一遍。不过倒也还能"和平共处"。

中国同学在战争年代在德国一般来说在政治问题上不主动表态，因此没有受到严重的迫害，但也有例外。据我所知，有一位叫翁真的同学，他肄业于上海同济大学。在柏林高工学电机工程，平时不问政治。一日忽然失踪，据与他接近的同学说是被秘密警察（Gestapo）抓走了。原因是他有一德国女友，那女孩因为什么事被捕，Gestapo在她的笔记本上看到翁真的名字和地址，就将他也抓去了。当时大家曾努力想营救他，但我国驻德使馆业已撤离，无法可想。以后再也没人听到过翁真的消息。估计他已在集中营里遇难了。对于纳粹分子不友好的挑衅行为，我们则均予以反击。让那些家伙知道我们中国人不是好惹的。

（五）别了，德国

1945年1月，我搬到葛廷根，与妻子女儿团聚。那时我们已看到纳粹的末日即将到来，于是就整日去数学研究所的图书馆阅读文献，一方面是等待解放，同时也想多带点知识回国去。

5月2日，美军占领了离葛廷根仅50公里的卡塞尔。又过了一周终于进军葛廷根。那天早晨我们听到隆隆的炮声，心里高兴极了。出于安全考虑，还是与Pohl一家到地下室去躲避。不一会儿，由低矮的窗口看到端着冲锋枪的美军士兵紧张的身影。Pohl教授吐了一口气说："这下好了，我们解放了！"大家立刻欢呼起来。二战对我们来说终于结束了！我的声音尤其大，因为想到可以回国了。Pohl教授招呼我："张先生，咱们到地下室酒窖，挑一瓶好酒来庆祝胜利吧！"我喝着在德国生活八年以来第一次尝到的有名的Mosel葡萄酒，百感交集，一时竟说不出话来了。

结束语

战争结束了，我们的心思立刻转到回国的问题上来了。这时欧洲与亚洲的交通无论是经由苏联的陆路还是走地中海苏伊士运河的水路均不通。战争虽已结束，回归祖国之事却仍是遥遥无期。

一个偶然的机会，我从期刊上获知瑞士苏黎世的Escher-Wyss机械厂承担了我国东北小丰满水电站的水轮机的制造。想到学了水轮机的设计技术，回国后可以为国家的水电建设服务，就请导师Toelke教授写了一封推荐信。等了几个月一直没有回音。7月的一天在路上巧遇瑞士驻柏林领事，得知他与该厂总经理相识，于是请他代询究竟。不久收到该厂来函，聘我任工厂研究工程师。有了在瑞士工作的证件，盟军司令部才批准我们离境，瑞士政府也才同意签发入境证。就这样，我们一家三口和季羡林、刘先志夫妇共六个人由盟军派了一辆中型吉普，由一位美军少校护送，一位法军上士开车，将我们送到德法瑞边境的巴塞尔城，从此结束了我留德八年的充满了酸、甜、苦、辣的生活。

资料来源：张维，《留德八年的酸甜苦辣（1938.7—1945.9）》，成都：西南交通大学出版社。

案例分析

虽然张维的事迹是中华人民共和国成立以前发生的，但是张维身上所具有的品质与社会主义核心价值观有相通之处。在张维少年时代，逐渐形成了科学救国、工业救国、教育救国的思想。他决心刻苦读书，不但要上大学，而且希望有朝一日到国外去进一步深造，求得更高深的学问回来报效祖国。1938年，张维进入德国柏林高等工业学院学习。1941年，受战争影响，在德中国留学生处境非常艰难。德国纳粹党徒对中国留学生多持歧视、敌视态度。张维的导师也是个纳粹党员，他经常就中国的战事问题向张维发难，张维都一一与之辩驳。两个人常常各持己见，互不相让。最后，其导师总是说："好了，今天不谈这些了。"每次汇报，均是如此。在价值立场问题上，张维坚决捍卫、绝不退缩。救国心愿也一直伴随着他整个留学生涯。

终于，中华人民共和国成立了。当天，张维参加了国庆游行。当队伍经过天安门时，他跟着大家振臂高呼："中华人民共和国万岁！""中国共产党万岁！"回国后，亲眼看着新旧中国在教育与科学事业发展上的鲜明对比，亲身体会着身边共产党员为中华人民共和国奋斗的忘我精神，张维感佩不已，找到了工作的重要动力，那就是学习党员同志，全力拼搏、奉献国家。1956年，张维如愿加入了中国共产党。从救国梦跨越到强国梦，在每一段征途中，张维都拼尽全力，自觉肩负起历史使命，加强价值观养成，树立正确的价值取向。

教学设计建议

1. **案例呈现**：本案例可用于第三节第一目"扣好人生的扣子"的教学。通过张维的案例，引导学生对价值观养成关注，使学生认识到青年的价值取向关系着自身的健康成长，决定着未来整个社会的价值取向，为后续讨论创设基础。

2. **案例分析**：重点分析张维如何在青少年时代加强价值观养成，树立正确的价值取向，特别是其价值取向如何指引其健康成长，如何使其走在时代前列，成为引风气之先的先进代表。

3. **小组讨论**：在讲述案例后，可以组织学生就"大学时期为什么是价值观养成的关键阶段？如何把核心价值观的要求变成日常的行为准则？"等问题进行分组讨论，激发学生思考青年的价值取向与社会的价值取向的关系，让学生明白正确价值观在大学生成长成才中的作用。

4. **对话与互动**：鼓励学生分享自己的成长成才经历与事迹，促使他们思考正确价值观对个体成长的深远影响，并展开对话，促进彼此的思考和交流。

 **总结提升建议**

1. 反思与自我认知：深入反思张维案例中社会主义核心价值观对个人、社会和国家的深刻影响，引导学生思考社会主义核心价值观如何在个人生活和学业中得以体现，促使自我认知的提升。

2. 深化理论认识：增强对社会主义核心价值观的理论认识，通过课堂讲解、研讨等形式，使学生理解社会主义核心价值观对中国特色社会主义建设的重要性。

3. 激发价值认同：引导学生通过深入了解先辈的事迹，增强价值认同，将个人价值准则融入社会价值规范中。

4. 促进同学间的合作与分享：鼓励学生互相分享对社会主义核心价值观的理解及其现实生活中的体现方式。通过小组合作项目，培养学生团队协作精神，共同探索社会主义核心价值观在团队工作中的重要性。

案例6　李俨：中国数学史学科的奠基人

 **案例呈现**

　　李俨，中国科学院学部委员（现中国科学院院士）、历史学家、中国古代数学史研究专家，中国科学史事业的开拓者。1912年考入唐山路矿学堂（今西南交通大学）土木工程科学习，与茅以升是同窗契友。

　　关于自己的身世、家境以及当时的社会情况，李俨曾自述说："我生于一个动荡的时代，正值鸦片战争的余波之中，又紧接着中日甲午战争和义和团运动的前夜。这一时期，中国的政治、经济以及国际地位都经历了前所未有的剧烈变化。尽管鸦片战争以失败告终，但福州闽侯的林则徐，作为当时的主事人，让当地民众深切感受到了帝国主义国家对中国的沉重压迫。我的家庭背景并不优越，无田无地，生活清贫。我的父亲在1890年的科举制度中取得了'举人'的功名，但由于家境贫寒，他不得不提前赴江苏苏州（吴县）担任候补知县。候补知县意味着没有实缺，只能依靠偶尔的公差所得的微薄差费来维持生计。因此，我父亲长年在外奔波，而我则随母亲在原籍过着贫困的生活。在成长的过程中，我深切地感受到了中国旧封建制度的没落与西洋资本主义的崛起。我意识到，只有学习新知识，才能在这个时代中生存下去。幸运的是，义和团运动之后，清政府也认识到了变法的必要性，决定废除科举制度，兴办学校。我抓住这个机会，于1904年至1906年和1906年至1910

年间在福州城内的三牧坊完成了初高级中学的学业，并随后考入唐山路矿学堂学习土木工程。然而，命运多舛，1913年我父亲因病去世，家境愈发贫寒，我不得不中断学业。为了生计，我转而考取了陇秦豫海铁路局工务员的职位。尽管未能完成学业，但这段经历也让我更加坚定地认识到，只有不断努力，才能在逆境中寻求生存之道。此后常年自学不辍，自修英美函授学校的土木工程和建筑学等课程及法文等外文，同时从事中国数学史研究。"

自1913年起，李俨在陇海铁路局工作长达四十余年，历任工务员、测量员、工程副段长、段长、总段长、工务科长、工程处副处长、工程师、副总工程师等职务，以突出贡献，由小职员渐升至副总工程师，被誉为"火龙"，为中国的铁路建设尤其是陇海铁路建设做出了重大贡献，还为继续修建兰新线这条新疆与内地联系的东西大动脉做出了重要贡献。1955年，李俨被调入中国科学院，并相继担任了中国科学院数学研究所学术委员会委员、历史研究所第二所学术委员会委员以及哲学社会科学部学部委员等重要职务。1957年，他更是荣任中国科学院中国自然科学史研究室的首届主任，这一职位进一步彰显了他在学术界的卓越贡献和影响力。同年，他与著名数学家华罗庚共同荣获了苏联科学院颁发的欧拉纪念奖牌。1959年当选为全国人民代表大会代表。1963年1月14日，李俨逝世于北京，享年71岁。

李俨是中国数学史学科的奠基人。从1911年起开始从事中国数学史的整理和研究，1917年发表《中国算学史余录》，文中写道："吾少好习算，而于中算亦时有研诵，深以阮元《畴人传》未具系统，而中国算籍浩瀚，未能尽诵为憾，以是知吾国数理学说之渐就沦亡者亦基于之二大原因。自是研读所得，时删繁就简，求其原委；窃窃有所涂抹……已而年渐长，读欧籍，见其于吾国算学，时有论著，深叹国学堕亡，反为外人所拾。于是竭力汇集前稿，附以新说，成'中国数学史'。"文章最后说："阮元《畴人传》创始于前，罗、诸二氏续述于后，类皆统括历算名人；而算学史则专纪纯粹算学，故所集列传间有增损。顾吾国史学往往于一人之生卒年月略而不详。有清一代诸畴人，多仅记其事迹而略其时代，图像亦不见收。今者畴人子弟，尚有世守其业者，深望各以见闻所及，公诸同好，则诚中国算学界之大幸也。"当时在美国留学的茅以升在《科学》第3卷第4期发表《中国圆周率略史》，文首云："《中国数学史》著者闽侯李俨君，深思积学。世所罕睹。尝叹国学不振，渐趋沦丧。究日夜之力，尽瘁著述，阐发古之幽微，当今奇人也。此稿之成，君与有力焉。往昔读书唐山，尝极意欲作圆周率史，获君之助；经营两载，颇具雏形，特以材料庞杂又日为书奴，遂未克蒇事。今则远离故国，典籍稀少，完成之期，更非所望；因就我国圆率史迹，提要刘繁，先以公世。颜为略史，以将有详者在后也。"

1919—1920年李俨出版重要论著《中国数学源流考略》，第一次用现代方法和观点系统阐述中国数学史，受到国内外学者重视。之后，长期从事相关研究，陆续出版中算史论著百余篇，其中重要的有《中算史论丛》（1931—1947，共4集，1954—1955年再版为5集）。此外有专著多种，如《中国算学史》（1937年初版，1955年修订）、《中国数学大纲》（1958年）、《中国古代数学史料》（1954年初版，1963年修订）、《十三、十四世纪中国民间数学》（1957年）、《计算尺发展史》（1962年）、《中国古代数学简史》（1963年，与杜石然合著）等。他的论著注重史料整理，为后人的研究提供了方便。英国著名科学史家李约瑟在剑桥大学出版的《中国科学技术史》第3卷中，对李俨的中算史研究有如下评价："李俨和史密斯一样，认为在不同的著作中分别采取按年代和科目分类两种体裁较为方便。他的《中国数学大纲》采用编年体。更为完备的叙述见于《中国算学史》，这部书有节略本，即《中国算学小史》。他的四卷著作《中算史论丛》则采用按科目讨论的分类体裁，新的五卷本也继续采用这种写法。关于中国数学史资料的丰富程度，我们可从最近出版的书目中得到一个概念。有一份中国数学史论文目录，开出了1918—1928年十年间的33种重要的专题研究。从李俨与严敦杰所编的目录可得知，1928—1938年这十年间的数目也大致如此，但在1938—1944年间却增加到60篇，据李俨最近发表的论文目录，1938—1949年有104篇。很遗憾，这些论文大多发表在西欧从未见到的期刊上，即使在中国，要不是像李俨那样费了大量的时间和精力进行搜集的话，也是不易获得的。"1956年，李俨作为中国代表出席了第八届国际科学史会议。随后，他接受了苏联科学院的盛情邀请，与华罗庚、钱学森、陈建功、吴文俊、黄昆、程民德、关肇直和冯康等杰出学者一同前往莫斯科，参加了第三届全苏联数学家大会。在大会上，李俨在数学史组发表了题为"中国数学史中的几个问题"的报告，向与会者详细介绍了中国古代数学在计算方面所采用的独特计算系统。他阐述了在13、14世纪以前，中国数学家使用算子在筹算算盘上进行计算的情形，并介绍了15、16世纪之后，珠算算盘在计算中的广泛应用。这一报告因其详尽的内容和深刻的分析而赢得了与会者的一致好评。1959年出席全苏科学技术史大会，在会上报告了我国科技史研究概况和数学史研究论文。他还收集了大量中国古算书，逝世后由其家属捐赠给中国科学院自然科学史研究室，是研究中国数学史的宝贵资料。李俨对数学也有研究，著有《微积分学初步》（1936年）等专著。他在工程学方面的著述也甚多，有《铁道定线法》《铁道曲线表》《计算尺用法》《铁道选线法》《隧道定线法》《西北交通调查报告》等。

　　李俨一生致力于中国数学史的研究，几十年如一日，持续不断地深入探索。根据逝世前亲自编订的论文目录统计，他共发表了百余篇论文，出版了十余种专著。一个显著的特点是，他对自己的作品始终保持严谨的态度，不断进行修改和补充。例如，《近代中算著述记》一文，从1928年的初稿开始，经过1937年的再编、1940年的再校，直至1953年的三校，他始终未放弃对这篇文章的完善。即使在他逝世之前，他仍旧心心念念着进行四校。无论是单篇论文的发表，还是收入论丛的汇编，李俨总是反复推敲、增补调整，这样的过程往往要经历四至五次之多。如果仅从单次的统计来看，李俨一生的工作成果已相当可观，预计在二百万字至三百万字之间。但当我们考虑到他反复修改、补充的工作量时，总字数恐怕要远超千万。值得一提的是，这些研究工作并非在舒适的学术环境中完成的，而大多是在陇海铁路各建筑工地的繁忙施工之余利用业余时间，在夜晚的油灯下一点一滴地完成的。他常常提及自己随身携带几十箱古算书，在铁路工地上来回奔波，夜以继日地撰写论著的情景。这种锲而不舍、坚持不懈的精神，不仅令人敬佩，也成为激励后生学子不断进取的榜样。

　　在如此艰苦的条件下坚持开展研究，兴趣使然是一方面，但另一方面，又是什么支撑他完成这一艰苦卓绝的工作的呢？

　　李俨曾自述开展中算史研究的动机："1912年全国革命，我父亲退休回家，于1913年卒去。母老家贫，无款供我读书，此时陇海铁路招工务员，我即考入。这时是借法国款兴筑铁路，一切都由法国资本家掌握，中国人无由过问。可是我个人第一以为我家贫失学谋生，以后总得多方充实学业；第二，我看过一篇日本人叙述中国算学的论文，我十分感动和惭愧。以为现在中国人如此不肖，本国科学（特别是算学）的成就，自己都不知道，还让他们去说，因此立志同时要修治中算史。……个人只想为上述'第一''第二'两事而努力。我在陇海路曾以较短时间自修过法文以及英美函授学校的土木工程和建筑学，一面为着中算史多读些中外古今的书籍。"这种求实精神贯穿了李俨的一生。李俨的信条是："自修亦非难事，所谓天下无难事，只怕心不专""业余时间进行研究，最好能按年按月订出计划。要有坚定的意志，既不贪多，又不中断""不求急就，一年不足，期以十年，十年不足，期以终身"。李俨的一生，是这样说的，也是这样做的。

　　资料来源：李俨，《中国数学大纲》，北京：商务印书馆，2020年。

 案例分析

李俨严谨求实的治学态度、科学务实的价值观念，与社会主义核心价值观存在共同之处。李俨依托现代数学知识，对中国古代的数学成就进行了系统的整理与深入的研究。他深受清代乾嘉学派的影响，继承了实事求是、严密考证的学术传统和方法。在他的研究中，每一个论断都基于充分的证据，没有确凿证据的，他绝不轻信，这种严谨的学术态度使得他的研究成果具有很高的权威性和可信度。他不断地对自己的著作进行补充和修订，其论著总是以资料的翔实而著称，对各种问题的论断，多是引而不发，让读者自己从中得出相应的结论。

通过李俨的事迹，我们可以看到他始终把实事求是作为自己学术生涯的核心，用严谨的态度开展科学研究，用求实的精神培养科技人才。这是把价值观落细、落小、落实的典型例证。

 教学设计建议

1. 案例呈现：本案例可用于第三节第二目"把社会主义核心价值观落细落小落实"部分的教学。介绍李俨的事迹，结合多媒体素材展示他在科研领域的成就，特别是为中国数学史研究做出的巨大贡献。

2. 案例分析：重点分析李俨如何在科学研究过程中下好落细、落小、落实的功夫，如何做到勤学、修德、明辨、笃实。

3. 小组讨论：学生分组讨论对李俨案例的理解，教师引导分析李俨求实精神的具体体现，特别是这种精神如何贯穿其一生的成长。

4. 专题讲座与资源分享：邀请相关行业的从业者或专业人士进行专题讲座，分享他们在工作中如何将社会主义核心价值观落细、落小、落实。引导学生主动搜集、分享与求实精神相关的资源。

 总结提升建议

1. 反思与自我认知：深入反思将社会主义核心价值观落细、落小、落实对个人成长成才的重要意义，引导学生思考如何让社会主义核心价值观成为一言一行的基本遵循，促使自我认知的提升。

2. 开辟实践通道：可与相关行业合作，开展更多实践活动，让学生在实践中更好地理解和践行社会主义核心价值观。

3. 持续更新案例： 定期更新社会主义核心价值观相关案例，保持教学内容的时效性，使学生更好地培育和践行社会主义核心价值观。

三、实践设计

项目1：校园"随手拍"——大学生培育和践行社会主义核心价值观"微视频"拍摄

‖实践目标‖

大学时期是价值观形成的关键阶段。青年是未来社会的基石，他们的价值观将深刻影响整个社会的价值观走向。为了培养大学生践行社会主义核心价值观，"微视频"这一拍摄活动旨在让学生深刻认识到，社会主义核心价值观的塑造是一个长期且持续的过程，需要坚持不懈地从简单到复杂、从身边小事做起，逐步将社会主义核心价值观的要求融入日常生活，成为日常行为的准则。同时，期望通过这一活动，能够锻炼学生的观察力、分析力和解决问题的能力，提升人际交往能力，为全面发展奠定坚实基础。

‖实践方案‖

1. 任课教师宣布实践活动主题，并明确实践活动要求。

2. 由学生自行组队，每位学生必须参与，严禁任何搭便车行为。

3. 各组依据实践主题，构建实践框架，讨论实践活动如何开展，分工明确、有机协作。

4. 实践活动必须坚持正能量，利用多种形式进行拍摄活动，形成"微视频"。

5. 每组必须保证实践活动质量，对实践过程、实践成果进行系统展示和汇报交流。

‖实践记录‖

思想道德与法治实践课

实践报告

视频主题：_____

院　　部：_____

专业班级：_____

学　　期：_____

调研报告考核		
考核内容	考核评价（符合标准的在对应的方框里打"√"）	考核成绩（满分100分）
小组成员配合默契、衔接流畅	优□良□中□差□	
报告主题明确、逻辑清晰	优□良□中□差□	
资料搜集客观、真实、全面、有针对性	优□良□中□差□	
观点正确、证据充足、说服力强	优□良□中□差□	
视频制作及课堂展示效果好、有吸引力	优□良□中□差□	
其他	优□良□中□差□	
	教师签名： 　　　　年　月　日	

小组成员		
姓名	学号	组内分工

 **实践项目**

项目 2：课堂辩论——树立社会主义核心价值观，应先读万卷书还是先行万里路？

‖实践目标‖

　　知识是树立社会主义核心价值观的重要基础。大学生正处于学习的黄金时期，要把"读万卷书"作为一种精神追求、一种生活方式，以坚韧的毅力努力扩大知识半径，既读有字之书，也读无字之书。同时，理论不可仅停留于口头，道理不能仅限于空谈。唯有在实际中付诸行动，真正将所学所悟与行为相结合，实现知行合一，才能使社会主义核心价值观深深植根于人们的精神世界，转化为自觉践行的动力，成为指导日常行为的准则。本次课堂辩论活动旨在帮助学生深入理解和掌握马克思主义理论，并进一步增强对社会主义核心价值观的认知与认同。通过这一活动，学生将学会将所学知识内化于心，形成自己独特的见解，从而更加坚定地践行社会主义核心价值观。扎扎实实做事，踏踏实实做人，把社会主义核心价值观融入社会生活，在实践中感知它、领悟它，使社会主义核心价值观成为一言一行的基本遵循。同时，增强学生理论联系实际的能力和团队协作能力，让学生将课前学习、课中学习、课后学习有机结合起来。

‖实践方案‖

1. 任课教师宣布实践活动主题，明确实践活动要求。

2. 由任课教师将全班学生分成两组，一组为正方，一组为反方。

3. 各组围绕己方观点充分讨论，分工合作，搜集支持己方观点的文字、图片、视频等资料，形成辩论大纲。

4. 各组选派四名同学组成辩论队参加课堂辩论活动，其他同学在自由辩论环节也可发言。

5. 教师对双方论点论据进行点评，并作辩论活动总结。

‖实践记录‖

思想道德与法治实践课

课堂辩论

辩论主题：＿＿＿＿＿＿＿＿＿＿＿＿

姓　　名：＿＿＿＿＿＿＿＿＿＿＿＿

学　　号：＿＿＿＿＿＿＿＿＿＿＿＿

院　　部：＿＿＿＿＿＿＿＿＿＿＿＿

专业班级：＿＿＿＿＿＿＿＿＿＿＿＿

学　　期：＿＿＿＿＿＿＿＿＿＿＿＿

辩论考核		
考核内容	考核评价（符合标准的在对应的方框里打"√"）	考核成绩（满分100分）
团队配合默契、衔接流畅	优□良□中□差□	
论据充足、论证有说服力	优□良□中□差□	
辩驳有理有据	优□良□中□差□	
辩风落落大方	优□良□中□差□	
其他	优□良□中□差□	
		教师签名： 年　月　日

小组名		小组成员		

我的辩论陈词
我方观点： 辩论陈词：   教师点评

 实践项目

项目 3：主题征文——提高国家文化软实力，扩大中华文化的影响力

‖ **实践目标** ‖

　　一个国家的文化软实力，其核心基石在于其核心价值观的生命力、凝聚力和感召力。实际上，文化软实力的竞争，本质上就是各国所秉持的核心价值观之间的竞争。在当前全球化的背景下，越来越多的国家将提升文化软实力视为国家战略，这使得价值观之间的较量变得愈发激烈。主题征文活动旨在激发大学生积极投身社会主义核心价值观的培育与实践。这一活动不仅能让大学生深刻认识到西方话语和舆论垄断对我国国家文化利益和意识形态安全构成的威胁，更鼓励青年大学生以自信的姿态讲述中国故事，传播中国声音，向国际社会展示社会主义中国的独特魅力和良好形象。同时，强化大学生对于建设社会主义现代化强国、实现中华民族伟大复兴的中国梦的理想信念，进一步增强价值认同、民族认同和对社会主义核心价值观的实际情感体验。

‖ **实践方案** ‖

　　1.任课教师宣布实践活动主题，明确实践活动要求。

2.学生依据实践主题，确定征文题目。

3.在规定时间内完成写作，并提交给任课教师。

4.开展课堂美文鉴赏活动，由学生朗诵、讲解自己的文章，其他同学进行点评。

5.任课教师对本次活动进行总结和评价，并指明进一步完善的方向。

‖实践记录‖

思想道德与法治实践课

主题征文

征文主题：_____

姓　　名：_____

学　　号：_____

院　　部：_____

专业班级：_____

学　　期：_____

主题征文
题目：
正文：
教师点评

第五章 遵守道德规范 锤炼道德品格

导 言

　　这一章主要论述了道德及社会主义道德的基本理论知识。从思想意识的层面出发，旨在协助学生提升对道德理论的认知。特别强调公共生活、职业生活以及婚姻家庭生活，这三大领域不仅是构成人们社会生活的重要组成部分，更是塑造个人品德的关键场所。大学生应当积极学习并深入理解这些生活领域的道德规范，以此为基础，不断加强自身的道德修养，积极吸取并借鉴卓越的道德成就，将这些道德理念融入日常实践，通过实际行动展现高尚的道德品格，形成更为崇高和坚定的道德观念，为未来的生活和发展奠定坚实的基础。本章集中阐述了道德的起源、本质、功能及其作用等基本理论，同时深入探讨了社会主义道德体系的主要内容。这有助于使学生准确理解社会主义道德的核心原则，培养正确的道德判断力，传承并弘扬中华民族传统美德和中国革命道德。在强化道德责任感的同时，也尤为重视提升大学生的道德实践能力，以期他们能够在实际生活中展现出优秀的道德品质，从而塑造出更为高尚的道德风范。这一章不仅是前四章思想政治教育实现的途径和必要条件，同时也是社会主义道德观教育的基本理论和价值导向的体现。

一、教学分析

教学目的

　　通过学习本章内容，学生将深入领悟道德的核心要义，积极吸收并借鉴卓越的道德智慧，自觉恪守公民道德准则。此外，学生将对社会主义道德、社会公德、职业道德、家庭美德以及个人品德等领域的基础理论和知识形成基本认知，从而能够精准把握社会生活中应遵循的道德规范，以及个人品德提升的正确路径。学习过程中，学生将认识到作为社会的一员，自觉遵守道德要求不仅是个人的责任，更是对社会的贡献。他们将以道德规范为指导，引导自身行为实践，追求更高尚的道德境界。通过本章的学习，学生的道德理论认知将得到显著提升，中华传统美德和中国革命道德将得到弘扬，进而自觉树立坚定的社会主义道德观。这将激发学生内心深处善良的道德愿望和情感，培养他们正确的道德判断和强烈的道德责任感。特别地，学生将着力提高道德实践能力，尤其是自觉践行的能力，以期成为社会中受尊重、有品德的杰出人才。

教学重点、难点

1. 社会主义道德的核心和原则。（重点）

2. 中华传统美德的基本精神和创新创造。（重点）

3. 中国革命道德的主要内容和当代价值。（重点）

4. 社会公德、职业道德、家庭美德、个人品德的基本要求。（重点）

5. 如何传承中华传统美德和弘扬中国革命道德？（难点）

6. 如何加强道德修养？（难点）

二、教学案例精选与设计

案例1　“高速轮轨之父”沈志云

 案例呈现

　　沈志云生于1929年，1952年毕业于唐山铁道学院机械系，毕业后留校工作至今，被誉为“高速轮轨之父”。1957年，他赴苏联列宁格勒铁道学院留学，于1961年获得技术科学副博士学位。1982年至1984年间赴美国麻省理工学院（MIT）访学，1991年当选中国科学院院士，1994年当选中国工程院院士，2017年被俄罗斯圣彼得堡交通大学授予荣誉博士学位。

　　沈志云教授在车辆系统动力学及控制领域进行了长期深入的研究。特别是在1983年，他提出了著名的非线性轮轨蠕滑力模型，这一理论在国际上被广泛称为“沈–赫–叶氏理论”，并且至今仍然是该领域中被广泛引用和应用的经典理论之一。1989年至1996年，他在这八年间主持创建了中国铁路系统第一个国家重点实验室——西南交通大学牵引动力国家重点实验室。此外，沈志云教授不仅在理论研究上取得了显著成就，还成功研发了机车车辆整车滚动震动试验室台，并亲手培育了一支国家级科研创新团队。这些成果在中国高铁建设中发挥了举足轻重的关键作用，为高铁技术的发展和应用提供了坚实的支撑。当时该试验台的最高时速就已高达450km/h，如今更是提升至了600km/h。这一试验台于1999年荣获国家科技进步奖一等奖。

2006年至2011年，沈志云任铁道部高速列车技术引进消化吸收再创新专家组的组长，积极投身于我国新一代高速列车的研究，其杰出的领导和专业的知识奠定了中国高速铁路发展和创新的坚实根基，为中国轨道交通事业做出了卓越贡献。2021年，他入选"四川百年百杰科学家"，在得知这一消息后，92岁的沈志云谦逊地说道："心感惭愧，因为贡献实在太少，徒有虚名而已。"

回顾沈志云的人生轨迹，从当初选择车辆维修专业，到后来提出"沈氏模型"理论，再到主持创建牵引动力中心国家重点实验室，其学术生涯始终紧密关联祖国铁路建设。如今，高速铁路改变了人们的生活方式，已然成为中国在国际上的一张响亮名片。作为铁路高等教育领域的杰出典范，沈志云也对新时代的高校科研人才寄予了深切的期望："高速轨道交通前景广阔，要研究解决的问题多，青年科学工作者大有用武之地。"

在2018年西南交通大学庆祝122周年校庆的典礼上，沈志云荣获了"感动交大十大年度人物"的崇高荣誉称号，他在领奖时深情地说道："不是我感动了交大，而是我要感恩交大。"

沈志云与西南交通大学的缘分可追溯至70年前。哥哥的一番话，让他一生都与轮轨和高校讲台紧密相连。1929年，沈志云出生于湖南长沙的"教师之家"，父亲是乡村小学教师，哥哥、姐姐均为中学教师。在良好家庭教育氛围中，沈志云自幼求知上进、刻苦好学。1949年，沈志云自湖南国师附中毕业，随即接到了清华大学、武汉大学和唐山工学院（现西南交通大学）三所顶尖学府机械系的录取通知。面对这三所名校的橄榄枝，如何选择成为他面临的一个重大"抉择"。哥哥对他说："如果你要学习铁路，就应该选择唐山工学院，那里云集了国内外铁路专业的知名专家学者，被称为'东方康奈尔'。"自幼便对铁路与机车抱有浓厚兴趣的沈志云，在面临人生的重要选择时，听从了哥哥的建议，最终选择了唐山工学院机械系，成为中华人民共和国成立后该系的第一批学子。在大学毕业后，沈志云留校任教，后又前往苏联留学，并获得副博士学位。1961年，留学归国后的沈志云仍选择回到唐山铁道学院任教，主持开设"车辆修理"等课程，开始长期投身于教材的编写和试验室的筹备工作，并将"车辆动力学"作为自己的主攻研究方向。

1979年，年近半百的沈志云凭借惊人的毅力和扎实的专业能力完成了"韶山4型电力机车的动力学性能研究及参数优化"课题，同时，还撰写了题为《两轴转向架式机车的数学模型及数值结果》的论文。1981年8月，这一论文在第七届国际车辆系统动力学年会上发表，为中国机车车辆动力学学科在国外发表的首篇论文，引起了国际学术界的广泛关注，令世界同行刮目相看。国际车辆系统动力学协会主席、英国威根斯教授称赞沈志云："没想到中国人在这个领域里的研究有这么高的水平！"自此，中国机车车辆动力学在国际上声名远扬。

1982年，53岁的沈志云前往麻省理工学院进行访学，因为访学期仅一年，所以他在从事两项科研工作之余，还抓紧一切学习的机会，参与了八门由著名教授讲授的相关课程。紧凑的节奏让他没有时间仔细去消化课程和完成作业，因而只能先集中精力听讲、做笔记，并搜集讲稿、习题和参考资料，待到回国后再慢慢消化吸收。

在麻省理工学院访学期间，沈志云和赫迫苛教授在课题研究中提出了轮轨蠕滑力模型，又被称作"沈-赫-叶氏理论"（简称"沈氏理论"）而广泛引用。轮轨蠕滑力指的是车轮在钢轨上滚动时产生的水平面的切向作用力。在当时，众多业内人士都熟悉"轮轨蠕滑"，但都敬而远之。剑桥大学的约翰逊与沃尔缪伦在1964年联名提出蠕滑力与蠕滑率的三次渐进曲线表达式，被称作沃尔缪伦-约翰逊方法。荷兰的卡尔克在1967年提出三维滚动接触的蠕滑力计算方法，被称为卡尔克蠕滑理论。这项理论虽很权威，但过于复杂，并不方便计算。

沈志云在美国夜以继日地学习和做实验，经过屡次尝试和反复探索，才找到适用于车辆动力学计算的简化方法，即非线性蠕滑力模型理论。这套理论在发表后引起了国际学术界的强烈反响，是"1983年世界蠕滑理论创新发展的标志"，也是三维弹性滚动接触力学的四大理论之一，卡尔克将其称为"铁路车辆动力模型最好的模型理论"。此后，这一方法被各国专家称之为"沈-赫-叶氏理论"而广泛引用。然而，沈志云在回国后并没有提及这一理论，只是将其视为沃尔缪伦-约翰逊方法的改进模型加以应用，直至1991年"沈氏理论"才在国内被人知晓。

自2004年起，沈志云提出实验室每年要努力招收100名研究生，后来实验室的研究生一度达到了600余人。

在沈志云的实验室里，有一名博士研究生西蒙，他是由沈志云与英国伦敦南岸大学合作培养的。这一合作不仅推动了中国在这一领域的高等教育水平，也成功实现了与国际先进教育的接轨。1986年，在西南交通大学的峨眉校区，沈志云指导西蒙开展了为期三个月的研究，西蒙作为英国南部格温特郡的第一个中国教授培养的博士，在该地被传为佳话。1987年，沈志云前往南岸大学讲学时参与了西蒙的博士论文答辩，并进行了合作研究。在答辩通过后，在西蒙的陪伴下，沈志云参观了郡议会大厦，大厦也专门为其升起了五星红旗，郡长也以高规格接待了他。

沈志云的贡献：开专业教育先河，建起"轨道交通高水平人才大熔炉"。党的十八大指出，高速铁路等实现重大突破。"高铁建设的成绩获得肯定，我作为高铁工作者，是很自豪的。"沈志云认为，中国高铁实现理论、技术、管理的三大突破，中国高铁技术在国际上已然处于领先地位。

1989年，沈志云在西南交通大学成功主持并建立了中国铁路系统首个国家级重点科研实验室——牵引动力国家重点实验室。该实验室的搭建在中国高速铁路技术发展中起到了积极作用，其也成为中国铁路高端科技人才的孵化基地。

有人曾问沈志云："您一生中最满意的事情是什么？"他毅然决然答道："是在建成牵引动力国家重点实验室的同时，培养了一支国家级科研创新团队。"

针对中国高铁未来的发展，沈志云论述道："中国最高时速350公里的高铁已经跑了2亿多公里，运送了4亿人……""下一个目标是时速600公里。"随着科技的进步，沈志云的推论逐渐转化为现实：中国和谐号CRH380A刷新世界铁路运营试验最高时速416.6公里，创下世界列车时速之最！

2019年5月28日，在沈志云90岁生日这天，回想起自己投身了一辈子的高铁事业，那些誓言已变为现实，万里铁路网的构想也提前实现，他露出了欣慰的笑容。

高铁已然改变了人们的生活，我们对此深有体会。如今，我们安全地享受交通和物流的便利，都得益于科学家们持之以恒地科研。向一路坚持求真务实的沈志云院士致敬！

资料来源：《沈志云：高铁如龙向梦飞》，西南交通大学新闻网，2021年6月15日，https://news.swjtu.edu.cn/info/1366/36280.htm。

案例分析

沈志云在长达70多年的学术生涯中，一直致力于车辆系统动力学及控制的研究。他的非线性轮轨蠕滑力模型理论为高铁技术的发展提供了重要的理论支持。通过他的科研工作，中国高铁在理论上取得了突破，他为实现中国高铁的崛起和领先地位做出了贡献。沈志云筹建了中国铁路系统第一个国家级重点实验室——西南交通大学牵引动力国家重点实验室。该实验室的建设为高铁技术研究提供了重要的平台，培养了一支国家级科研创新团队。这体现了他将科学研究的成果服务于国家和人民的思想。沈志云在实验室努力推动每年招收大量研究生，培养了一批高铁领域的专业人才。这不仅有助于推动高铁技术的发展，也为中国在这一领域的高等教育实现了与国际接轨提供了人才支持。在案例中，沈志云表示中国高铁已经实现了理论、技术、管理的三大突破，他对未来高铁时速提出了时速600公里的目标。这体现了他对中国高铁事业的无私奉献和对国家科技事业的高度期望，将个人的成就与国家的科技进步紧密结合。

透过沈志云的事迹，我们可以看到他始终把为人民服务、为国家服务作为自己学术生涯的核心，用科研的成果服务于国家建设，为培养科技人才和推动高铁事业的发展不懈努力。这是坚持以为人民服务为核心的典型例证。

教学设计建议

1. 案例呈现： 本案例可用于第一节第二目"坚持以为人民服务为核心"的教学。展示沈志云的事迹，结合多媒体素材展示他在科研领域的贡献，特别是为中国高铁技术的发展所做的努力。

2. 案例分析与讨论： 学生分组讨论对沈志云案例的理解，教师引导学生分析为人民服务的具体体现，涉及科研对人民生活的积极影响。阐明为人民服务是社会主义道德的本质要求，是先进性要求和广泛性要求的统一。

3. 引导问题：

①你认为沈志云的科研工作如何符合"为人民服务"的核心理念？

②高铁技术的发展在哪些方面改变了人们的生活？

③在科技领域，我们还能从哪些方面体现"为人民服务"的理念？

总结提升建议

1. 思辨性问题引导： 围绕使学生准确理解为人民服务是社会主义道德的核心，是社会主义道德区别和优越于其他社会形态道德的显著标志，提出一些复杂的伦理问题，鼓励学生运用所学道德理念进行思辨，加深对社会主义道德核心的理解。

2. 思辨性问题旨在引导学生思考社会主义核心价值观在实际社会问题中的应用，促使他们通过伦理思考来理解、评价并提出解决方案。这有助于培养学生的批判性思维和道德判断力。例如：

①科技发展中的伦理问题：人工智能、基因编辑等前沿科技的发展，如何确保这些技术真正造福人类，而不是滥用或者对社会产生负面影响？

②资源分配的伦理挑战：在资源有限的情况下，社会如何更公平地分配资源，以确保每个人都能享有基本的生活条件？如何权衡个体权益和整体社会利益？

③环境保护与经济发展的平衡：如何在追求经济发展的同时，保护环境资源，避免过度开发对生态环境的破坏？这种平衡如何实现？

④科技对劳动市场的影响：随着自动化和人工智能的发展，传统的工作模式可能会受到影响，如何确保科技进步不会导致大量失业，保障每个人的生计？

⑤医学伦理的挑战：基因编辑、人体器官移植等医学技术的发展，如何在道德层面权衡医学进步和个体隐私、尊严的保护？

⑥社会公平与个体奋斗：社会主义强调社会公平，但同时也鼓励个体的奋斗。如何在个体奋斗和社会公平之间找到平衡，避免出现贫富差距过大的问题？

⑦文化多样性与社会和谐：在多元文化的社会中，如何保持文化多样性的同时实现社会的和谐和稳定？这种和谐不应剥夺个体的文化权利。

⑧信息时代的伦理问题：在信息时代，隐私、数据安全等问题备受关注。如何平衡信息的开放共享与个人隐私的保护，确保信息社会的健康发展？

案例2 "一代宗师"罗忠忱

 案例呈现

罗忠忱，字建侯，是一位工程教育家。他在留美归国后，终身任教于唐山交大，是我校第一位中国教授。他倾力引进并推广西方前沿的工科教育理念，是我国现代工科教育领域的先驱者之一。他坚信理论与实践的紧密结合，倡导在教学中追求卓越，精益求精，并且十分注重塑造学生的品格。他以严谨的治学态度和对学生的高标准要求而著称，成功培育了众多在国内外享有盛誉的工程技术精英。

毕生以教书育人为己任

罗忠忱在其自传中深情回顾，他一生中受时代影响最深刻的时期是在北洋大学求学的那些岁月。那段日子里，维新运动和戊戌变法给他留下了难以磨灭的印象，也正是这些历史事件让他坚定了自己的爱国信念。在那时，他目睹了官场中的种种腐败现象，对此深感厌恶与反感，于是立下决心，将毕生奉献于教育事业，终身不涉足官场。尽管罗忠忱一生都坚守在教书育人的岗位上，但在形势所需时，他也曾担任过学校的领导职务，如学校主任（校长）、教务长和土木系主任，甚至代行校务，展现了他对教育事业的深厚情感和责任感。作为我国早期的杰出工程教育家，罗忠忱为我国培养了大量高质量的工程技术人才。他毕生致力于工科大学教育和力学教学工作，许多当时国内的公路、铁路技术骨干都得益于他的悉心培养。他的学生中，不乏后来成为知名学者的佼佼者，包括中国科学院学部委员（院士）、美国国家工程科学院院士以及国内外大学的知名教授。这些学生纷纷表示，罗忠忱老师的严厉教导对他们个人成长起到了至关重要的作用，是他们走向成功不可或缺的推动力。

罗忠忱自1912年起便扎根于唐山铁路学校，担任教职并连续工作数十年，这在当时的教育界堪称罕见。即便在1933年日军入侵冀东，学校被迫南迁，校舍被汉奸

军队强行占领，导致无法正常授课的艰难时期，罗忠忱也未曾放弃。在停课期间，他前往天津，为北洋大学义务代课一学期，确保了学生们的学业不受过多影响。鉴于他对教育事业的不懈付出与卓越贡献，国民政府教育部和铁道部多次给予他高度认可。1932年，他荣获"久任教授"奖状，表彰他多年如一日的辛勤工作。1940年，他再次获得一等奖状，这是对他教育成果的进一步肯定。到了1943年，他更是被特赠奖金2万元，这既是对他过去贡献的奖励，也是对他未来工作的鼓励和期许。

严以待生　严于律己

罗忠忱的学术领域广泛而深厚，他不仅教授过数学、英文、制图等基础课程，在加入唐山铁路学校后，更是拓宽了教学范围，涵盖了基础工程、天文学、河海工程、经济学、图形几何和水力学等多个领域。然而，从1917年至1952年这长达36年的时间里，他尤为专注于应用力学（即现今的理论力学）和材料力学这两门核心课程，长期致力于这两门学科的深入研究和教学，为培养工程技术人才做出了卓越贡献。

罗忠忱对于教学可谓一丝不苟，他准时上下课，绝不浪费一分钟。罗忠忱英语流利，发音清晰准确，语调抑扬顿挫，这使得他的课堂充满了吸引力。他深知基础理论的重要性，但同时也强调将知识灵活应用于实践的价值。在授课过程中，他习惯于先清晰地阐述基本概念，随后通过大量例题进行演算，以此展示如何将这些基础理论巧妙地运用在实际问题中。他经常提醒学生，作为工程师，必须同时兼顾安全性和经济性，计算务必准确无误，对具体数字的计算必须给予高度的重视。他对学生的要求极为严格，每次测验都会亲自评卷，且评分极其严格。罗忠忱对学生的计算要求极为严格，一旦发现学生的计算结果有误，便会扣除大量分数。在校园中，流传着一个说法：罗老师坚持计算结果必须精确到三位有效数字，否则整道题目将判定为零分。这样的标准使得许多学生对罗老师的测验心生敬畏。后来，当有人问及这一传闻的真实性时，罗忠忱表示，评分时确实会考虑错误的性质，并不会一概而论。但他强调，小数点错误在工程领域中可能引发严重事故，因此这类错误往往会被严格处理，甚至判为零分。罗忠忱以对自我的严格要求和对学生高标准严要求而闻名，他对唐山交大一代学风的形成起到了举足轻重的作用，其影响深远而持久。

美国加州大学林同骅教授作为他的学生，说罗老师"对基本力学的深刻了解为全世界所少有，故在讲授力学问题时能从多方面解析，使学生易于了解，大有力学大师铁摩辛柯之风"（按：铁摩辛柯，指S. P. Timoshenk，1878—1972，美籍俄罗斯力学家，曾在俄罗斯、南斯拉夫、美国等国大学任教）。他的另一位学生，清华大学教授黄万里说自己"曾在学19年，承恩中外师长不啻百人，然于教诲恳切，授法精湛，任职认真……盖未有出吾师之右者"。

罗忠忱的严谨作风在其板书中得到了充分的体现。每当他在黑板上绘图、书写或进行演算时，都全神贯注、细致入微，每一笔、每一划都追求整洁清晰，绝不容许任何随意的涂画。他徒手在黑板上绘制的圆，精准得几乎与圆规画出的无异，其高超的绘图技巧令人叹为观止。这不仅展示了他卓越的作图能力，更凸显了他对教学工作的极度重视和一丝不苟的态度。此外，罗忠忱还善于分享学习技巧，他时常向学生传授一些记忆公式的巧妙方法，帮助学生们更高效地学习。这些举措进一步彰显了他作为教师的智慧和对学生的关爱。例如将梁的剪应力公式简写为Say/(1t)，这种独特的记忆方式让人过目难忘。

注重品德修养　捍卫学校荣光

罗忠忱内心充满正义与深沉的爱国热忱。在1935年抗日救亡运动风起云涌之际，罗忠忱的次子作为丰滦中学（唐山市第一中学前身）的学生领导者之一，因参与爱国运动而被该校开除，校长甚至要求罗忠忱的三个儿子书写悔过书，以表"归顺"，但他的儿子坚决拒绝，展现出了与父亲同样的坚定立场。罗忠忱全力支持儿子们的爱国行为，果断地安排他们转至平津地区继续学业，以免受到不公正的对待。而在1942年，罗忠忱的三儿子在大学二年级时，毅然参加了空军体检并成功通过，这一举动再次彰显了罗家父子深厚的爱国情怀和勇敢无畏的精神。罗忠忱说道："去不去空军应由你自己考虑决定。固然入空军有一定生命危险，但国民有保卫国家的义务，如果体检合格者都不去从军，国家由谁来保卫。"最终，他的三儿子在深思熟虑后决定辍学从军。

罗忠忱以孝为先，对母亲孝顺至极，并时常以此教导子女，要他们尊敬并孝敬祖母。他从不采取打骂的方式教育子女，当子女犯错时，他会给予严厉的批评。实践证明，这种教育方式非常有效，子女们在接受批评后都能深刻反思并改正错误。自20世纪50年代起，他的三儿子定居于香港，罗忠忱虽身在远方，但心中始终牵挂着孙子辈的教育。他时常通过书信，要求儿子重视对小辈的教育，传授他们立身求学之道。这些书信不仅是罗忠忱对家庭的关爱体现，更从侧面展现了他的个人观点和深厚的品德修养。原信虽为英文，但其中蕴含的深情与智慧，依然跨越语言，触动人心：

"应该引导孩子们独立思考，并顺应现实环境而行动。"（1951年11月26日）。

"你应该教育子女，让他们知道品德和健康的重要性。他们应该懂得人生意味着什么。施人与受施相比较，前者更值得赞扬。孩子们应该少想他们能捞到什么，而要多想他们能奉献什么。这样做后，他们会感到快活，而且不会与他人冲突。"

（1958年2月12日）。

罗忠忱深深热爱着他长期执教的学校，视其为第二个家。1937年，抗日战争全面爆发，因担忧年迈多病的母亲，他选择留在唐山。然而，当年底得知学校在湖南复课的消息后，他毫不犹豫地踏上了前往湖南的征程。在那个战乱频仍的年代，交通极其不便，罗忠忱沿途历经重重艰险，终于在1938年5月抵达了学校的新址——湘乡杨家滩。从1938年到1946年，学校迁回唐山之前，罗忠忱与家人一直分隔两地。不幸的是，1938年他的母亲在唐山病逝，但他因学校事务繁忙，无法及时返回家乡。1944年12月，日军入侵黔南，使得学校在贵州平越（今福泉县）无法继续开课。作为校长，罗忠忱果断决定解散学校，让师生们自行前往重庆集中。随后，他亲自主持了学校的搬迁工作，最后才离开平越。在前往重庆的途中，由于交通中断，罗忠忱只能乘坐滑竿，穿越瓮安等危险地区。这段旅程充满了未知与危险，当他抵达重庆时，衣物几乎全部丢失。然而，他并未因此气馁，而是迅速投入学校的复课工作中。1945年2月，学校在璧山丁家坳成功复课，罗忠忱在安排好一切事宜后，辞去了校长职务，专心投入教学工作中。抗战胜利后，学校迁回唐山。在这个时刻，罗忠忱整理了自己的藏书，将100余册珍贵的图书全部捐赠给了学校图书馆。这一举动不仅体现了他对学校的深厚感情，也展现了他对教育事业的无限热爱与无私奉献的精神。

罗忠忱，作为唐山交通大学的首位中国教授，在我校任教期间展现了卓越的学术成就和深远的影响，备受师生们的尊敬和爱戴。他性格刚毅，行事耿直，每当学校面临重大事务需要交涉时，他总是毫不犹豫地挺身而出，成为师生们的坚实后盾。1933年，当日军入侵冀东时，学校出于安全考虑决定南迁上海。师生们抵达上海后，交通大学总校校长召集众人，提出了一个出人意料的提议——让唐山分校与总校合并上课。这一消息让在场的师生们惊愕不已，毕竟两校的教学风格和课程设置都有所不同，合并上课无疑将带来诸多挑战和不便。罗忠忱当即质问总校校长此举用意，并告诫他"Say what you mean! Mean what you say!"（说出你的真意来！你的用心应该和说的话一致！）在此之后，经过多次交涉，唐校学生始终坚持独立上课。不久，总校校长又决定两校统一招生，并减少唐校招生人数。在罗忠忱的带领下，唐校多名教师据理力争，要求唐校独立招生、自主命题和阅卷，以确保新生质量。在他们的不懈努力下，问题最终得到了圆满解决。

生活朴素　乐善好施

罗忠忱生活俭朴，但一直在尽力支持经济困难的亲友，资助多人深造，为国家培育人才。1932年，在他连续任教达20年之际，唐山交大的校友们发动募捐，创立了"建侯奖学基金"，每年约有300元的利息用于奖励在应用力学及材料力学两门课程中表现优秀的学生。自1934年首次评奖起，一直持续至1943年，后因通货膨胀而中止。罗忠忱逝世后，他的四名子女集资3万元，重新设立"建侯奖学基金"以延续父亲的愿望，自1990年起每年评奖一次。

师道楷模　精神传承

罗忠忱是一位受人敬仰的严师楷模。在教学上，有些学生可能觉得他要求严格，考试成绩不乐观，甚至带有畏惧和埋怨情绪。然而，学生们毕业后工作时却深感受益匪浅，对他怀有深深的感激之情。他不仅在学科教育上有卓越贡献，对学生的品德教育也十分重视，常常在学校集会上恳切地教导同学们要多作奉献，少想索取。在唐山交大的校友中，罗忠忱享有崇高的威望。他的学生茅以升在罗忠忱追悼会上献上的挽联中写道："从学为严师，相知如契友，犹记隔海传书，力促归舟虚左待；无意求闻达，有功在树人，此日高山仰止，长怀遗范悼思深"。这表达了广大唐山交大校友对罗忠忱的崇敬之情，也是对他一生贡献的真实写照。罗忠忱的高尚品德和杰出贡献将永远为后人所景仰和怀念。

资料来源：何云庵、冉绵惠主编，《西南交通大学史》（第三卷1937—1949），成都：西南交通大学出版社，2016年，第266页；《"唐院五老"之罗忠忱》，西南交通大学新闻网，2023年6月2日，https://news.swjtu.edu.cn/info/1167/38014.htm。

案例分析

罗忠忱，作为一位卓越的工程教育家，在唐山交通大学的教学生涯以及对工科教育为中国工程教育的传承与发展做出了卓越的贡献。他的事迹与中华传统美德相辉映，呈现出一幅积极向上、责任担当的典型画卷。

首先，罗忠忱被誉为中国工程教育的先驱之一，他不仅致力于引进西方先进的工科教育思想，更在唐山交大任教时成为该校第一位中国教授，为我国现代工科教育的开创者之一。这种开创性工作不仅是对职业生涯的奉献，更是对中华传统美德的创造性转化和创新性发展。其次，罗忠忱在教学中注重基础理论与工程实践的结合，倡导"少而精"，并强调学生品格的培育。这种注重品德修养的教育理念有助于学生全面发展，不仅注重专业技能，更关注品德和道德修养。同时，他以严格治校和对学生的高要求而著称。在教学中，他注重学术严谨，对学生提出高标准要求，培养了学生的学术刻苦精神，为他们在工程领域的成功打下了坚实基础。这种严格要求既是对学生的期望，也是对中华传统美德中"严谨治学"的传承。除此之外，罗忠忱展现了强烈的爱国情怀，选择以教书育人为己任，在教育中强调了对社会的责任感，为国家培养了大量高质量的工程技术人才。这种对国家和社会的关切与参与，彰显了中华传统美德中"忠诚报国"的核心价值。最后，罗忠忱的朴素生活态度和对家庭的关爱也为人称颂。他富有正义感和爱国心，在家庭中支持子女的爱国行动，注重家庭教育，体现了他的家风和生活哲学。这种家庭关爱与责任担当，是中华传统美德中"家教为国教"的体现。

罗忠忱以其卓越的工程教育家身份，通过开创性的工作、注重综合素养培养、严格治校与高要求、对国家和社会的关切以及积极的生活态度和家风，为中国工程教育的传承和发展树立了榜样。他的事迹不仅是对中华传统美德的传承，更是对这些美德创造性转化和创新性发展的生动实践。

教学设计建议

1. 案例引入与概述：本案例可用于第二节第一目"传承中华传统美德"中的教学。开篇通过介绍罗忠忱的事迹，激发学生对传统美德的兴趣。概述案例，强调罗忠忱在工程教育中的卓越表现，并突出与中华传统美德的契合点。通过深入讲解案例，旨在引导学生深刻理解中华传统美德，认识其作为中国传统道德的重要组成部分，为现代道德建设提供丰富的文化底蕴。在此基础上，激发学生对中华传统美德的新诠释和潜在内涵的思考，推动学生创新性发展。

2. 分析罗忠忱的工作与中华传统美德的联系：引导学生深入分析罗忠忱的教育理念、治校方式及其对社会的关切，将这些方面与中华传统美德中的"忠诚报国""严谨治学"等价值观进行对比。着重强调案例中包含的多样化中华传统美德，促使学生理解这些美德在不同工作背景中的灵活运用，加深对传统价值观的多维理解。

3. 小组讨论与分享：学生组成小组，深入研讨罗忠忱案例，分享对其中涉及传统美德的个人理解和感悟。通过小组互动，激发学生深入思考传统美德在工程教育实践中的具体应用，促使他们更加关注这些美德在现实中的影响力。

4. 角色扮演与案例演绎：学生将被分成小组，模拟罗忠忱的情境，通过角色扮演还原他在教学、治校等方面的表现。这一活动旨在帮助学生更加深刻地理解传统美德在实际工作中的具体体现方式，增进对这些价值观的实践性认知。

5. 讲座与座谈：学生将有机会邀请相关领域专家或成功人士举办讲座，分享他们在工作中传承和发扬中华传统美德的实际经验。同时，通过组织座谈，促使学生与嘉宾进行深入交流，探讨中华传统美德在不同职业领域的应用，并碰撞出新的思想火花。

6. **定期评估与分享**：学生将定期参与对实际工程项目或学习中对传统美德的体现进行评估，并进行分享。通过分享，建立学生之间的激励机制，形成共同努力的氛围，激励他们在日常生活和学习中更积极地追求传统美德。

 **总结提升建议**

1. **反思与自我认知**：学生应深入思考罗忠忱案例中传统美德对个人、学校和社会的积极影响。教师引导学生思考这些美德如何在个人生活和学业中得以体现，促使自我认知的提升。

2. **培养个人责任感**：鼓励学生思考未来从事工程或其他职业时，如何发挥个人的责任感，为社会做出更大贡献。强调每个人都是传统美德的继承者和创新者，鼓励学生在职业生涯中积极践行这些价值观。

3. **强化中华传统美德的实际应用**：建议学生通过参与志愿活动、社会实践等方式，将中华传统美德融入实际行动中。倡导学生在专业领域中应用传统美德，推动这些价值观在现代社会中的发展。

4. **促进同学间的合作与分享**：鼓励学生互相分享对中华传统美德的理解和在实际生活中的体现方式。通过小组合作项目，培养学生团队协作精神，共同探索传统美德在团队工作中的重要性。

5. **长期性评估与调整**：学校应建立长期性评估机制，通过对学生的综合表现、社会反馈等多方面考量，调整和改进传统美德的教学与实践方案。这有助于监督学生在整个学习过程中持续深化对中华传统美德的理解，使其成为终身发展的重要一环。

案例3　"革命志士"杨杏佛、羊枣

案例呈现

青年才俊　为国为民——杨杏佛

　　杨杏佛的一生跌宕起伏，早年求学于上海中国公学，1911年考入唐山路矿学堂预科。辛亥革命爆发后，怀着对国家的热爱，他离校南下，以同盟会会员的身份投身革命。南京临时政府成立后，杨杏佛担任总统府秘书处收发组组长，被誉为"青年才俊"。然而，袁世凯窃取总统职位，杨杏佛拒绝留任，并在孙中山的批准下，奉命赴美国留学。他选择了康奈尔大学机械工程系，后来进入哈佛大学商学院，专攻工商管理及经济学。在留美期间，他与胡适、任鸿隽、梅光迪一起被誉为"四俊"。杨杏佛回国后，积极投身教育事业，历任南京高等师范学校教授、东南大学工学院院长和国民政府中央研究院总干事。他的贡献不仅在于教育领域，还在于推动科学知识的传播。他与任鸿隽、赵元任等人共同发起了中国科学社，并编辑出版《科学》杂志，致力于普及科学知识。1924年，杨杏佛成为孙中山的秘书，1925年随孙中山北上。这一时期，他在国家政务上发挥了重要作用，展现出卓越的政治才能。

1925年3月12日，孙中山在北京逝世，杨杏佛被推为治丧筹备处总干事。随后，他回到上海，担任国民党上海市党部执行委员。在"五卅"惨案后，他创办了《民族日报》，通过文章发声，声讨帝国主义的暴行，抨击北洋军阀的卖国行径。同年10月，他与恽代英等人共同组织中国济难会，为解救国家经济困境做出了积极努力。1926年7月，北伐战争爆发，杨杏佛负责北伐军在上海的地下工作，将有关情报迅速传达给北伐军。他还担任国民党上海市党部执行委员和宣传部部长，在共产党人的协助下，共同反击国民党右派的分裂活动，并积极支持周恩来领导的上海第三次工人武装起义。1927年10月，全国最高学术教育行政机关——大学院（后改为教育部）成立，杨杏佛任副院长。1928年4月，我国第一个综合性的最高科学研究机关——中央研究院成立，杨杏佛任总干事。他的学术和科研贡献为中国科学事业的发展奠定了坚实基础。1931年，杨杏佛赴江西考察，深入了解中国共产党领导的苏维埃运动。考察后，他在上海英文报纸《字林西报》上发表了关于"中国共产党现状"的长篇报道，让世界首次真实了解中国共产党及其革命运动的情况。1932年12月，他与宋庆龄、鲁迅、蔡元培等人组织"中国民权保障同盟"，任总干事，主持日常工作，反对蒋介石的独裁统治，并积极援助革命者，推动国统区抗日民主运动的发展。然而，他的勇敢正义行动引起了国民党反动派的仇视。1933年6月18日，杨杏佛在上海遭国民党特务暗杀，终年40岁。他留下的遗著有《杨杏佛文存》和《杨杏佛讲演集》，见证了他为国为民的一生。

笔剑纵横　坚贞不屈——羊枣

羊枣原名杨廉政，后改名杨潮，号九寰，笔名羊枣、朝水、洋潮、易卓、潮声、杨丹苏。他是湖北沔阳人，一位著名的新闻记者和国际政治军事评论家。羊枣的生平经历波澜壮阔，他的文字观察敏锐、剖析深刻，文笔犀利，判断准确，留下了丰富的著作。

1914年，羊枣考入留学预备学校——北京清华学校。然而，由于参加"五四运动"，他在1919年被校方开除。同年，他考入唐山工业专门学校机械科学习。1921

年，因该校机械科并入上海南洋大学机械系而来到上海。在1923年毕业后，羊枣成为上海铁路管理局的高级工程师。1933年初，羊枣满怀激情地加入了中国左翼作家联盟，并在同一年由周扬引荐，正式成为中国共产党的一员。次年秋天，他肩负起左联宣传部负责人的重任，不仅为左联的刊物《文艺新地》翻译了《马克思论文艺》一文，还积极为多家报刊撰写杂文和科学小品，展现了其深厚的学识和敏锐的洞察力。1935年秋，羊枣辞去了铁路局的职务，前往桂林，在陈望道主持的广西师范专科学校担任教职，继续他的学术和教育工作。1936年7月，他返回上海，投身于电讯翻译工作，同时参与了艾思奇主编的《新认识》半月刊的编辑工作，为推动学术交流和思想进步贡献了自己的力量。到了1937年初，羊枣又加入了夏征农主持的《文化食粮》半月刊的编辑工作，并为多家报刊撰写国际政治评论，他的见解独到，深受读者欢迎。全面抗战爆发后，他坚守在上海，为《导报》《译报》和《译报周刊》等媒体撰稿，积极参与抗日宣传工作，用他的笔杆子为抗战呐喊助威。1939年底，羊枣离开上海前往香港，在《星岛日报》担任军事记者，同时继续为多家报刊撰写国际时事论文，他的报道和分析深受读者喜爱。1942年4月，他前往湖南衡阳主编《大刚报》，尽管在1943年夏天受到特务的迫害被解聘，但他仍然坚持为多家报刊撰写评论稿件，展现了他坚定的信念和毅力。1944年6月，羊枣抵达福建永安，开始主持《民主报》的笔政工作。同年9月起，他担任《国际时事研究》周刊的主编，并兼任美国新闻处东南分处中文部主任，为《联合周报》撰稿。他的工作范围广泛，涉及政治、军事和国际事务等多个领域。然而，在1945年7月15日，由于与新四军浙东游击队秘密联系，羊枣被国民党当局逮捕。他先后被囚禁在永安、铅山，抗战胜利后又被移送到杭州。在狱中，他坚贞不屈，备受摧残，但始终保持着对党和人民的忠诚。1946年1月11日，羊枣在杭州监狱不幸遇害，终年46岁。羊枣一生著作丰富，共计著译500余万字，留下了《羊枣政治军事评论选集》等著作。他的文字如同他的人格一样，坚定、深邃且充满力量，永远激励着后来者前行。

　　羊枣是一位令人钦佩的人物，他的一生充满了坚毅、正义和无私的奉献。作为一名著名的新闻记者和国际政治军事评论家，他以敏锐的观察力和深刻的分析能力，为中国的新闻事业和国际关系领域做出了杰出的贡献。更令人敬佩的是，羊枣在抗日战争期间，始终坚守正义信念，留在上海孤岛，为抗日宣传工作尽心竭力。即便在特务迫害下被解聘，他依然坚持为多家报刊撰写评论稿件，为真理而奋斗。他在困境中的坚韧和勇气展现了他崇高的个人品德。羊枣的无私奉献精神也体现在与新四军浙东游击队的秘密联系中。他的坚贞不屈，最终以生命为代价，为中国的独立、自由和正义事业献出了宝贵的一份力量。他的美德和崇高的人格，将永远为后人所铭记。

资料来源：何云庵、鲜于浩主编，《西南交通大学史》（第一卷1896—1920），成都：西南交通大学出版社，2016年，第215–217页。

 案例分析

对社会主义和共产主义理想信念的坚定不移，构成了革命道德的核心精神。无数英勇的革命先烈，正是怀揣着这份崇高的理想，毫不犹豫地踏上了为之奋斗终身的道路，甚至不惜以生命为代价。他们之所以能在重重困难面前毫不退缩，坚持斗争到底，展现出无私无畏、英勇牺牲的精神，根源就在于他们内心深处那份对社会主义和共产主义的坚定信仰。

教学设计建议

1. **案例分析与讨论**：这个案例可用于第二节第二目"发扬中国革命道德"的教学。详细介绍杨杏佛、羊枣的事迹，结合相关历史背景进行案例分析，引导学生就他们的行为、精神面貌以及理想信念展开深入讨论，探讨他们对社会主义和共产主义理想的坚守和贡献。

2. **学习革命先烈的著作**：指导学生阅读杨杏佛、羊枣的著作，深入了解他们对社会主义和共产主义理想的思考和表达。分析著作中体现的革命道德观念，引导学生进行文本解读，理解其中的信仰、无私、奉献等价值观。

3. **小组讨论和演讲**：组织小组讨论，让学生就如何在日常学习、工作和社会实践中发扬中国革命道德进行深入思考和交流。鼓励学生结合个人经历进行小组演讲，分享自己在实现理想信念方面的体验和感悟。

总结提升建议

1. **发扬中国革命道德**：引导学生深刻理解中国革命志士的坚定理想信念，认识他们为实现社会主义和共产主义理想所付出的努力和牺牲。深化学生对社会主义和共产主义理想的认识，激发他们在学习、生活中发扬中国革命道德的责任感和使命感。

2. **深化理论认识**：强调学生对中国革命道德的深刻理论认识，通过课堂讲解、研讨等形式，使学生理解革命道德对社会主义建设的重要性。

3. **激发爱国热情**：鼓励学生深入了解革命先烈的事迹，以激发他们对祖国的深厚感情，增强爱国热情，将个人理想融入国家的建设中。

案例4　"爱子需深 教子需严"陈能宽

案例呈现

陈能宽不仅在工作中严格要求，对子女的教育也同样严格有度。当调入核武器研究院工作后，他不仅将保密条例拿回家，还要求子女们背诵，以确保他们深刻理解并切实遵守保密规定，绝对不允许涉及不该知晓的事项。教导他们从小记住并做到：不该看的绝对不要看，不该问的绝对不要问。

在家庭中，陈能宽从不娇惯子女，十分重视培养他们独立自主的品质。他经常告诫孩子们：很多事情要自己做。即便家里有保姆负责照顾，每到"五一"国际劳动节，陈能宽总是安排孩子们参与家务，要求他们打扫卫生，擦窗户、整理房间、扫地等。由于陈能宽常年工作在外，与子女的交流机会相对有限。然而，每一次相处和聊天，他都会强调孩子们要谦虚谨慎做人，不可有高人一等的思想。子女们回忆，尽管年轻时他们可能不理解，甚至有时不服气，但这样的教导让他们深感父亲对他们的期望。有一次，大女儿陈子恩曾与陈能宽发生争执，就因为自己是陈能宽的女儿，在单位什么要求也不能提，甚至什么情况都不好去打听，错过了许多机会。

陈能宽最小的儿子陈子浩曾去221厂探访父亲，当时十来岁的他对父亲对工作的投入和日常细节的严谨印象深刻。据陈子浩回忆："那时候他就是一间办公室，不大的办公室，大约10多个平方米。他自己就住在办公室里，他有一张小床，我就在边上搭一个行军床。因为我住在那个办公室，他就对我提要求：不该问的不问，不该说的不说，不该听的不听。对于我而言，保密教育也可以算是从小就开始的一种家教。所以我特别清楚，稍微沾一点他工作的事情我都不问。"

那时，每日会有两份报纸送来，一份是《人民日报》，另一份是《参考消息》。陈能宽总是在一开始就明确规定，《人民日报》可以看，但是《参考消息》是绝对不能看的。原因在于，《参考消息》当时并非公开订阅的。

每当报纸送来时，两份报纸会被一同放置在某个地方。陈子浩会按照父亲的规定行事，把《参考消息》放在父亲的桌子上，而自己则带着《人民日报》去床上看。尽管父亲经常外出，几乎不在办公室，但陈子浩从未触碰过他的《参考消息》，这早早培养了他的保密意识。这些日常场景反映出陈能宽对于信息的极度谨慎和控制。他不仅在工作中要求极高的保密标准，也在家庭生活中实施了同样的原则。

陈能宽对子女的要求体现了一种新式教育理念。他的两个儿子留学美国，均取得全额奖学金。陈能宽从未主动提起过"爸爸给你出钱"的问题。在他看来，学习是子女自己的责任，获取奖学金更是自己的事务。这种教育方式培养了子女们独立、自律的品质，追求上进的决心。

在成年后回顾父母的培养，子女们都深刻理解了父母的苦心。陈子浩表示："父母亲给我埋下了一颗种子，让我好好学习不浪费时间，这种东西使我有学习的意愿。特别是父亲对我早期的启蒙教育，直到现在都让我受益匪浅，他是在一个潜移默化的层次上，在我身上打下了很多烙印，就是为了追求'大道'而始终不渝的一种精神。"

资料来源：吴明静、凌晏、逄锦桥，《许身为国最难忘——陈能宽》，上海：上海交通大学出版社，2015年，第151-152页。

案例分析

家风最能体现一个家庭传承的优良品德。古语有云，"天下之本在家"。好的家风是一个家庭最宝贵的财富，家风在无形中塑造着家庭成员共同的世界观、人生观、价值观。习近平总书记指出，家风是社会风气的重要组成部分。家风连着民风、社风、政风，家事连着国事、政事、天下事。"家风文化"以它独特的含义，在构建文明家庭、增强国民凝聚力和向心力方面起到了举足轻重的作用。优秀的家风文化因其独蕴的诚信友善、文明和谐、爱国敬业等精神，有助于强化社会整体的道德文明建设，也有助于提升社会整体对主流价值的认同，有利于促进家庭个体正确价值观的构建。

在这个案例中，陈能宽对子女的严格教育呈现了一位父亲在家庭中塑造优秀家风的典范。除了对子女的严格要求，他还注重培养子女的自律、勤劳和保密意识。从案例可以看出，陈能宽的家庭教育不仅关注学业，更注重品德、家风和人生观的培养。他的教育方式体现了对孩子们全面发展的关切，旨在培养独立、负责任、有担当的个体。同时，案例中体现出陈能宽在子女教育中注重子女主体性培养的教育理念，强调个体努力与自主获取奖学金的重要性，为子女营造了锐意进取的氛围。他的教育方式融合了传统文化和现代理念，注重培养子女在复杂社会中的适应能力。从案例可以看出，陈能宽家庭的家风既注重保密、纪律，又强调自主学习、努力奋斗，他为子女树立了积极向上的榜样。

教学设计建议

1. **引入课堂**：在第三节第三目"弘扬家庭美德"，通过引入陈能宽的案例，吸引学生对家风和家教的关注，使学生认识到家教、家风对人的巨大影响，大学生应继承和弘扬优秀家风，为后续深入讨论创设基础。

2. **案例分析**：在讲述案例后，可以组织学生就"家风与家庭美德的关系是什么？""好的家风发挥着怎样的作用？"这些问题进行分组讨论，让学生分析陈能宽的家庭教育方式，探讨其中的优势和不足，引导学生思考这样的家庭教育模式是否适用于不同背景的家庭。

3. **家风文化与社会建设**：结合案例，引导学生思考家庭文化对社会风气的影响，讨论好的家庭文化如何有助于构建文明社会，激发学生思考个体在家庭中的责任和作用。

4. **对话与互动**：鼓励学生分享自己的家庭教育经验，促使他们思考家庭文化对个体成长的深远影响，并展开对话，促进彼此的思考和交流。

总结提升建议

1. **家庭与社会关系**：引导学生理解家庭与社会的关系，思考好的家庭文化如何推动社会文明的发展。通过总结陈能宽的案例，让学生认识到每个家庭都有可能成为社会文明的推动者。

2. **习近平总书记关于家庭家教家风建设重要论述**：结合习近平总书记关于家风的重要论述，引导学生理解家庭文化对社会风气的深远影响，鼓励学生将家风与习近平总书记谈"家风"相结合，形成正确的人生观和价值观。

3. **家庭教育的时代特点**：引导学生思考家庭教育在当今社会的时代特点，如何在传承传统文化的同时，融入现代理念，培养适应社会发展需求的个体。

4. **个体责任与社会责任**：强调家庭教育对培养个体责任感和社会责任感的作用，引导学生意识到每个人都应当以积极向上的家风为基础，为社会的发展和进步贡献力量。

这些教学建议旨在帮助学生深刻理解家庭文化对个体和社会的影响，促使他们在大学生活中注重培养和传承良好的家风，形成积极向上的个体品质。

案例5 "呕心沥血 鞠躬尽瘁"庄育智

案例呈现

庄育智的一生无私奉献，为中国金属材料学科的发展立下了赫赫战功。庄育智于1942年考入交通大学唐山工学院矿冶系。1946年毕业后，他先后在开滦矿务局和天津炼钢厂工作了一年。然而，他的追求和眼光远远超越了当时的工作领域。于是1947年，庄育智决定赴英留学，到英国利物浦大学攻读冶金系研究生。在这里，他不仅获得了利物浦大学冶金工程专业的工学硕士学位，还收获了哲学博士学位。1951年12

月，庄育智完成了博士研究生的学业，随即在1952年1月回到祖国。他回国时中华人民共和国刚刚成立不久，国家正面临着建设和发展的压力。庄育智以他的才华和专业知识，协助李薰创建了中国科学院金属研究所，并在此后的职业生涯中担任了副研究员、研究员、难熔金属室主任以及金属所副所长等职务。

庄育智不仅在科研领域取得了显著的成就，而且在国家和社会的层面上也展现出卓越的领导力和责任感。在1953年加入九三学社后，他于1956年3月正式加入中国共产党。1959年，庄育智作为特邀代表参加了全国劳模群英会，并先后被选为沈阳市和中国科学院劳动模范、党的十一届和十二届全国代表大会代表。

新中国成立初期，我国处于国民经济恢复时期，钢铁生产水平不高。庄育智根据国家的需要，开展了对钢的质量鉴定和分析工作，在参考苏联学者研究结果的基础上，首先在国内建立了电解法分离钢中金属夹杂物的技术，开创了国内对钢中夹杂物和薄板夹层的研究。他通过电解分离低碳钢非金属夹杂物的系统试验，改进了已有的电解分离夹杂物的方法，并结合金相检查对钢厂低碳钢板材进行了试验，为我国钢铁工业的发展提供了极为重要的技术支持。

1956年，抚顺石油三厂高压加氢装置发生重大爆炸事故。他以科学家的责任感，到现场进行样品采集和分析，找到事故原因后，庄育智和助手对管材的试样不断地做热处理实验，终于在一次次的失败中摸索出修复原有不锈钢管材的热处理办法，圆满地解决了工厂面临的难题。随后，庄育智又针对爆炸事故深入研究，先后在《金属学报》和《物理学报》杂志上发表了一系列学术论文，从理论上阐明了钢变脆的原因，提出了合理的热处理工艺，对当时的生产起了很大的指导作用，展现了科学家在危急时刻的冷静和勇敢。

1958年，随着国家战略目标的调整，在国家的需要和探索未知世界的好奇心的催动下，庄育智转向了难熔金属合金的研究，成为该领域的开创者。他不仅攻克了技术难题，还领导团队完成了对钼顶头的研制。这项技术突破在鞍钢无缝钢管厂的试验中取得了巨大成功，提高了生产效率和产品质量，为国家经济带来了显著的经济效益。当时《人民日报》《辽宁日报》和《沈阳日报》都相继报道，称之为工业生产上的一项重大技术革新。此成果1978年获全国科学大会奖。1964年庄育智被评为沈阳市劳动模范、中科院先进工作者。

1968年，庄育智接受了新的挑战，参与了中国第一颗返回地面的人造卫星"尖兵一号"的研制工作。他负责研发卫星外蒙皮的材料和成形工作，克服了重重困难，确保了卫星的成功发射和安全返回地面。这一成就为中国航天事业的发展立下了汗马功劳。随着金属研究所的发展，庄育智积极引领团队开展了功能材料的研究。他的团队致力于铌钛合金和A-15化合物实用超导材料、稀土-过渡金属化合物永磁材料和贮氢材料、难熔金属合金耐蚀材料、热弹性马氏体效应和形状记忆合金以及夹层化合物的研究，为我国功能材料科学和技术的发展做出了重要贡献。

回校后，庄育智继续投入研究生的培养工作，主持论文答辩。1996年3月14日至18日，为拓展与海外同行的联系，他请荷兰阿姆斯特丹大学的德·波尔教授来校讲学，商定合作协议；3月19日至20日，又为系学位委员会的工作奔走，为学术交流和学科建设做出了积极的努力；3月21日晚，他又到沈阳主持研究生毕业答辩，短短一个月内四次出差。临行前，他还照例早晨7点30分到办公室，与分管科研的系副主任和金属材料及热处理教研室主任一起研讨金属材料学科"211工程"建设的立项等问题，直到中午12时才告别。3月23日19时40分，庄育智因劳累过度心脏病突发在北京逝世，享年71岁。

庄育智是我国金属材料学科的杰出奠基人之一，毕生致力于科学事业，用尽心血为祖国科学事业做出了卓越的贡献。他的一生可谓呕心沥血，鞠躬尽瘁，留下了为祖国科学事业顽强拼搏、无私奉献的壮丽篇章。更为可贵的是，庄育智以德高望重的学者风范、严谨治学的科学态度和无私奉献的崇高品德，激励着每一位后来者。他不仅是一位卓越的科学家，更是一位为国家科学进步、为学科培养人才而默默付出的楷模。庄育智的一生，如同一首恢宏的诗篇，永远激励着我们在科学事业中追求卓越，为国家的繁荣发展贡献自己的力量。

资料来源：何云庵、冉绵惠主编，《西南交通大学史》（第三卷1937—1949），成都：西南交通大学出版社，2016年，第274页；《怀念庄育智院士》，中国科学院金属研究所官网，2023年5月17日，http://www.imr.cas.cn/zt/kxrs/qt_kxrs/202305/t20230517_6755653.html。

案例分析

庄育智先生作为一位杰出的科学家和学者，不仅在金属材料学科上创造了卓越的成就，更在职业道德和社会责任方面树立了崇德向善的榜样。

首先，在国家工业发展初期，庄育智在钢铁产业中投身质量鉴定和分析工作，始终秉持着扎实的职业道德。他深入大钢厂开展工作，为国家建设提升钢质量，彰显了对职业操守的尊重。他在电解法分离钢中金属夹杂物方面的技术创新，不仅提高了产业水平，更展现了对行业职业规范的遵循。其次，在国防需求变化时，庄育智果断调整研究方向，投身难熔金属合金的研究，为国家的尖端技术服务。他自主设计和研制实验设备，以及攻克技术难关的坚持，体现了对职业责任的担当。在维护国家安全的背景下，他通过研发高科技材料，为国家的尖端科技进步贡献力量。在社会动荡的年代，庄育智克服来自极"左"路线的阻碍，为"尖兵一号"卫星研制外蒙皮的材料和成形工作提供了技术支持。他在这个过程中对科学道德的坚持，不仅确保卫星的成功发射，更彰显了对科研工作的高度职业操守。最后，在担任锅炉压力容器检测中心主任的职位上，庄育智通过制定安全科学技术的标准，为安全生产提供了重要保障。他的领导力和职业责任心在编写综合安全科学技术词典和参与法规标准的制定过程中得以彰显，为整个行业确立了行业准则。

庄育智先生以其杰出的科学贡献和崇德向善的职业操守，为后来者树立了一个可敬可学的楷模，为科研领域和社会贡献了卓越的力量。

教学设计建议

1. 导入与引导：本案例可以融入第三节"恪守职业道德"进行学习。通过简要介绍庄育智的案例，引发学生对职业道德的思考。带领学生回顾习近平总书记在全国劳动模范和先进工作者表彰大会上的讲话，了解党和国家对劳动者的重视。

2. 案例学习：分析庄育智案例，重点关注他如何在工作中体现职业道德，特别是在关键时刻恪守原则。提供其他相关案例，让学生分组讨论，分享并总结其中的职业道德价值。

3. 小组讨论与角色扮演：学生分组讨论在特定职业场景中可能面临的道德困境，提出解决方案。进行角色扮演，让学生亲身感受职业道德决策的难度，强化恪守原则的重要性。

4. 专题讲座与资源分享：邀请相关行业的从业者或专业人士进行专题讲座，分享他们在工作中维护职业道德的经验。引导学生主动搜集、分享与职业道德相关的资源，包括新闻报道、专业论文等。

5. 写作与总结：要求学生结合学习和讲座的内容，以及习近平总书记的讲话，撰写一篇关于职业道德与社会责任的个人感悟和总结。学生可通过写作展示他们对恪守职业道德的理解，以及将这一理念融入未来职业生涯的决心。

总结提升建议

通过以上教学活动，学生将更全面地理解职业道德的概念与实践，特别关注恪守职业道德的重要性。为进一步提升学生的职业素养，建议：

1. 提供实践机会：学校可与相关行业合作，提供更多实习机会，让学生在实践中更好地理解和践行职业道德。

2. 建立导师制度：学校可以建立导师制度，邀请行业专业人士担任学生导师，指导他们在职业发展中保持良好的职业操守。

3. 设立奖励机制：设立奖励机制，对在校内外展现出良好职业道德的学生给予表彰，激励更多学生投身崇德向善的实践。

4. 持续更新案例：定期更新职业道德案例，保持教学内容的时效性，使学生更好地理解和应对当下职场的挑战。

通过以上措施，学生将更好地理解并践行恪守职业道德的原则，为建设更加和谐、积极向上的社会做出积极贡献。

案例6 "建筑大师"佘畯南

案例呈现

> 佘畯南，原先就读于上海交通大学，1939年转入唐山工学院土木系，1941年顺利毕业。他在校期间成绩优异，深受建筑学教授、英国皇家建筑师协会会员林炳贤教授的喜爱，甚至在课程中专门为他增设了不少科目。毕业后，他初露锋芒，在广州、香港等地参加了6次建筑设计方案竞赛，每次都成功拔得头筹。1951年，佘畯南携妻儿从香港回到广州。他先后担任过广州市卫生局卫生工程建设委员会和广州市建筑工程局设计处的工程师职务。后来，他担任了广州市建筑设计公司副经理，广州市设计院副院长、总建筑师、高级建筑师、顾问总建筑师、名誉院长等要职。同时，他还在中国建筑学会、广东省建筑学会以及广州市建筑学会担任理事、常务理事、副理事长、名誉会长等职务。此外，他还担任过广州市科协的副主任等职务。1985年，中华全国总工会授予佘畯南"全国优秀科技工作者"称号和"五一劳动奖章"，广东省政府授予他"特等劳动模范"称号。1986年，他被评选为"全国城乡建设系统科技工作劳动模范"。1989年，佘畯南获得了"中国工程勘察设计大师"荣誉称号，而在1997年11月，他被评为中国工程院院士。佘畯南的著作中包括《佘峻南选集》等。
>
> 数十年来，佘畯南承担或主持设计的建筑工程项目多达百余项，无不赢得高度赞誉。在20世纪50年代，他设计的广州市第一人民医院病房大楼因其适用、美观、经济而备受推崇，成为他向中华人民共和国献礼的第一力作。进入60年代，佘畯南主持设计的广州友谊剧院荣获广东省奖励，成为当时剧院设计的典范之一。70年代，他负责设计的东方宾馆新楼成功将新旧两座大楼有机地融合，环境宜人，被誉

为经典，他在设计中大胆增加了房间数目，扩建了公共活动场地，而总投资仅为旧楼的3/5。

在辉煌的80年代，佘峻南以其卓越的才华设计了一系列在国内具有显著影响力的建筑作品。其中，他设计的广州白天鹅宾馆更是凭借其卓越的设计和独特的魅力，跻身世界十大酒店之列。这座建筑在1989年不仅荣获了国家优秀设计金质奖，还摘得了建筑部优秀设计一等奖的桂冠，充分展现了其卓越的设计实力和行业地位。除此之外，佘峻南还主持了我国驻联邦德国、挪威、瑞士、澳大利亚、希腊、泰国、塞浦路斯等国家大使馆的设计工作。这些大使馆不仅代表了我国的形象，也充分展现了佘峻南在国际建筑领域的深厚造诣和卓越贡献。在不同国家的环境和特点下，佘峻南采用了不同的设计手法，展现了多样的设计风格。例如，他在设计我国驻联邦德国的新馆址时，充分考虑到了周围古建筑和参天古树的影响，设计中保持了对实地情况的照顾，同时融入了中国的民族特色。他的设计完美地满足了外部建筑物轮廓不可改变、大树不可砍伐的要求，使新大使馆在保持中国建筑特色的同时，与德国的建筑风格和周围环境相协调。这一设计受到了德国各界人士的高度赞扬，被誉为"联邦首都最漂亮的大使馆"。除了上述成就，佘峻南还以技术顾问的身份参与了北京饭店的扩建和国家宾馆的设计工作。同时，他也积极投身于纪念性建筑的设计中，为毛泽东纪念堂以及老一辈革命家纪念馆的方案设计贡献了自己的智慧和力量。他在多个项目中展现出卓越的设计才华和对建筑事业的深厚贡献。

佘峻南是一位热情、正直、宽厚的人。佘峻南始终强调宽宏大量的人格魅力，他认为，即使有人有意或无意地对你做出了不当之举，我们也应该选择宽容，表现得仿佛一切并未发生。而当那些曾经对你有所亏欠的人寻求帮助时，我们更应该摒弃前嫌，以乐于助人的态度伸出援手。他认为，只有这样，才能团结更多的人。

在谈及个人经历时，佘峻南曾深情地回忆起"文化大革命"期间的遭遇。在那段艰难的日子里，他被扣上"资产阶级学术权威"的帽子，受到了无情的迫害。其中，一位曾受他多年关照的工友，竟在风头上率先与他划清界限，甚至指责佘老对他的关心是腐蚀他的行为。然而，当佘老最终得到平反，恢复名誉时，那位工友因生活所迫，又面带尴尬前来向佘老借钱。面对这一情境，佘老深知，这位工友能鼓起勇气提出借钱，内心必然经历了激烈的挣扎，也必定对过去的错误有了深刻的认识。因此，佘老不仅选择了宽容和谅解，更是主动将自己的旧衣物和一些生活用品赠予了那位工友。这一举动不仅展现了佘老宽广的胸怀，也深深打动了那位工友，使他感激涕零。佘老还说："心胸广阔是领导者的必备条件，能领导、团结反对过自己的人，那他还有什么事情不能做到呢？"

资料来源：何云庵、冉绵惠主编，《西南交通大学史》（第三卷1937—1949），成都：西南交通大学出版社，2016年，第276–278页。

案例分析

佘畯南的卓越成就不仅体现在专业技术上，更表现在他锤炼的高尚个人品德。包括宽容与豁达、正直与乐善好施、团结与领导力及深厚的国家责任感。

佘畯南强调宽宏气量，主张对待他人过失时要宽容。面对曾对他不利的工友，他表现得宽容大度，不计前嫌，甚至在平反后向那位曾经对他不利的工友伸出援手，表现了豁达的人生态度。佘畯南强调要有正直品质。他在帮助曾经对他不利的工友时，并不记恨，反而乐于助人，将自己的旧衣服和物品送给对方，体现了他对待他人的正直和善良。佘畯南认为心胸广阔是领导者的必备条件。他不仅在建筑设计上展现出出色的领导力，更在人际关系中表现出对反对过他的人的宽容和团结，展现了一个真正领导者的胸怀。在面对"反动学术权威"曾给自己带来的创伤时，佘畯南毫不畏惧，以高尚的情操接受了任务。他深刻理解到国家需要他们这一代人为国家和人民设计，不计较个人得失和恩怨，展现了对国家责任的强烈感召。

佘畯南不仅是一位杰出的建筑师，更是一个宽容正直、具有高度责任感和领导力的人。他的为人处世之道，为后人树立了一个可学习的榜样。

教学设计建议

1. **案例导入**：这个案例可以融入第三节"锤炼个人品德"，引导学生思考个人品德与个人发展及社会进步的关系。

2. **讲授方法和途径**：在讲授环节中，明确个人品德的概念，包括诚实守信、宽容待人、责任心和担当精神等方面的内容。强调个人品德对个人发展和社会进步的重要性，如诚信是事业成功的基石，宽容待人有助于建立良好的人际关系等。介绍锤炼个人品德的方法和途径，如通过自我反思、学习榜样、参加志愿服务等方式来提升个人品德。

3. **组织学生分组讨论**：分享自己在日常生活中锤炼品德的实践和体验。在讨论环节中，可以将学生分成若干小组进行讨论，分享各自在日常生活中锤炼品德的实践和体验。每组选派一名代表，向全班分享本组的讨论成果和心得体会。教师对学生的分享进行点评，肯定他们在锤炼品德方面的努力和成果，同时指出需要改进的地方。

4. **案例分析**：结合具体案例，分析如何加强道德修养，提高自身素质。在案例分析环节中，可以展示一个关于道德修养的具体案例，引导学生分析其中涉及的个人品德问题以及加强道德修养的方法和途径。组织学生分组讨论，针对案例中的问题进行分析，探讨加强道德修养的方法和途径。对学生的讨论进行总结归纳，强调加强道德修养对提高自身素质的重要性，并提供一些实用的方法和技巧。

总结提升建议

1. **树立正确的价值观**：学生应该树立正确的价值观，明确个人品德和社会道德之间的关系，认识到个人品德的重要性。同时，要注重实践和体验，将正确的价值观融入日常行为中。

2. **培养宽容和理解他人的能力**：学生应该学会宽容和理解他人的过错和不足之处，以更加宽广的胸怀去接纳世界。同时，也要学会尊重他人的权利和尊严，避免歧视或攻击他人。

3. **树立正确的工作态度和目标追求**：学生应该树立正确的工作态度和目标追求，注重实践和创新，不断提高自己的综合素质和能力水平。同时，也要注重团队协作和分享，与他人共同成长和发展。

4. **锤炼自己的意志品质**：学生应该锤炼自己的意志品质，增强自我控制力和耐受力，做到不轻易放弃和妥协。同时，也要注重自我反思和改进，不断完善自己的品德和修养。

5. **践行社会主义核心价值观**：学生应该积极践行社会主义核心价值观，以实际行动弘扬爱国主义、集体主义、社会公德等优良传统。同时，也要关注社会热点问题和公益事业，积极参与志愿服务等社会实践活动。

三、实践设计

项目1：共融华韵——传统文化中的集体主义之美

‖实践目标‖

聚焦于中华传统文化中所体现的集体主义之美，引导学生在学习、弘扬和实践中深入挖掘中国传统美德的内涵，将其融入日常行为和思维中。开展主题为"共融华韵：传统文化中的集体主义之美"的校园展活动，激发学生对中华传统美德的热爱和传承意识，使他们更加深刻地理解中国传统文化中道德的重要价值，并将这种道德观念融入个人成长和社会发展中。通过实践，提升学生的动手能力，培养他们的团队协作和社会责任感，使其成为具备集体主义美德的现代公民。同时，通过积极参与展览活动，提高学生的学术研究和表达能力，使他们更好地理解和传承中华传统美德中体现的集体主义之美。

‖ 实践方案 ‖

1. 任课教师宣布实践活动主题，并明确实践活动要求。

2. 将学生分为若干小组（每组3～5人），每组选定1人为小组长，负责组内各项工作。学生以小组为单位，选择一个角度搜集相关文字、图片等资料，进行校园展的展板制作。

3. 校园展的展板制作完成后，由任课教师验收，并给予指导，学生进行调整。

4. 选择一个时间，在校园内的不同地方集中展示各组制作的展板，并以采访、照片或视频的方式对展示活动进行记录。

5. 活动结束后，每人撰写一篇参加此次实践活动的心得。

‖ 实践记录 ‖

思想道德与法治实践课

校园展

展览主题：＿＿＿＿＿＿＿＿＿＿＿＿

院　　部：＿＿＿＿＿＿＿＿＿＿＿＿

专业班级：＿＿＿＿＿＿＿＿＿＿＿＿

学　　期：＿＿＿＿＿＿＿＿＿＿＿＿

校园展活动考核		
考核内容	考核评价（符合标准的在对应的方框里打"√"）	考核成绩（满分100分）
展板制作美观、有吸引力	优□ 良□ 中□ 差□	
展板内容清晰、有条理	优□ 良□ 中□ 差□	
展示活动丰富有趣	优□ 良□ 中□ 差□	
活动心得真切、深刻	优□ 良□ 中□ 差□	
其他	优□ 良□ 中□ 差□	
		教师签名： 　　　　　　　年　月　日

小组成员		
姓名	学号	组内分工

成员活动心得

教师点评

项目2：实地参观——西南交通大学犀浦校区罗忠忱等纪念塑像

‖实践目标‖

学生收集罗忠忱等西南交通大学优秀校友生平，并参观他们的塑像，聆听先辈们光辉事迹，感受先辈们的优良道德品质，学习他们身上体现出的传统美德。通过实地参观并撰写参观报告，学生可以进一步了解罗忠忱等人的精神为何成为西南交通大学的优良传统，以及背后体现出的中华优秀传统美德。同时，实践活动可以提高学生的观察能力和信息收集能力。

‖实践方案‖

1.任课教师宣布实践活动主题，并明确实践活动要求。

2. 将学生分为若干小组（每组8～10人），每组选定1人为小组长，负责小组参观时间、地点和具体流程的策划以及课后作业的收集等工作。

3. 任课教师在参观前要给各小组开会，要求各小组组长负责此次参观活动的组织、纪律和安全等问题，督促班委在实践活动过程中切实履行职责，保证实践活动的顺利开展。

4. 各小组组长提前一周组织组员设计活动路线、活动内容等，并提交实践活动方案给任课教师审阅。

5. 任课教师应注意考察各小组提交的实践方案中的活动路线是否合理，安全措施是否到位，活动内容是否科学，并提出相应的整改意见。

6. 各小组根据任课教师的整改意见，对相关内容进行商讨并做相应整改。

7. 学生按照计划开展实践活动。任课教师可以视具体情况决定是否进行现场指导。

8. 每名学生在活动结束后，完成一篇参观报告。

9. 组织学生开展分享会，每个小组选派代表上台分享参加此次活动的感受。

‖ **实践记录** ‖

思想道德与法治实践课

实地参观

地　　点：＿＿＿＿＿＿＿＿＿

姓　　名：＿＿＿＿＿＿＿＿＿

学　　号：＿＿＿＿＿＿＿＿＿

院　　部：＿＿＿＿＿＿＿＿＿

专业班级：＿＿＿＿＿＿＿＿＿

学　　期：＿＿＿＿＿＿＿＿＿

实地参观活动考核		
考核内容	考核评价（符合标准的在对应的方框里打"√"）	考核成绩（满分100分）
参观过程中态度认真、遵守秩序，集体观念和纪律观念强	优□良□中□差□	
参观报告主题明确、感受真切、结构完整，有自己的独特见解	优□良□中□差□	
其他	优□良□中□差□	
	教师签名： 年　月　日	

参观报告
题目：
正文：
教师点评

实践项目

项目3：课堂报告——寻找良好家风

‖实践目标‖

家风是融在血脉里的骄傲。家是最小国，国是千万家。家风，作为社会风气的微观体现，是个体精神成长的根基，对人的道德积淀和人格塑造具有深远且持久的影响。自古以来，中华民族便高度重视家风的培育与传承，将其视为中华文明不可或缺的一部分，优良的家风更是民族文化中的瑰宝。为深入了解家风家训、铭记历史、传承优秀家风，为加强家庭文明建设做贡献，学生们在自己所在地通过各种各样的方式进行实践并撰写实践报告。同时，锻炼学生的语言表达能力、逻辑思维能力和归纳总结能力。

‖实践方案‖

1. 任课教师宣布实践活动主题，并明确实践活动要求。

2. 将学生分为若干小组（每组4~6人），每组选定1人为组长，负责组内各项工作。

3. 各小组成员分工合作，搜集整理与本次活动有关的文字、图片、视频等资料，结合搜集整理的相关资料和教材相关理论知识在组内展开讨论与交流。

4. 小组组内开会讨论课堂报告的思路和内容，对搜集到的相关资料进行筛选和整理，并制作成PPT以配合课堂报告使用。

5. 任课教师组织学生开展课堂报告活动。课堂报告需要每组选出2名组员来完成；

其中1人负责主讲，另1人负责配合主讲人播放PPT。

6. 任课教师对本次实践活动进行总结和评价，对本次活动中学生做得好的地方给予肯定和鼓励，对本次活动中不足的地方进行纠正和引导。

7. 活动结束后，以小组为单位提交实践活动报告。

‖ 实践记录 ‖

思想道德与法治实践课

课堂报告

报告主题：_____

院　　部：_____

专业班级：_____

学　　期：_____

课堂报告考核		
考核内容	考核评价（符合标准的在对应的方框里打"√"）	考核成绩（满分100分）
小组成员配合默契、衔接流畅	优□良□中□差□	
报告主题明确、逻辑清晰	优□良□中□差□	
资料搜集客观、真实、全面、有针对性	优□良□中□差□	
观点正确、证据充足、说服力强	优□良□中□差□	
PPT制作及课堂展示效果好、有吸引力	优□良□中□差□	
其他	优□良□中□差□	
		教师签名： 　　　　　　　年　月　日

小组成员		
姓名	学号	组内分工

课堂报告
题目： 正文：   教师点评

第六章 学习法治思想 提升法治素养

导言

本章主要阐述了社会主义法治理论。以习近平法治思想为统领，阐述了法律的概念与历史发展、我国社会主义法律的本质特征、我国社会主义法律的运行，为学习和理解全面依法治国理论奠定基础。全面阐述了全面依法治国理论，特别是全面依法治国的根本遵循——习近平法治思想，中国特色社会主义法治道路和法治中国建设理论，以及维护宪法权威。通过这些学习，培养学生社会主义法治思维、依法行使权利与履行义务的良好法治素养。

一、教学分析

教学目的

通过阐述法律的概念及其历史发展、社会主义法律的本质特征，分析了社会主义法律的如何运行，使学生准确理解法律与道德等其他社会规范的区别与联系，深刻理解我国社会主义法律是党的主张和人民意志的统一，具有科学性与先进性，从而树立社会主义法律信仰。

通过对全面依法治国理论，特别是全面依法治国的根本遵循——习近平法治思想，中国特色社会主义法治道路和法治中国建设理论，以及维护宪法权威的学习，使学生增强宪法意识，忠实维护宪法尊严；树立社会主义法治信仰，坚定中国特色社会主义法治自信。

对社会主义法治思维、依法行使权利与履行义务，以及如何提升法治素养的学习，增强学生社会主义法治意识，提高学生法治素养，培养学生践行社会主义法治的能力。

教学重点、难点

1. 法律的含义。（难点）
2. 我国社会主义法律的本质特征与运行。（重点）

3. 坚持全面依法治国。（重点，难点）

4. 维护宪法权威。（重点）

5. 培养社会主义法治思维。（难点）

二、教学案例精选与设计

案例1　法律的温度：晓伟（化名）将公益法律服务进行到底

案例呈现

晓伟（化名），西南交通大学2002级法学专业校友，四川某律师事务所主任，于2006年进入四川·成都农民工法律援助工作站（原四川省农民工法律援助工作站）从事专职法律援助与公益法律服务工作。在2015年4月，晓伟（化名）秉持着"公益创业"和"公益法律服务创新"的理念，成功创建了四川首家专注于公益法律服务、法律援助以及职工权益保障的律师事务所——四川伟旭律师事务所。他的卓越贡献和无私奉献，使他荣获了多项殊荣，包括"全国五一劳动奖章""第五届全国维护职工权益杰出律师""2011—2015全国法治宣传教育先进个人"等国家级荣誉，以及"第二届四川省维护职工权益杰出律师""四川省五一劳动奖章""2010—2012四川省优秀青年律师""第三届成都市优秀普法员"和"首届成都慈善模范奖"等省级和市级表彰。这些荣誉不仅彰显了他个人的成就，也体现了他在公益法律服务领域的深远影响。

在公益法律服务、法律援助和职工维权领域，晓伟（化名）校友和他的团队在过去的十余年间，无私奉献，共无偿接待了面临困难的职工等群众的法律咨询高达26231件，涉及金额累计达到9.8亿余元。他们受理了各类案件3620件，涉及金额总计10861.8万元。其中，成功办结的法律援助案件有3189件，惠及人数达到3385人，涉及金额8909.8万元，帮助困难群众讨回了工资、工伤赔偿金，并挽回了经济损失共计6154.71万元。晓伟（化名）本人办理了超过1000件的各类困难群众法律援助案件，为1700余名职工（包括农民工）等困难群众追回了各类赔偿款，并挽回了经济损失共计3000余万元。其中包括四川省头号农民工欠薪案、中华全国总工会曝光的成都某物流公司欠薪案等一系列典型劳动争议案件。

扶危救困，彰显公益律师本色

在长达十余年的法律公益服务生涯中，晓伟（化名）校友成功代理了一系列具有深远影响的典型个案。他投入近三年的时间，坚持不懈地为64名农民工维权，最终帮助他们在法庭上成功讨回了被拖欠的113万元劳务报酬。面对艰难的挑战，他从未言弃，陪伴7名农民工长达六年，终于为他们讨回了应得的薪资。为了寻求正义，晓伟（化名）校友不畏长途跋涉，多次远赴黑龙江的建筑工地深入调查案件详情。在他的努力下，为一名六级伤残的川籍农民工牟某争取到了15万元的工伤赔偿金。在2014年，他成功办结了一起长达七年的群体性欠薪案件，为受害者们带来了久违的公正。晓伟（化名）校友凭借自己深厚的法律专业素养，开创性地树立了挂靠车司机与公司之间确定劳动关系的首个判例，为类似案件的解决提供了重要的法律参考；他克服种种困难，在2016春节前夕，帮助秦某等27名非洲务工者讨回66万欠款、为蔡某等52名农民工讨回56万工资、为李某91名农民工追回欠薪60余万元，办理的陈某工伤认定行政诉讼案、杨某等7人关联劳动关系要求经济补偿金案树立了劳动争议案件标杆……

（一）七年诉讼，群体欠薪终解决

在2014年春节即将来临之际，晓伟（化名）校友成功办结了一起拖延长达七年的群体性欠薪案件。回溯到2007年4月，农民工代表梁某、赵某等人来到省农民工法律援助工作站，他们讲述了辛酸的遭遇：早在2006年10月，他们66名农民工组成的团队完成了一项工程并顺利交付使用，然而，负责的建筑装饰安装公司却拖欠了他们30多万元的劳动报酬。尽管他们多次与建筑安装公司协商，但问题始终未得到解决。晓伟（化名）得知此事后，立即行动起来，他迅速收集相关证据，整理起诉材料，并在最短的时间内将案件提交至人民法院进行民事诉讼。然而，由于工程业主与建筑安装公司之间的结算纠纷，该案件被法院中止审理。在这漫长的过程中，晓伟（化名）不辞辛劳，前后40余次奔波于各级法院和相关部门之间，为农民工们争取应得的权益。他的努力终于在2013年2月得到了回报，成都市成华区人民法院判决建筑装饰安装公司支付拖欠的30多万元工资。然而，即便有了法院的判决，公司仍然拒不履行支付义务。面对这种情况，晓伟（化名）再次挺身而出，他代表农民工们申请了强制执行。经过坚持不懈地努力，最终，在人民法院的主持下，双方于2014年1月25日达成了执行和解协议。这场历时七年、涉及66名农民工的工资拖欠案件终于得到了圆满解决，为这些辛勤付出的农民工们带来了久违的正义和温暖。

（二）带领团队，助力农民工讨薪

2010年7月底，64名农民工来到四川省农民工法律援助工作站，称被拖欠了工

资，在讨要报酬无果情况下，工人与建设公司发生了冲突，成都市相关部门组织开发商、承包商、杨某等承包人协调三次无果。晓伟（化名）接受省法律援助中心指派后，带领工作站律师立即调查相关情况，向成都市锦江区法院提起诉讼，并会同法院人员前往建委、规划局等部门取证。在即将开庭时，建设公司提出了管辖权异议。为了避免农民工暴力维权，晓伟（化名）一方面安抚农民工情绪，向他们讲明相关法律法规，另一方面与案件主审法官进行沟通，关注案件进展。经过近半年的管辖权异议审理后，最终成都市中级人民法院做出裁决，驳回了对方公司的上诉，本案开庭时间终于确定。通过晓伟（化名）等律师近两年的努力，案件经过一审、二审程序，成都市中院做出终审判决支持了农民工的请求。判决书下达后，公司仍迟迟不履行。苦等3个月无果，杜伟代理农民工向法院申请强制执行，成功将建设公司账户冻结，2013年2月，最终将被拖欠的劳务报酬113万元全额发放到农民工手中。

（三）千里维权，工伤民工获赔偿

川籍农民工车德华，于2012年8月在黑龙江省北安市某建筑工地干活时受伤，经司法鉴定为六级伤残。建筑公司在其医疗终结后，给了几百元生活费和交通费将其送回四川老家。2014年6月，受省法律援助中心指派，晓伟（化名）远赴黑龙江省北安市，前往事发地的建筑工地及北安市信访局、住房和城乡建设局、人力资源和社会保障局了解案情，并调取承建公司的基本信息。经过几天的调查取证，在掌握大量事实的情况下，最终建筑公司老板同意协商解决此事，经过三天的反复协商沟通，达成调解协议，在晓伟（化名）多番催促下，建筑公司终于在6月30日支付了15万元工伤赔偿金。至此，千里维权终画句号。

（四）挂靠难题，树四川首个判例

姚某购买一辆货车，挂靠在成都某物流公司，并聘用李杨富为司机。2013年8月，李杨富驾驶的货车在运输途中发生单车交通事故，李杨富当场死亡。事故发生后，姚某拒绝赔偿，物流公司认为与己无关。李杨富亲属围堵区政府大门，经政府多个部门协调无果，矛盾趋于激化，若不及时妥善处理将很可能演化为恶性群体事件。晓伟（化名）临危受命，一方面积极给李杨富亲属做疏导工作，一方面给他们讲解法律知识，及时为其提供了法律援助。诉讼过程却一波三折，历时一年半，劳动关系确认在仲裁败诉的情况下，晓伟（化名）据理力争，一审、二审法院采信了晓伟（化名）的代理意见。2014年7月，成都市中级人民法院维持原判，认定李杨富与成都某物流公司构成劳动关系，这是四川首例认定挂靠关系中事实车主招聘司机与挂靠公司构成劳动关系的案件。

十余年来，晓伟（化名）校友开展了法治宣传教育及各类法律知识讲座600余场，近5万人参加了培训。一是与工会系统合作开展的"法治大讲堂""送法进企业""送法进工地""新市民学校"活动。参与了90余场成都市总工会举办的"法治大讲堂""新市民学校"活动，让农民工接受法治教育和维权知识培训，仅2016年就举办法治专题讲座90余场。

二是通过与12355青少年法律服务队开展"送法进校园""送法进社区"等活动，2016年先后15次组织律师、大学生志愿者以青少年维权案例"情景剧""模拟法庭"的形式开展青少年法治宣传教育普法专题活动，受到广大青少年欢迎。

三是与政府相关部门、群团组织合作，开展工会干部、劳动争议监督员、调解员法律知识专题培训，增强领导干部法治意识和法律素养。例如，2016年晓伟（化名）参加四川省总工会开展的十八期工会领导干部法律知识轮训班，成都市总工会开展的二十三场次工会劳动争议调解员、劳动法律监督员、基层工会主席等相关工会干部法律知识培训班，他以案说法，得到了工会相关领导干部赞赏。

四是受多个市州邀请，进行法律知识专题培训。例如，2016年3月4日和11月30日，晓伟（化名）校友两次受甘孜州委、州总工会邀请到甘孜州开展"送法进机关活动"，为甘孜州州委主要部门领导、17个县县委常委、工会主席等机关部门做了学法、用法专题讲座，多次到自贡、雅安、乐山等地多次开展群团、工会法律知识专题培训。

五是受其他相关机构和相关组织邀请，有针对性地进行法律知识专题宣讲。例如，2016年4月16日，到省群团社会组织服务中心，为全省的"童伴妈妈"代表讲解"依法保护未成年人和留守儿童合法权益"的法律知识；4月25日到西南民族大学法学院开展"送法进校园"活动，与民大法学院同学就"法科生参与公益法律服务的机遇与挑战"做分享；6月8日为社会组织成员讲解法律风险防范。

六是开展"法律进农村"，为农村干部普法。为全面提高广大农民特别是农村"两委"成员和农民的法律素质。2016年，他先后8次在邛崃市、蒲江县、都江堰市、资阳市雁江区为2000余名村（社区）支部书记和主任讲解法律知识。

七是"通过新闻媒体"，送法进千万家。通过广播电视台、报纸的多档法治栏目，以媒体的形式向广大市民普及法律知识，解答法律咨询。至今，录制普法广播电视节目已达150余期。通过新闻媒体的方式进行普法能让更多群众了解法律知识，有利于促进法治四川、法治成都的建设。

建言献策，为法治四川添砖加瓦

十余年来，晓伟（化名）校友多次参与了有关劳动、工会、农民工、女职工、未成年人、残疾人等方面法律法规的研讨、制定、修改工作，积极参与了《四川省法律援助条例》《四川省人口与计划生育条例》《中华人民共和国反家庭暴力法（草案）》《四川省高级人民法院关于审理劳动争议案件疑难问题的指导意见》《四川创业就业促进条例》《四川省多元化解纠纷促进条例》《四川省科学技术进步条例》《关于推动律师积极参与公益法律服务的意见》《省委办公厅、省政府办公厅关于完善法律援助制度的实施意见》等地方性法规和政策的制定和修改，提出了很多建设性意见。

他围绕职工权益保护等热点难点问题协助人大代表、政协委员撰写提案，反映职工、农民工的心声，解读最新的法律法规以及政策，并编写《农民工维权诉讼与技巧》《农民工维权手册》《灾后重建法律援助适用手册》《职工典型维权案例解析》等书籍，撰写的《从马斯洛需要层次理论谈青年律师参加公益法律服务的激励机制》获得"第七届西部律师发展论坛"优秀论文奖。

成立公益律所，将法律援助与公益法律事业进行到底

十余年来，晓伟（化名）校友坚持做着别人看来"犯傻"的事。辞去原本工作稳定、待遇优厚的国企工作，成为一名专职公益律师。同时，放弃成为社会律师的选择，守住内心的宁静与清贫，一如既往地坚持着法律援助与公益法律服务事业。

2015年，在省市司法行政和省律协的鼎力支持下，晓伟（化名）校友集结了一群热衷于公益法律事业和法律援助业务，兼具深厚政治素养、奉献精神和卓越业务能力的律师，共同创立了一家专注于法律援助与公益法律事务的律师事务所。这家事务所专注于处理法律援助案件和公益法律服务相关业务，旨在推动公益法律服务向职业化、专业化的方向发展。在服务基层群众需求、推动社会治理、维护社会和谐稳定等方面发挥了关键作用，有力推动了四川公益法律服务体系的完善。星星之火可以燎原，晓伟（化名）校友的这份执着与贡献，正在书写四川公益法律服务的新篇章。

作为四川省律师协会理事，晓伟（化名）始终致力于推动公益法律服务事业的发展。他多次向省律协建言献策，建议成立专门委员会来指导并协调全省律师参与公益法律服务工作。在他的积极倡导和不懈努力下，2016年，四川省律师协会成功举办了首届四川公益法律服务论坛，并成立了公益法律服务工作委员会，晓伟（化名）被任命为工作委员会主任。这一委员会的成立，不仅让更多的律师深刻认识到公益法律服务不仅仅是一种志愿服务，更是一种崇高的职业选择，一项值得为之奋斗终身的事业。

他常说："我是平凡人干着平凡事，能为困难群众做点事，觉得很充实，很快乐，很幸福。虽然法律援助之途并非鲜花满地，但我不会离开法律援助工作岗位，让法律援助的阳光洒满每一个角落"。

近年来，晓伟（化名）及其法律援助律师团队在公益法律服务领域持续进行深入的探索与创新，以推动全川公益法律服务的发展。他们积极与省、市、区法律援助中心和工会开展紧密合作，共同为公众提供更为专业化和精细化的职工维权服务。此外，他们还通过"政府购买服务"模式，自主研发并推广职业化的公益法律服务产品，这不仅提高了服务效率和质量，也为公益法律服务模式的创新奠定了坚实的基础。在他们的不懈努力下，公益法律服务正逐步走向专业化、职业化的新高度。

晓伟（化名）历经了从对法律援助的初步认知到深刻感悟，从理性思考到实践行动的心路历程。他坚守着正义的防线，面对恶势力，他从未屈服；面对威胁，他从未退缩。他通过法律援助这一方式，彰显了律师对于公平与正义的执着追求，展现了律师服务公益、奉献社会的光辉形象。他的努力不仅弘扬了法治精神，也实现了自身的价值追求。

资料来源：搜狐新闻网，2017年4月；法润成华公众号，2017年11月13日。

案例分析

晓伟（化名）校友作为西南交通大学毕业生的杰出代表，秉承"竢实扬华，自强不息"的交大精神，坚守"公益之路"，将满腔的热忱和全部精力投入对弱势群体的法律援助事业中。"尽管自己的力量微薄，为了青春公益梦，都会拥抱着无限动力坚持下去，"获得全国五一劳动奖章后，晓伟（化名）校友说，"这既是一种认可，更是一种责任，竭力做好公益法律事业、法律援助事业、职工维权事业。"

晓伟（化名）校友以行动诠释了法律有"温度"，让公众感受到法律的"温度"，揭示了法律与道德等其他社会规范的区别与联系，明确法律的实现需要有道德的支撑。

教学设计建议

1. 案例呈现：本案例可用于第一节第一目"法律的含义"的教学。讲述晓伟的事迹，结合多媒体素材展示他在公益法律服务领域的贡献和所做的努力。

2. 案例分析与讨论：学生分组讨论对晓伟案例的理解，教师引导学生从法律实践中感受到的"温度"入手，分析法与情、法与理、法律与道德等其他社会规范的区别与联系，阐明"为人民服务"的社会主义道德本质要求在法律实践中的体现。

3. 引导问题：

①晓伟的行为让你对法律有何感受？

②法律的实践是否需要道德？

③法律与道德的关系是什么？进一步展开讨论法与情、法与理的关系。

📖 **总结提升建议**

1. 思辨性问题引导： 晓伟的行为让大家感觉到法律有"温度"，这个温度最直接的来源是晓伟高尚的道德行为、法律的道德基础，因此，法律与道德有密不可分的联系。围绕法律与道德的关系，鼓励学生运用所学法律、道德理论进行思辨，加深对"法律"的理解。

2. 思辨性问题扩展： 从引导学生思考法律与道德的关系，扩展引导学生思考法与情、法与理、法与习俗等的关系。

案例2 科学立法、民主立法的典范：西南交通大学"职务科技成果混合所有制"改革催生《中华人民共和国专利法》修改

📖 **案例呈现**

2016年5月21日晚7点，中央电视台《新闻联播》头条用了近5分钟的时长专题报道了一项源自西南交通大学的改革探索——"职务科技成果混合所有制"。一石激起千层浪，在全国科技领域，特别是高校院所引起了强烈反响。这条新闻的热点，在于它突破了高校院所职务科技成果完全国有的法律法规，颠覆了职务科技成果国家所有的普遍认知。

首先让我们理清两个关键词：一是职务科技成果，是指执行本单位的工作任务或者是主要利用单位物质技术条件所完成的科技成果。职务科技成果的所有权属于单位，科研人员只有署名权、收益权，没有所有权。对国家设立的高校院所而言，职务科技成果属于国有。二是职务科技成果混合所有制，是将职务科技成果由纯粹的"国有"变为国家、个人（团队）"混合所有"。虽只多了两个字，在当年却是"捅天"的举动。西南交通大学为何要这样做？这还得从"职务科技成果混合所有制"的建议者和实践者——西南交通大学国家大学科技园副总经理康凯宁和他的团队说起。

康凯宁，毕业于哈尔滨工业大学，在西南交通大学机械学院任教7年，其后到沿海创业，2009年回到西南交通大学任国家大学科技园副总经理，从事科技成果转化工作。在工作中康凯宁发现，高校职务科技成果的转化极其困难。

一项大胆的"秘密试验"

　　1978年，邓小平在全国科学大会上提出，科学技术是生产力，知识分子是工人阶级的一部分。中科院原院长郭沫若曾以诗人的豪迈情怀发出了感叹："这是革命的春天，这是人民的春天，这是科学的春天，让我们张开双臂热烈地拥抱这个春天吧！"在这样的大环境下，知识分子特别是高校院所的教师群情振奋，怀着报国的热忱，迸发出了极大科研积极性，科研成果如雨后春笋，大量涌现。但是这数以万计的科研成果又有多少成功转化成了工业成果呢？或者说，科研成果有多少最终转化成了商品而服务于社会，成为推动国家现代化建设的真正生产力呢？具体到西南交通大学，2003年到2010年没有一项科技成果获得真正转化。尽管有部分专利被企业买走，但大多是为了申报高新技术企业，真正转化成生产力的很少。纵观全国，并不是高校没有科研成果，而是这些科研成果大多躺在实验室里得不到转化。国家每年投入大量的科研经费，产生的科研成果最终却沦为评职称、报奖和职务进阶的垫脚石，若干年以后就什么都不是了。这是一种什么样的浪费！康凯宁感到十分痛心，决心就职务科技成果转化难的问题，探索一条解决的道路。这是知识分子的执着，也是这代知识分子的强烈使命感。

　　正巧此时，西南交通大学土木学院杨其新教授团队的"隧道及地下工程喷膜防水材料"系列技术在转化时遇到了难题。杨其新教授团队研发的"隧道及地下工程喷膜防水材料"，主要用于交通隧道、地铁车站与区间隧道、海底隧道、地下通道、导流洞、地下工程等系统防水。它替代了目前广泛使用的防水卷材，市场前景非常好。自2004年起，该项目成功申请了6项专利，但直到2008年，这些专利都未能实现商业化转化。在此期间，成都的民营企业——成都市嘉州新型防水材料有限公司对这项来自西南交通大学的科技成果产生了浓厚的兴趣，并表达了强烈的合作意愿，希望这项技术能够通过评估作价成为公司的股份。然而，由于该项目当时仍处于实验室研发阶段，存在诸多不确定因素，加之嘉州公司自身的研发能力有限，他们希望杨其新教授及其团队能够作为股东加入公司，参与后续的产品化研发工作。然而，由于这些专利的职务发明性质，其专利权归学校所有，这意味着股权奖励的审批过程极为复杂，难以在短时间内落实。股权不能落地，发明人没有积极性，企业也没有信心，双方谈了两年也没有结果。2010年，杨其新找到康凯宁，希望科技园能够帮忙找到一个解决办法。

　　通过调研分析，结合国内高校的具体实际情况，康凯宁发现我国高校院所科技成果转化难的核心问题就是职务科技成果的国有资产化问题。按照我国《专利法》《促进科技成果转化法》《科技进步法》《事业单位国有资产管理暂行办法》等相关法律法规，高校院所职务科技成果归单位所有，属于国有资产，而国有资产流失是谁也承担不起的责任。并且科技成果转化并非高校的首要任务，这使得高校相关职能部门对职务科技成果转化"雷声大，雨点小"。"成果不转化，无人问责；成果一转化，有人问责；质疑很轻松，解释很困难""宁可放旧，也不放手"成为高校院所科技成果管理部门的普遍心态。职务科技成果发明人（团队）要等成果转化后，才可以获得现金或股权奖励，且难以落实，发明人毫无积极性可言。高校的职务科技成果先是"圣果"，后成"剩果"。

职务科技成果转化难原是一个全球性的问题，但是从1980年开始，发达国家和地区在职务科技成果转化上进行了全新尝试。美国1980年颁布了《拜杜法》，放弃了国家对政府资助项目的成果所有权，从而使大学和科研机构的成果得到了较好的转化，其社会经济效益成绩斐然。美国《拜杜法》实施后，由发明创造滋生了超过6500家新公司，估计超过4500亿美元的工业总产值，在1999年到2007年间创造了280000个高新技术新职位。

通过学习、调研、比较、借鉴发达国家和地区的先进经验，康凯宁似乎看到了解决我国科技成果转化难的一道曙光。

知易行难，这是利国利民的好事，必须有人第一个"吃螃蟹"。决心已定，康凯宁找到科技园公司总经理从政，谈了自己的想法。从政毕业于西南交通大学电气学院，受到邓小平南方谈话的鼓舞，1992年南下深圳创业，和康凯宁有着相同的人生经历，他们同年回到西南交通大学国家大学科技园，从事科技园建设管理工作。共同的事业心和责任感使他们一拍即合，从政表示全力支持康凯宁。那段时间，他们时常在一起，反复商讨研究，思路渐渐清晰起来：先将知识产权由学校转让给科技园公司（由事业单位转到学校全资企业，所有权仍然是学校的），然后由科技园公司和职务发明人按比例分割确权，最后再将分割确权后的科研成果评估作价入股成立创业公司，即把原来转化后对科研人员的股权奖励，前置为知识产权的奖励，从而激发科研人员转化的动力，给予了科研人员明确的知识产权预期，又可激励科研人员创造出更多的可转化科研成果（职务科技成果中可转化为工业成果的科研成果占比不到一成）。

思路有了，接下来开始实干。康凯宁将这一思路向时任西南交通大学校长助理、科技处处长张文桂进行了汇报，得到了张文桂的支持。学校将杨其新团队的6个专利转到科技园公司，随后科技园与嘉州公司、杨其新团队协商，将该项技术作价400万元。按照当时的政策规定，这400万元对应的股份应先由科技园公司持有，转化后再按最低50%即200万元国有股奖励给杨其新团队。由于国有股奖励很难落地，这对发明人（团队）没有吸引力，而嘉州公司因没有发明人（团队）的持股加入，对项目的转化也没有信心。为解决发明人（团队）持股问题，经过与企业、发明人（团队）协商，科技园采取了一个变通的做法，即将该科技成果6项专利评估作价200万元转让给嘉州公司，同时该公司以现金200万代替团队出资，股权登记在团队名下，通过这种方式发明人（团队）获得该公司200万元股权。由于发明人（团队）有了公司的股份，团队的利益与产品、公司紧紧捆绑在一起了，团队全力以赴，以极大热情投入后期产品化研发。经过4年的努力，公司投入研发经费近200万元，终于在2014年完成了产品化研发，创造了一项具有里程碑意义的新型防水产品——"喷膜无缝防水"，该产品现已广泛应用于施工建设。作为解决国家重大工程水下大型隧道工程建设渗水的关键技术，获得了国家科技进步奖二等奖。

2012年，科技园又对西南交通大学"新型心血管支架"项目等20多项职务发明专利进行了分割确权并成功进行了转化。这次科技园采取的是一种相对"规范"的做法，向国家知识产权局提交专利权人变更申请，将学校拥有的专利变更为学校与职务发明人共有。

科技园给这项改革取名为"职务科技成果混合所有制"。两个项目的成功转化，让康凯宁意识到，这很有可能是一条彻底解决我国高校职务科技成果转化难题的有效途径，那么这种做法能不能在其他高校推广呢？有没有什么理论依据呢？工科出身的康凯宁，找了大量的经济类论著开始啃了起来。亚当·斯密的《国富论》、科斯的《生产的制度结构》《经济社会体制比较》、波斯纳的《法律的经济分析》、德·索托的《资本的秘密》、周其仁的《产权与制度变迁》、杜润生的《杜润生自述：中国农村体制变革重大决策纪实》等堆满了康凯宁的案头。不分上班下班，白天晚上，他都如饥似渴地查阅着这些文献。康凯宁这个人比较"另类"，他身材消瘦，戴着一副眼镜，有着下海经历的他书生儒雅，不喝酒，不打牌，不喜应酬，他把大把的时间用在了看书、调研上。他走访、请教了国内外大量的专家学者，并专程到《拜杜法》的发源地——美国威斯康星大学麦迪逊分校走访了相关专家，深入了解《拜杜法》出台的经过。经过多年的自学和摸索，逐渐形成了科技成果转化的"三个认识论"——资源论、价值论和主体论。

"混改"得到充分肯定

随着西南交通大学与地方政府校地合作的开展，2014年初，有关方面对西南交通大学的改革试验表现出了浓厚的兴趣。为了支持西南交通大学的这项改革，成都于2014年8月出台了《促进国内外高校院所科技成果在蓉转移转化若干政策措施》（简称"成都十条"），明确"支持在蓉高校院所与发明人约定由双方共同申请、享有和实施相关知识产权"。

2015年8月，中国科协副主席陈章良受国务院委托来四川考察双创工作，康凯宁在会议上作了发言，引起了四川省委、省政府的关注，会后四川省科技厅厅长专门听取了康凯宁的详细汇报，对西南交通大学的"职务科技成果混合所有制"表示了极大关注。随后，省委、省政府经过认真研究，决定将西南交通大学"职务科技成果混合所有制"改革纳入四川省全面创新改革试验的重大改革事项。

2015年11月17日，四川省委出台《关于全省创新改革推动转型发展的决定》（川委发〔2015〕21号），提出了开展职务科技成果权属混合所有制试点的具体措施，旨在明确科技人员与单位共同享有科技成果的所有权。

2016年1月4日，西南交通大学党委常委会审议通过了《西南交通大学专利管理规定》，这标志着学校对"职务科技成果混合所有制"改革进行了重要的法律与制度探索。

有了省委21号文的支持，2016年1月4日，西南交通大学召开党委常委会，会议由西南交通大学党委书记王顺洪主持，其中一项重要议题即审议"职务科技成果混合所有制"校级改革文件——《西南交通大学专利管理规定》。西南交通大学党委常委会的领导们充分意识到这项改革突破了"三法一规"，过去是只做不说，现在如果通过这个文件，西南交通大学就是在公开向现行法律法规提出挑战，压力很大。王顺洪书记提出："'职务科技成果混合所有制'改革意义重大，只要是符合'三个有利于'（即有利于解放和发展生产力，有利于调动全校上下的积极性和主动性，有利于复兴交大的宏图伟业），我们就要放开手脚，大胆地闯、大胆地试，要有这样的胆略和勇气。"经过认真地讨论和研究，党委常委会终于达成一致，通过了《西南交通大学专利管理规定》。

《西南交通大学专利管理规定》（简称"西南交大九条"）的核心在于第二章第四条："执行学校的任务或者主要利用学校物质技术条件完成的发明创造为职务发明创造。依据法律法规及各项政策规定，为实现对职务发明人或职务发明人团队（以下统称职务发明人）的奖励，学校将奖励前置简化为国有知识产权奖励，对既有专利和专利申请，学校通过专利权人和专利权申请人变更的方式实现对职务发明人的奖励，对新的专利申请，学校通过共同申请实现对职务发明人的奖励。""学校与职务发明人就专利权的归属和申请专利的权利签订奖励协议，规定或约定按30%∶70%的比例共享专利权。职务发明人以团队为单位的，其内部分配比例由团队内部协商确定。"

"西南交大九条"的出台开了全国先例，在"西南交大九条"颁布不到4年里，就有222项职务科技成果知识产权完成了分割确权，20余家高科技创业公司成立，翟婉明院士团队的"新能源空轨列车成套技术"项目、罗世辉教授团队的"中低速磁浮二代转向架"项目、林建辉教授团队的"高速列车关键部件动态检测"项目、李群湛教授团队的"电气化铁路同相供电装置"项目、方旭明教授团队的"高速列车WiFi接入技术"项目、仇文革教授团队的"隧道数字化平台"项目等相继转化成功。

2016年1月"西南交大九条"出台后，改革不断深入

2016年5月登上央视《新闻联播》头条，引起全国轰动。

2017年2月，中央全面深化改革领导小组办公室督察组专程来四川调研督察。调研会上，康凯宁向中改办提出了修订《专利法》第六条的建议。在中改办的推动下，国家相关部委召开了修订《专利法》第六条的专题会议。

2017年3月，61位全国人大代表联名提案《关于在全面创新改革试验区暂停适用〈专利法〉第六条及修改〈专利法〉第六条的议案》。该议案由康凯宁及团队主要成员刘安玲（西南交通大学国家大学科技园孵化中心主任）配合四川省全国人大代表团起草。

2017年6月，国务院督查办到成都调研督查后，向李克强总理递交了报告，报告中写入了西南交通大学修订《专利法》第六条的建议。为此，相关部委第二次召开了修订《专利法》第六条的专题会议，会议认为有必要对《专利法》第六条进行修订。

2018年3月，李克强总理在政府工作报告中首次提出"探索赋予科研人员科技成果所有权和长期使用权"。这意味着党中央、国务院充分肯定这项改革试验。

2018年5月，中财办副主任杨伟民、尹艳林听取汇报后对这项改革给予高度肯定，认为这项改革是科技领域的"小岗村"改革。此前中财办一直高度关注这项改革并积极推动《专利法》第六条的修订。

2018年10月，康凯宁代表四川省全创区向韩正副总理、中国科协主席万钢、中国科协党组书记怀进鹏、国家发改委主任何立峰等领导汇报。韩正副总理指示中国科协、国家知识产权局赴西南交通大学听取关于修订《专利法》第六条的意见。

2018年12月，国务院常务会议决定在全国八大全创区推广"职务科技成果混合所有制"。

2016年1月，西南交通大学拉开"职务科技成果权属混合所有制改革"序幕，将科技成果转化模式从"先转化、后奖励"改变为"先确权、后转化"，使我国科研人员第一次拥有了职务科技成果的部分知识产权，以"产权激励"激发科研人员转化科技成果的内生动力。该项改革推动了我国《专利法》的修订，西南交通大学深度参与了《专利法》的修订工作。2021年6月1日正式实施的新《专利法》第十五条提出

"国家鼓励被授予专利权的单位实行产权激励"。因对四川省全面创新改革和《专利法》修订做出的重要贡献，由党委书记王顺洪同志担任组长的"西南交通大学职务科技成果混合所有制改革领导小组"被评为"四川省全面创新改革试验先进集体"。

在党的二十大召开之前，"奋进新时代"主题成就展在北京展览馆盛大开幕，此次展览中西南交通大学两项展品亮相：我国第一份职务科技成果分割确权协议和真空管道高温超导磁悬浮车模型。在中央综合展区第二单元，展柜中有3张分量十足的"纸"——由西南交通大学签署的我国第一份职务科技成果分割确权协议。展柜上有如下文字说明："试点赋予科研人员职务科技成果所有权或长期使用权。这是西南交通大学与科研团队创办的公司签署的我国第一份职务科技成果分割确权协议，使我国科研人员第一次拥有了职务科技成果的部分知识产权。"

资料来源：李力：《西南交通大学"职务科技成果混合所有制"改革实践者——记西南交大国家大学科技园副总经理康凯宁及其团队》，《中国科技人才》，2019年12月25日；西南交通大学微信公众号，2022年10月13日。

案例分析

西南交通大学在职务科技成果混合所有制改革中，不断通过科学立法、民主立法的程序，推动了《专利法》的修改。2020年10月17日通过的《中华人民共和国专利法》第四次修改，完善了职务发明的相关规定，将第六条第一款修改为："执行本单位的任务或者主要是利用本单位的物质技术条件所完成的发明创造为职务发明创造。职务发明创造申请专利的权利属于该单位，申请被批准后，该单位为专利权人。该单位可以依法处置其职务发明创造申请专利的权利和专利权，促进相关发明创造的实施和运用。"这极大地释放了科研人员的积极性，为推动"科技强国"注入了一剂"强心针"。

西南交通大学通过科学立法、民主立法程序推动《中华人民共和国专利法》完成修改，充分体现了我国社会主义法律表达人民共同意志和诉求的本质。

教学设计建议

1. **案例呈现**：本案例可用于第一节第三目"法律的制定"的教学。西南交通大学通过科学立法、民主立法程序推动《中华人民共和国专利法》第六条修改的事迹和过程，结合多媒体素材展示西南交通大学的贡献。

2. **案例分析与讨论**：学生分组讨论对"西南交通大学职务科技成果混合所有制改革催生《中华人民共和国专利法》修改案例"的理解，教师引导学生从法律科学立法、民主立法入手，分析如何科学立法、民主立法，阐明科学立法、民主立法保障社会主义法律表达人民共同意志本质的实现。

3. 引导问题：

①什么法律制定？法律修改是法律制定吗？

②我国社会主义法律是如何制定的？

③科学立法、民主立法如何实践？

总结提升建议

1. **思辨性问题引导**：西南交通大学职务科技成果混合所有制改革能够推动《中华人民共和国专利法》修改，是因为我国社会主义法律的本质是表达人民的共同意志，确立了科学立法、民主立法制度。因此，鼓励学生围绕什么是科学立法、民主立法，如何科学立法、民主立法等进行研讨，加深对"科学立法、民主立法"的理解。

2. **思辨性问题扩展**：从引导学生思考如何科学立法、民主立法，扩展引导学生思考科学立法、民主立法的意义，科学立法、民主立法对公众参与者的要求等。

案例3　中国特色社会主义法治道路：《民法典》编纂这条路走了66年

案例呈现

2020年5月21日，第十三届全国人民代表大会第三次会议预备会议通过了第十三届全国人民代表大会第三次会议议程，其中一项重要议程是审议全国人民代表大会常务委员会关于提请审议《中华人民共和国民法典（草案）》的议案。

作为中国特色社会主义法律体系的重要支柱，《民法典》是民事领域的基础性、综合性法律，覆盖人民生活衣食住行、生老病死、生产经营的方方面面，被誉为"社会生活的百科全书"和"民事权利的宣言书"。从1954年首次起草民法典算起，中国的民法典编纂之路已经走了整整66年。

从《婚姻法》到《民法典》体系

中华人民共和国第一部法律——婚姻法就属于民法范畴。1950年5月1日，作为我国首部民事单行法的《中华人民共和国婚姻法》正式实施，其基本功能是废除封建主义的婚姻制度，建立新的婚姻家庭制度，发挥安定社会和保障人权的作用。

编纂一部真正属于中国人民的《民法典》，是中国几代人的凤愿。我国曾于1954年、1962年、1979年和2001年先后4次启动民法制定工作。第一次和第二次由于各种原因而未能取得实际成果。

1979年第三次启动民法制定，但由于刚刚进入改革开放新时期，制定一部完备的《民法典》条件还不具备。因此，按照"成熟一个通过一个"的工作思路，确定先制定民事单行法。现行的《继承法》《民法通则》《担保法》《合同法》就是在这种背景下制定的。特别是1986年通过的《中华人民共和国民法通则》，是我国民事立法发展史上的一个里程碑，该法律所确立的体系与制度为《民法典》体系的构建奠定了坚实基础。

2001年，九届全国人大常委会组织起草了《中华人民共和国民法（草案）》，并于2002年进行了一次审议，经讨论，仍确定继续采取分别制定单行法的办法。2003年以来，又先后制定了物权法、侵权责任法等。我国现行的民法体系主要由《民法通则》以及作为民事单行法的《物权法》《合同法》和《侵权责任法》等法律，以及最高人民法院颁布的司法解释共同构成。尽管这些民法规范在维护社会秩序和保障公民权益方面发挥了重要作用，但它们仍然难以满足当前社会主义市场经济快速发展和民事活动日益活跃对民事法律规范提出的更高要求。

党的十八届四中全会确定编纂民法典

党的十八大以来，以习近平同志为核心的党中央推动党和国家事业发生了历史性变革、取得了历史性成就，中国特色社会主义进入新时代。在这一背景下，党的十八届四中全会做出编纂《民法典》的重大决定。2015年3月，《民法典》编纂正式启动，由全国人大常委会法工委牵头五家单位共同参与。

"经过多年努力，我国逐步形成了比较完整的民事法律规范体系，民事司法实践积累了丰富经验，民法理论研究也达到较高水平，为编纂民法典奠定了较好的制度基础、实践基础和理论基础。"全国人大常委会法工委有关同志表示，近年来，人民群众和社会各方面对编纂《民法典》的呼声比较高。党的十八届四中全会做出编纂民法典的重大决策正当其时，具有重大而深远的意义。

编纂《民法典》是坚持和完善中国特色社会主义制度的现实需要，是推进全面依法治国、推进国家治理体系和治理能力现代化的重大举措，是增进人民福祉、维护最广大人民根本利益的必然要求。编纂《民法典》，旨在完善民事法律秩序，其核心在于加强对民事主体合法权益的坚实保护，确保人民群众的切身利益得到有效维护。同时，这也是在构建民事领域的治理规则，以提升国家的整体治理能力。中国人民大学常务副校长、中国法学会民法学研究会会长王利明强调，国家治理体系和治理能力现代化的显著标志即为实现法治，即全面依法治国。现代法治的核心原则在于"规范公权力，保障私权利"，而《民法典》正是承担保障私权利这一重任的关键法律。随着《民法典》的深入实施和作用的全面发挥，它将成为支撑人民群众追求美好幸福生活，推动国家治理体系和治理能力现代化水平不断提升的重要制度基石。

《民法典》编纂"两步走"蹄疾步稳

编纂《民法典》是一项复杂的系统工程。根据党中央的决策部署，全国人大常委会明确了"两步走"的编纂工作计划：第一步出台《民法总则》；第二步编纂《民法典》各分编，并将修改完善的各分编草案同《民法总则》合并为完整的《民法典》草案，由全国人大常委会提请全国人民代表大会审议。

2016年6月，《民法总则》草案首次被提交至全国人大常委会进行审议，这一举动标志着《民法典》编纂工作正式踏上了立法程序的轨道。随后，在2017年3月，十二届全国人大五次会议通过了《民法总则》，并于同年10月1日正式生效，这是《民法典》编纂过程中的一个重要里程碑，标志着迈出了实质性的第一步。进入2018年8月，十三届全国人大常委会第五次会议对《民法典》的各个分编草案进行了初步审议，这是编纂工作的第二个重要阶段。之后，全国人大常委会对各个分编草案进行了细致的分拆和审议，每个分编草案都历经了两次审议。特别是人格权编、婚姻家庭编和侵权责任编这三个关键分编，更是完成了三次深入的审议。到了2019年12月，一个"完整版"的《民法典》草案全文正式公布。该草案由总则编、物权编、合同编、人格权编、婚姻家庭编、继承编、侵权责任编7个主要部分及附则组成，共计84章，包含1260个条文，总计字数超过10万字。这部草案不仅是中华人民共和国成立以来内容最为丰富、条文字数最多的一部法律草案，也充分展现了我国在推进全面依法治国、完善法律体系方面取得的显著成果。

《民法典》的编纂过程始终贯彻着科学立法、民主立法、依法立法的精神。自2016年6月《民法总则》草案首次提交全国人大常委会审议以来，至2019年12月《民法典》草案首次完整呈现，其间共历经全国人大常委会的十次审议。在每一次审议和修改中，都紧密围绕立法中的关键和热点问题，广泛吸纳各方意见和建议，以确保公民的民主参与权利得到充分保障。全国人大常委会在每次审议后，都会通过中国人大网公开征求社会公众的意见，极大地激发了公众的参与热情，总计有425600余人积极参与，并提出了高达102万条宝贵的意见。这种空前的公众关注度和参与度，不仅体现了《民法典》编纂工作的民主性和透明度，也进一步彰显了我国法治建设的坚实步伐。

"有些公众的意见，我们在草案中予以采纳吸收，比如小区的治理问题、高利放贷的禁止性问题、个人信息保护的问题，等等。"全国人大常委会法工委的相关负责人透露，在民法典草案的编纂过程中，立法工作机构采用了多种深入且广泛的方法来征集和吸纳意见。他们不仅组织了部门、专家学者的座谈会，还前往各地开展立法调研，深入基层收集第一手资料。此外，他们通过中国人大网全文公开了草案，以征求社会公众的广泛意见。为了更高效地协调各方工作，还特设了《民法典》编纂工作协调小组，定期召开专门会议。同时，委托国家统计局社情民意调查中心进行了专项调查，以更全面地了解民意。这些措施的实施，不仅确保了草案的完善性，也积极回应了社会热点诉求，为《民法典》的编纂工作奠定了坚实的基础。

具有中国特色、体现时代精神、反映人民意愿。一路走来，《民法典》的编纂蹄疾步稳。2020年5月28日第十三届全国人民代表大会第三次会议通过《中华人民共和国民法典》，于2021年1月1日起正式实施。我国的民法制度进入全新的"民法典时代"，必将进一步推动民事权利的全方位保护，为实现"两个一百年"奋斗目标、实现中华民族伟大复兴的中国梦提供更加坚实的法治保障。

资料来源：段相宇，《这条路走了66年 民法典编纂的历史沿革》，中央纪委国家监委网站，2020年5月22日。

案例分析

通过讲述《民法典》编纂的66年过程，体会到出台《民法典》编纂是中国特色社会主义法治发展到今天的必然结论；这个过程中充分体现了人民当家作主的主体地位，是我国社会主义国家性质决定的内容，也是立足我国基本国情的必然选择。分析并揭示中国特色社会主义法治道路中坚持中国共产党的领导、坚持人民主体地位、坚持法律面前人人平等、坚持依法治国与以德治国的结合、坚持从中国实际出发的原则。

因此，《民法典》编纂及内容充分表明要坚持中国特色社会主义法治道路，增强中国特色社会主义法治道路自信。

教学设计建议

1. 案例呈现：本案例可用于第二节第二目"坚持走中国特色社会主义法治道路"的教学。通过讲述《民法典》编纂过程及其丰富的内容，结合多媒体素材展示《民法典》编纂过程所体现的中国特色社会主义法治道路。

2. 案例分析与讨论：学生分组讨论对"《民法典》编纂这条路走了66年"案例的理解，教师引导学生从"中国特色社会主义法治道路"入手，分析为什么要走中国特色社会主义法治道路、如何坚持中国特色社会主义法治道路，阐明坚持中国特色社会主义法治道路必须遵循的原则。

3. 引导问题：

①《民法典》编纂这条路为什么走了66年？

②《民法典》编纂过程中遵循了哪些原则？

 **总结提升建议**

1. **思辨性问题引导**：《民法典》编纂这条路为什么走了66年？是由我国的基本国情决定的，而且我国社会主义国家性质决定应当充分体现人民的共同意志，也是中国特色社会主义法治发展到今天的必然结果。所以，《民法典》编纂过程体现中国特色社会主义法治道路。

2. **思辨性问题扩展**：引导学生思考为什么要坚持中国特色社会主义法治道路，坚持中国特色社会主义法治道路必须遵循的原则等。

案例4　提升法治素养：法治新闻的璀璨之星崔志刚

案例呈现

崔志刚，西南交通大学交通工程专业1986级校友、中央电视台优秀主持人，主持《新闻30分》《新闻直播间》《法治在线》等多档栏目，曾担任纪念抗战胜利70周年盛大阅兵式现场解说以及多次重大新闻事件主播和现场报道记者，获中国新闻奖一等奖、中国播音与主持节目奖一等奖等国家级奖项若干。

2003年7月新闻频道日播法制类栏目《法治在线》主持人，主持过《刘晓庆税案》《刘涌黑社会案》《重庆井喷案》《马加爵杀人案》《吉林中百商厦大火案》《衡阳火灾纪实》《非典抢劫第一案》等重头节目，以及《"我最喜爱的十大人民警察"颁奖典礼》等特别节目。

从事电视工作十二年来，崔志刚基本已将国内目前所有的法制新闻专业奖项尽收囊中：全国社会治安综合治理好新闻奖一等奖，中国新闻奖播音与主持作品奖一等奖、社教栏目奖一等奖，司法部法制好新闻金剑奖主持人奖一等奖，最高人民检察院金鼎奖一等奖，公安部金盾奖二等奖，以及农业部神农奖一等奖。

"做一流的法制节目，让大家知道《法治在线》是中国最好的法治栏目"是崔志刚的新闻追求。他的人生理想和传播追求是张扬的，但他的主持风格却是凝重的、沉稳的，这种凝重沉稳来自功力。多年制作法制节目的经历让崔志刚积累了丰富而全面的法律专业知识和敏锐的新闻洞察力，因此他与专家访谈时能够舒张有致、游刃有余。有观众这样评价他的主持风格："不用说话，也能折射出法律的尊严。"

资料来源：西南交通大学教育基金会网站，2016年5月；西南交通大学唐山研究院公众号，2015年12月25日。

案例分析

崔志刚敢于进行转变，找到了自己所热爱的新闻行业。他的主持风格沉稳大气，见解独到，专业理性。他在报道法治新闻时，总能准确把握要点，澄清案件事实，深入浅出、通俗易懂，让普通观众了解了法律的重要性和作用，向社会传递了法律知识、法律的严谨和正义理念。他的主持风格让人感受到他将法律新闻事业视为一项崇高的事业，而他对法律的敬畏和热爱让观众对他的报道充满了信任和钦佩。

因此，崔志刚不仅不断提升自身的法治素养，而且用自己的言行诠释了正义、公平、法治的本质，提升公众的法治素养，引起观众对社会法治的关注和思考。

教学设计建议

1. **案例呈现**：本案例可用于第四节第三目"不断提升法治素养"的教学。讲述法治新闻的璀璨之星崔志刚的案例，结合多媒体素材展示崔志刚不断提升自身法治素养和为公众提升法治素养所做的贡献。

2. **案例分析与讨论**：学生分组讨论对"崔志刚"案例的理解，教师引导学生从"提升法治素养"入手，分析为什么要提升法治素养、法治素养包含的内容、如何提升法治素养。

3. **引导问题：**

①崔志刚何以成为法治新闻的璀璨之星？

②崔志刚的法治新闻对公众有何意义？

总结提升建议

1. **思辨性问题引导**：如何提升自身的法治素养？需要首先明确法治素养的内容有哪些，然后根据这些方面制定针对性的方法，不断提高自身对法治的理解和应用能力。

2. **思辨性问题扩展**：引导学生思考如何提升自身法治素养，如何提升他人法治素养、法治素养包含哪些内容等。

三、实践设计

項目 1: 加强法治教育，举办法治讲座，撰写讲座报告

‖实践目标‖

在高校中全面推进学法、知法、守法工作，需加大青少年法制教育的力度，确保学生能够深入理解法律的重要性，并提升他们的法律意识和观念。这一举措旨在有效预防和减少青少年违法犯罪行为，为青少年的健康成长保驾护航，同时维护他们的合法权益，培养出具备社会主义核心价值观的"四好"青年，共同营造一个和谐稳定的校园环境。

‖实践方案‖

1. 启动法治教育宣传月，在学校官方网站上公布法制活动宣传方案。

2. 查阅资料，做好调查，邀请法制专家，提前确定好教授时间和内容。

3. 公布法制讲座时间，并对讲座时间、地点、内容等进行提前宣传，鼓励引导学生积极参加。

4. 设计好讲座PPT，装备提问、互动环节内容。

5. 在报告厅集体听取专家讲授法制教育内容，维持现场秩序。

6. 听完讲座后，学生撰写讲座报告。

‖实践记录‖

思想道德与法治实践课

讲座报告

地　　点：＿＿＿＿＿＿＿＿＿＿

姓　　名：＿＿＿＿＿＿＿＿＿＿

学　　号：＿＿＿＿＿＿＿＿＿＿

院　　部：＿＿＿＿＿＿＿＿＿＿

专业班级：＿＿＿＿＿＿＿＿＿＿

学　　期：＿＿＿＿＿＿＿＿＿＿

讲座题目			
讲座时间		讲座地点	
报告人简介			
报告主要内容概述			

实践项目

项目 2：知识竞赛——宪法常识知多少

‖实践目标‖

坚持依宪治国，树立宪法权威。使学生在心中牢固树立法律意识，增强对法治的深刻理解，同时展现我国社会主义法治的优越性，积极倡导依法治国与以德治国相结合的理念。开展宪法宣传具有非凡的意义，会产生深远的影响，有助于推进依法治国战略，加速构建社会主义法治国家的步伐。

学生通过对宪法知识的了解，可以明确公民的基本权利和义务，促进学生对权利和义务等观念的理解，有助于学生更好地运用宪法维护自身合法利益。宪法的学习和实施有助于推动国家的民主政治建设和法治建设，为实现依宪治国提供基础。同时，宣传宪法有助于弘扬宪法精神，让学生树立正确的宪法观和权利观，牢固树立中国特色社会主义民主与法治理念。

‖实践方案‖

1. 为确保本次竞赛活动顺利进行，成立竞赛活动领导小组。

2. 确定竞赛形式：网络答题，并确定竞赛时间、内容及奖项设置。

3. 发布竞赛通知，组织参与竞赛。

4.进行赛后成绩统计及奖项颁发。

‖实践记录‖

思想道德与法治实践课

地　　点：＿＿＿＿＿＿＿＿＿＿＿＿

姓　　名：＿＿＿＿＿＿＿＿＿＿＿＿

学　　号：＿＿＿＿＿＿＿＿＿＿＿＿

院　　部：＿＿＿＿＿＿＿＿＿＿＿＿

专业班级：＿＿＿＿＿＿＿＿＿＿＿＿

学　　期：＿＿＿＿＿＿＿＿＿＿＿＿

小组成员		
姓名	学号	组内分工

实践项目

项目3：模拟法庭——感受法律威严　培养法治信仰

‖实践目标‖

模拟真实的法庭审判过程，让学生了解司法程序，深化法律意识，增强法治观念，感受法律威严，提高学生的法律素养和社会责任感。同时该活动也可以让学生更加深入地理解法律，更加自觉地遵守法律，从而为建设社会主义法治国家贡献自己的力量。

‖实践内容与形式‖

本次活动的主要内容包括：

1.庭审案例选择：选取具有代表性和教育意义的案例进行模拟庭审。

2.角色分配：学生分别扮演法庭中的各个角色，如审判长、审判员、书记员、公诉人、辩护人等。

3.庭审流程：按照真实法庭审判的流程进行模拟，包括庭审准备、起诉、受理、开庭、审理、宣判等环节。

4.法律知识讲解：在庭审过程中，适时插入相关法律知识的讲解和普及。

5.活动互动环节：设计有趣的互动环节，如观众提问、角色互换等，以增强活动的互动性和参与性。

‖ 实践记录安排 ‖

1.庭审案例介绍（20分钟）：介绍本次模拟法庭的案例及相关背景。

2.角色分配与介绍（30分钟）：组织学生进行角色分配，并介绍各角色的职责和要求。

3.庭审准备（30分钟）：进行庭审前的各项准备工作，包括布置法庭、准备法律文书等。

4.庭审过程（60分钟）：按照真实的法庭审判流程进行模拟庭审，包括起诉、受理、开庭、审理和宣判等环节。

5.法律知识讲解（40分钟）：在庭审过程中，针对涉及的法律知识进行讲解和普及。

6.活动互动环节（20分钟）：设计观众提问、角色互换等互动环节，增强活动的趣味性。

7.活动总结（20分钟）：对本次活动进行总结，对学生的表现进行点评，并再次强调法治观念的重要性。

‖ 实践记录 ‖

思想道德与法治实践课

地　　点：＿＿＿＿＿＿＿＿＿＿＿＿＿

姓　　名：＿＿＿＿＿＿＿＿＿＿＿＿＿

学　　号：＿＿＿＿＿＿＿＿＿＿＿＿＿

院　　部：＿＿＿＿＿＿＿＿＿＿＿＿＿

专业班级：＿＿＿＿＿＿＿＿＿＿＿＿＿

学　　期：＿＿＿＿＿＿＿＿＿＿＿＿＿

小组成员		
姓名	学号	组内分工

参考文献

本书编写组. 思想道德与法治[M]. 北京：高等教育出版社，2023.

共青团中央. 92岁高龄入党，他亲手炸毁自己主持建造的大桥[EB/OL].（2023-01-09）[2024-02-06]. https://mp.weixin.qq.com/s/9Zu2CCiK-zgCirDqFxqH-w.

何云庵，冉绵惠. 西南交通大学史（第三卷1937—1949）[M]. 成都：西南交通大学出版社，2016.

何云庵，苏志宏. 西南交通大学史（第四卷1949—1972）[M]. 成都：西南交通大学出版社，2016.

何云庵，汪启明. 西南交通大学史（第二卷1920—1937）[M]. 成都：西南交通大学出版社，2016.

何云庵，鲜于浩. 西南交通大学史（第一卷1896—1920）[M]. 成都：西南交通大学出版社，2016.

李万青. 竢实扬华 自强不息——从山海关北洋铁路官学堂到西南交通大学（上下卷）[M]. 成都：西南交通大学出版社，2007.

李俨. 中国数学大纲[M]. 北京：商务印书馆，2020.

李玉海. 竺可桢的精彩人生：一位精进不懈的"连续创业者"|纪念竺可桢逝世49周年[EB/OL].（2023-02-08）[2024-02-07]. https://mp.weixin.qq.com/s/vLUweBXXRgCiHoOvDy2f-Q.

刘丹，文璐. 锻铸中国"机芯"之魂——访中国南车株洲所教授级高级工程师丁荣军[J]. 中国科技成果，2010（13）.

彭洁清. "两弹一星"元勋姚桐斌的一生[EB/OL].（2013-04-08）[2024-02-07]. http://dangshi.people.com.cn/n/2013/0311/c85037-20746086.html.

上观新闻. 他为原子弹装上"心脏"，让"中国芯"跳动——记全国优秀共产党员邹世昌[EB/OL].（2021-07-12）[2024-02-06]. https://m.thepaper.cn/baijiahao_13548515.

上海基层党建网. 全国优秀共产党员——邹世昌[EB/OL]. （2021-08-23）[2024-02-06]. https://www.shzhdj.sh.cn/djWeb/djweb/web/djweb/newestindex/newinfo.action?articleid=ff8080817b4a5589017b6e22f44f0266.

宋文茂. "两弹一星"功臣姚桐斌烈士留下些什么[J]. 炎黄春秋，2003（5）.

吴明静，凌晏，逢锦桥. 许身为国最难忘——陈能宽[M]. 上海：上海交通大学出版社，2015.

西南交通大学. 尧茂书：第一位漂流长江的英雄[EB/OL]. （2015-05-29）[2024-02-06]. https://mp.weixin.qq.com/s/x33UifSFYJMYn9tQa2bONw.

西南交通大学立德树人教育发展中心"立德树人网". 中国杰出的爱国工程师——詹天佑[EB/OL]. （2019-08-28）[2024-02-06]. https://ldsrw.swjtu.edu.cn/info/1115/1739.htm.

西南交通大学马克思主义学院科学家精神基地网站. 伍镜湖[EB/OL]. （2022-10-03）[2024-02-07]. https://zzxy.swjtu.edu.cn/info/1243/8820.htm.

西南交通大学马克思主义学院科学家精神基地网站. 肖纪美[EB/OL]. （2022-10-04）[2024-02-07]. https://zzxy.swjtu.edu.cn/info/1243/8898.htm.

西南交通大学校史编辑室. 竢实扬华、桃李春风——西南唐山交通大学校友风采录[M]. 成都：西南交通大学出版社，1996.

西南交通大学新闻网. "唐院五老"之罗忠忱[EB/OL]. （2023-06-02）[2024-02-06]. https://news.swjtu.edu.cn/info/1167/38014.htm.

西南交通大学新闻网. 沈志云：高铁如龙向梦飞[EB/OL]. （2021-06-15）[2024-02-06]. https://news.swjtu.edu.cn/info/1366/36280.htm.

西南交通大学新闻网. 严谨治学、严格要求的楷模：一代宗师——"五老"[EB/OL]. （2020-09-10）[2024-02-06]. https://news.swjtu.edu.cn/info/1167/36232.htm.

西南交通大学新闻网. 致敬交大先烈[EB/OL]. （2020-12-17）[2024-02-06]. https://news.swjtu.edu.cn/info/1011/3634.htm.

新华网. 高铁专家的"创新"人生[EB/OL]. （2021-11-09）[2024-02-07]. http://www.news.cn/photo/2021-11/09/c_1128047685.htm.

新民晚报. 邹世昌："两弹一星"与集成电路研制[EB/OL]. （2010-03-29）[2024-02-06]. https://www.cas.cn/ys/ysjy/201003/t20100329_2808253.shtml.

许更生，林祖泉. 兴教育人[M]. 福州：福建人民出版社，2003.

杨留花. 姚桐斌：唯一一位在国外入党的"两弹一星"元勋[EB/OL].（2023-06-21）
　　[2024-02-06]. http://cpc.people.com.cn/n1/2023/0621/c443712-40018577.html.

杨树彦. 焕实扬华　桃李春风　西南交通大学教授风采录（第二卷）[M]. 成都：西南交通
　　大学出版社，2006.

杨树彦. 西南交通大学（原唐山交通大学）校史资料选辑[M]. 成都：西南交通大学校史
　　编辑室，1993—2009.

张容华. 致敬"两弹一星元勋"姚桐斌校友！[EB/OL].（2019-06-08）[2024-02-06].
　　https://ldsrw.swjtu.edu.cn/info/1055/1669.htm.

张维. 留德八年的酸甜苦辣（1938.7—1945.9）[M]. 成都：西南交通大学出版社，2009.

中国科学报. 记肖纪美院士：为士不为仕[EB/OL].（2014-11-07）[2024-02-07]. https://
　　wap.sciencenet.cn/mobile.php?type=detail&cat=news&id=306980&mobile=1.

中国科学院金属研究所官网. 怀念庄育智院士[EB/OL].（2023-05-17）[2024-02-07].
　　http://www.imr.cas.cn/zt/kxrs/qt_kxrs/202305/t20230517_6755653.html.